일본의 정치체제와 제도

한의석 지음

지식과 문화

일본의 정치체제와 제도

제1쇄 펴낸 날 2020년 9월 29일

지은이 한의석
펴낸이 박선영
주 간 김계동
디자인 전수연

펴낸곳 명인문화사
등 록 제2005-77호(2005.11.10)
주 소 서울시 송파구 백제고분로 36가길 15 미주빌딩 202호
이메일 myunginbooks@hanmail.net
전 화 02)416-3059
팩 스 02)417-3095

ISBN 979-11-6193-035-0
가 격 13,000원

ⓒ 명인문화사

이 도서의 국립중앙도서관 출판예정도서목록(CIP)은 서지정보유통지원시스템 홈페이지(http://seoji.nl.go.kr)와 국가자료종합목록 구축시스템(http://kolis-net.nl.go.kr)에서 이용하실 수 있습니다. (CIP제어번호 : CIP2020041313)

일본의 정치체제와 제도

한의석 지음

목차

서문 ix

1장 서론: 일본과 일본정치 1
  1. 일본과 일본인 1
  2. 일본정치 이해하기 6
  3. 이 책의 구성 10

제1부 | 일본정치의 변천

2장 근대 일본의 형성과 제국주의 13
  1. 도쿠가와 막부 14
  2. 메이지유신 16
  3. 제국주의의 형성과 전개 21
  4. 패전과 극동국제군사재판 29

3장　전후 일본의 정치와 55년체제　　　31
　1. 점령기의 정책　　　32
　2. 정당정치의 재개와 자유민주당 결성　　　34
　3. 55년체제의 전개와 붕괴　　　37
　4. 55년체제의 특징　　　44

4장　탈냉전과 세계화 시대의 일본　　　48
　1. 비자민연립정권과 정치개혁　　　50
　2. 자민당의 정권 복귀와 하시모토개혁　　　51
　3. 고이즈미의 등장과 구조개혁　　　55
　4. 자민당의 위기와 민주당의 집권　　　57
　5. 아베 시대의 일본　　　62

제2부 ▎일본정치의 제도와 구조

5장　선거와 정당　　　69
　1. 선거제도　　　71
　2. 55년체제의 정당정치　　　78
　3. 1990년대의 변화와 정당정치　　　86
　4. 최근의 선거와 정당정치　　　88

6장	정부와 관료제	96
	1. 중앙정부와 지방정부	96
	2. 정부·내각의 주요 기관	100
	3. 행정개혁과 도주제	106
	4. 정책결정체계의 변화	110
	5. 사법부	114
7장	정치문화와 시민사회	116
	1. 일본의 정치문화	117
	2. 신도, 천황제와 단일민족론	123
	3. 일본의 보수·우경화	126
	4. 시민사회	131

제3부 ∥ 일본정치의 현안과 쟁점

8장	정치경제	141
	1. 전후 일본의 경제성장	142
	2. 일본경제의 위기와 변화	151
	3. 아베정부의 경제정책	157
9장	헌법과 개헌논쟁	163
	1. 전후 일본의 헌법과 개헌논쟁	164
	2. 아베 총리와 개헌논의	171

3. 헌법 9조 개정과 보통국가화　　176

10장　외교안보　　181
　　1. 대외관계와 안보정책　　182
　　2. 경제외교　　198

11장　미일동맹과 중일관계　　208
　　1. 미일동맹　　209
　　2. 중일관계　　224

12장　한일관계　　233
　　1. 한일관계의 전개　　234
　　2. 갈등과 협력　　243
　　3. 한일관계의 현재와 미래　　251

13장　결론　　255

주　　259
참고문헌　　275
찾아보기　　285
저자소개　　289

도해목차

표

5.1	최근 일본의 중의원선거 결과	94
6.1	일본의 지방자치단체 (2018년 10월)	100
6.2	최근 일본의 총리	101
8.1	전후 일본의 실질 국내총생산(GDP) 성장률 평균	145
11.1	미일방위협력지침의 변화	221
12.1	한국의 수출입에서 차지하는 일본의 비율 (%)	251

도표

6.1	일본의 행정기구	98
9.1	국가노선 담론	179

서문

 일본정치사에 최장수 총리라는 기록을 남긴 아베 총리가 최근 퇴임했다. 아베 정권시기 한일갈등의 심화로 일본에 대한 우리의 부정적 인식은 더욱 강화되었지만, 이러한 사건이 일본을 더 잘 알아보고자 하는 관심으로 이어졌는가에 대해서는 회의적이다. 하지만 역사적 연관성과 지리적 인접성은 물론 현재의 교류 상황에 비추어, 외면할 수 있는 나라가 아니고 더 자세히 들여다봐야 하는 나라라는 점에는 모두가 동의할 것으로 보인다.
 이 책은 일본정치에 대한 모든 것을 담지는 않았지만, 우리가 일본정치에 관심을 두었을 때 기본적으로 알아야 할 내용들과 흥미를 가질 만한 몇 가지 주제들을 다루고 있다. 먼저 메이지유신 시기부터 현재까지 일본정치의 주요 사건과 변화에 대해 서술하고 있으며, 일본의 국내정치와 제도, 외교정책

중 관심을 가질 만한 내용들을 다루고 있다. 일본정치에 관한 모든 주제를 담지 않아 전체적인 이해를 돕는 데에는 부족하다는 점에서 아쉬움이 있지만, 일본정치를 개략적으로 이해하는 데에는 충분하지 않을까 하는 바람을 담고 있다. 이 책을 읽어보는 독자들은 곧 알게 되겠지만 내용의 대부분은 한국의 일본정치 연구자들의 성과에 바탕을 두고 있으며, 다만 필자의 관점에서 선택적으로 재해석하고 종합했을 뿐이다. 그럼에도 불구하고, 독자들이 일본정치를 이해하는 데 있어서 또 하나의 출발점이 되기를 희망한다는 것이 과한 욕심이 되지 않기를 바란다.

　일본정치 전공자인 것은 맞지만, 일본정치에 대한 이해가 깊지 않은 필자가 일본정치를 다루는 책을 쓰게 된 것은 명인문화사 박선영 사장님 덕분이다. 성신여자대학교에서 일본정치론 강의를 시작한 이후 마땅한 교재가 없다는 생각에 언젠가는 일본정치를 전체적으로 조망할 수 있는 책을 쓰는 것이 좋겠다는 생각을 하고 있었기 때문에, 부족함을 살피지도 않고 사장님의 제안에 동의하게 되었다. 무엇보다 분량상의 부담을 덜어주셨기 때문에 덥석 받아들였지만, 그럼에도 여러 가지 상황으로 많이 늦어지게 되었다. 늘어난 시간만큼 분량과 깊이가 더해지지 못했지만, 일본정치를 이해하는 데 조금이라도 보탬이 될 수 있을 것이라는 생각으로 위안을 삼고자 한다. 촉박한 일정에도 출간해주신 명인문화사의 박선영 사장님과 전수연 디자이너께 깊이 감사드린다.

2020년 9월
저자 한의석

1장

서론: 일본과 일본정치

1. 일본과 일본인

1) 지리와 인구

현재의 일본에 해당하는 지역에는 조몬(縄文)시대로 불리는 기원전 3세기까지 신석기인들이 살고 있었고, 기원전 3세기 무렵부터 중국과 한반도 등지에서 이주한 농경민들이 유입되어 야요이(弥生)시대가 시작되었다. 이들이 일본인의 원형으로 알려져 있으며, 어학적 관점에서 일본어는 일반적으로 터키어, 몽골어, 한국어와 같은 알타이어족으로 분류된다. 일본은 위로부터 홋카이도(北海道), 혼슈(本州), 시코쿠(四国), 규슈(九州)라는 4개의 큰 섬으로 구성되어 있으며 전체 면적은 약 37만 7,915㎢로 9만 9,720㎢인 남한의 3.8배 정도이다. 이 중 홋카이도는 아이누라고 불리는 소수민족이 살던 곳으로 1869년에 공식적으로 일본에 편입되었다. 규슈 아래에 위치한 류큐제도(琉球諸島)에 있던 류큐 왕국은 1879년에 오키나와현으로 편입되었다. 일본은 남북으로 길게 위치하고 있어서 기후 분포가 다양하며 여름·가을에는 장마와 태풍, 겨울에는 폭설과 같은 자연재난이 자주 발생하는 편이다. 가장 북쪽인 소야미사키(宗谷岬)는 북위 45도에 위치하고 있으며, 남쪽인 오키노토리시마(沖ノ鳥島)는 북위 20도에 위치하고 있다. 일본은 국토의 70% 이상이 산지로 구성되어 있으며 해발 3,776m의 후지산(富士山)이 가장 높은 산이다. 일본은 자연재해가 빈번한 곳으로 무엇보다 지진이 많은 피해를 입히고 있다고 할 수 있는데, 1923년의 간토(関東)대지진과 1995년의 고베(神戶)대지진, 2011년의 3·11 동일본(東日本)대지진 등이 대표적이다. 고베대지진(한신·아와지대지진)으로 인해 6,400명 이상이 사망했으며, 동일본대지진은 쓰나미와 후쿠시마원전 붕괴 사고로 이어져 1만 8,000명 이상이 사망·실종되는 엄청난 피해를 낳았다. 또한 매년 태풍 피해가 이어지고 있으며 화산 분화 등이 빈번하다. 반복되는 재난에 대비하는 과정에서 일본은 방재(防災)분야의 선도국가가 되었으며 이를 국제개발협력 활동에도 적극 활용하고 있다.

행정적으로 일본은 47개의 구역으로 구분되는데 도쿄도(東京都), 홋카이도(北海道), 오사카부(大阪府), 교토부(京都府)

와 43개 현(県)으로 구성되어 있다. 도쿄도는 23개의 구(區)와 26개 시(市) 등으로 구성되어 있다. 정치·경지적 또는 통계적 목적에 따라 인접하고 있는 몇 개의 현들을 묶어서 도호쿠(東北), 간토(関東), 도카이(東海) 등 8개 또는 11개 지방으로 구분하기도 한다. 한편, 일본 전체를 둘로 나누어 도쿄, 오사카, 규슈 지역을 포함한 태평양 인접 지역을 지칭하는 오모테니혼(表日本)과 동해에 인접한 돗토리현(鳥取県), 니가타현(新潟県) 등을 포함한 우라니혼(裏日本)으로 구별하기도 하는데, 여기에는 상대적으로 발전되고 선진적인 태평양 연안 지역과 후진적이며 지방(시골)의 이미지를 갖고 있는 일본의 서부 지역을 차별하는 의미가 포함되어 있다.

일본의 인구는 2019년 10월 1일 현재 약 1억 2,373만여 명으로(외국인 포함 1억 2,616만 7,000명), 2008년에 전체 인구 1억 2,808만 4,000명을 최대치로 기록한 이후 계속해서 감소하는 추세이다. 2019년 6월 말 기준 외국인 중 중국인은 78만 6,200명을 넘어 전체 외국인 중 27.8%를 차지했으며, 한국인이 45만 1,500여 명, 베트남인이 37만 1,700여 명이었다.[1] 외국인 인구의 증가는 일본의 노동력 부족과도 관련되어 있다. 전체 일본인 인구 중 15세 미만의 비율은 12.1%, 15세부터 64세까지의 비율은 59.0%인데 65세 이상의 인구비율이 28.9%로 초고령화 사회라고 할 수 있다.[2] 일본인의 평균수명은 2016년 현재 남성은 80.98년, 여성은 87.14년이며, 출산율은 1.44%를 기록했다.[3] 한편, 자연적 인구 변화는 물론 사회적 이동에 의해 도쿄도나 사이타마현(埼玉県)과 같은 대도시권은 인구가 증가 추세를 보여주는 반면, 아키타현(秋田県)이나 아오모리현(青森県)과 같이 지방에서의 인구 감소가 계속되고 있다.

국제적인 관점에서 일본의 국토 면적과 인구 및 경제력을 비교한다면 국토 면적은 63위로 독일보다 약간 넓다. 인구는 11위로 멕시코보다 조금 적으며, 구매력평가지수(purchasing power parity)를 기준으로 한 국내총생산(2017년 GDP)은 중국, 미국, 인도에 이어 4위에 해당하고 독일과 러시아가 일본 다음이다. 이에 비해 대한민국은 국토 면적으로는 110위에 해당되고, 인구는 28위, 국내총생산은 14위를 기록하고 있다. 1인당 GDP는 2017년 기준 4만 2,900달러로 독일이나 영국보다는 낮으며 한국(3만 9,500달러)보다는 조금 높다.[4] 일본의 군사력은, 평가방식에 따라 차이가 있겠지만, 2018년도에 방위비 8위를 기록하며 재래식 전력을 기준으로 세계 4위로 평가받기도 했다.[5]

2) 일본의 상징

일장기(히노마루)의 기원은 명확하지 않으나 유사한 문양들이 과거부터 사용되었으며 흰색 바탕에 붉은 해를 형상화한 현재의 깃발은 19세기 중반 외국과의 교류가 활발해지면서 널리 사용되기 시작한 것으로 알려져 있다. 일장기와 연관된

욱일기(旭日旗)는 한국에서는 군국주의의 상징으로 이의 사용을 강하게 비판하고 있는데, 2018년 10월 제주도에서 열린 국제관함식에서 논란이 되며 해상자위대가 불참하기도 했다. 한편, 아베 내각의 스가(菅義偉) 관방장관은 2013년 9월의 기자회견을 통해 이것은 풍어기(大漁旗), 출산이나 명절을 축하하는 깃발, 해상자위대의 함선 깃발 등 다양하게 사용되는 것으로 군국주의의 상징이라는 비판은 오해에서 비롯된 것이라고 주장했다.[6] 하지만 욱일기가 메이지유신 이후 군기로 활용되면서 제국주의와 군국주의 시대 일본군의 상징이었던 것 또한 사실이다. 국가인 기미가요(君が代)는 10세기의 단가(短歌)에서 유래한 것으로 1880년에 현재와 같이 작곡되었으며, 천황의 영원한 치세를 기원하는 내용을 담고 있다. 일장기와 기미가요는 1999년 법률에 의해 정식으로 국기와 국가로 지정되었지만, 특히 기미가요의 경우 입학식이나 졸업식 같은 공식 행사에서의 제창을 둘러싼 논란이 발생하기도 한다. 일본의 국화(国花)는 법률상으로 정해져 있지 않다. 다만 일본의 왕실을 대표하는 꽃은 국화(菊花)인데 일본인들이 가장 좋아하는 벚꽃이 국화로 오인되는 경우가 많다. 벚꽃은 일본인들에게 삶과 죽음을 상징하기도 하는데, 태평양전쟁 시기에는 가미가제 자살 특공대와 같은 죽음을 미화하는 데 활용되었다.[7] 한편, 1947년에 일본의 국조(国鳥)로 꿩이 공식 지정되었다.

2. 일본정치 이해하기

한국인들에게 일본은 우선 부정적인 이미지로 다가오는 국가일 것이다. 식민지 역사를 비롯한 과거사문제, 독도를 둘러싼 영토분쟁과 최근의 우경화 현상은 미디어를 통해 더욱 부정적으로 묘사되고 이는 한국인들의 일본에 대한 반감으로 이어진다. 하지만 국가로서의 일본에 대한 반감과 달리 많은 이들이 일본의 대중문화를 즐기고 있으며 일본인들에 대한 긍정적 인식을 보여주는 경우도 많다. '가깝고도 먼 나라'는 일차적으로 지리적인 인접성에도 불구하고 우호적이지 못한 양국관계를 빗댄 표현이기도 하지만, 동시에 일본에 대한 모순적이고 양면적인 인식이 공존하고 있음을 반영하고 있는 문구라고 할 수 있다.

우리가 일본을 바라보는 시각을 굴절되게 하는 것은 무엇보다 과거사문제와 영토문제, 즉 일본군위안부문제와 독도문제라고 할 수 있다. 대다수 국민이 일본을 과거의 적(敵)임은 물론 현재의 적으로도 인식하고 있는 상황에서 일본을 객관적으로 바라본다는 것이 쉬운 일은 아닐 것이다. 따라서 일본에 대한 부정적 인식은 과거의 일본과 현재의 일본을 동일시하는 오류로 이어져서 우리의 일본 이해가 편향적이 되도록 한다. 예를 들어, 고등학생 시절 내가 알고 있던 일본은 '작은 섬나라'였다. 아마도 책이나 TV에서 일본을 지칭할 때 자주 사용했던 표현으로 추측되는데, 이로 인해 일본이 한국보다 더 작은 나라라는 식으로 생각했던 것 같다. 최근의 경험을 예로 들면, 몇 년 전 일본의 국회의원선거에 대한 국내 신문의 보도는 독자들로 하여금 아베 총리의 자민당이 선거에서 패배하거나 또는 간신히 승리하는 데 그칠 것이라고 예상하도록 만들었다. 하지만 결과는 자민당의 압승이었는데, 이는 일본에 대해 조금만 관심을 가진 사람이라면 대체로 알 수 있는 결과였다. 세상을 자신의 관점에서 이해한다는 것은 매우 중요하고 당연한 일이지만, 한국인으로서 우리가 일본을 인식하고 이해할 때에는 다소 편향적이 될 수 있다는 점을 고려하면서 가급적 열린 시각으로 접근하는 자세가 중요하다고 할 수 있다.

어떤 나라에든 해당하는 것이겠지만 일본을 이해하는 데에도 다양하고 상반된 시각들이 존재하고 있다. 문화적 특성에 중점을 두어 일본을 자신들의 나라와 구별되는 독특한 사회로 이해할 수도 있을 것이며, 제도적 특성에 집중하여 자신들의 체제와의 유사성에 주목할 수도 있을 것이다. 즉 일본정치를 이해하고자 할 때는 비교정치 관점에서의 보편성과 특수성이라는 두 가지 측면을 모두 고려해야 할 것이다. 어떤 시기의 어떤 모습을 집중해서 관찰하는지에 따라서 일본은 우리와 상당히 유사한 나라로 생각되기도 하고, 전혀 다른 나라로 이해되기도 한다. 또한, 일본정치의 변화를 이해하기 위해서는 두 가지 방향에서의 관찰이 중요하다. 변화의 내적 동력을 파악하기 위해서는 무엇보다 국내의 정치적 사건이나 제도 등에 주목하는 것이 중요하지만, 동시에 외부 변수로서의 국제적 환경에도 관심을 기울여야 할 것이다.

현대 일본정치에 대한 이해는 대체로 1868년의 메이지유신(明治維新)으로부터 시작된다. 이후의 일본정치를 크게 4시기로 구분한다면 메이지유신 이후 1945년 8월의 패전에 이르는 근대국가 형성과 제국주의·군국주의 시기, 이후 1952년 4월까지의 점령기, 자민당이 성립된 1955년부터 1993년까지를 이르는 '55년체제' 시기와 1990년대 이후의 변혁기로 나눌 수 있을 것이다. 메이지유신과 점령기의 변화가 혁명적인 성격을 지니며 과거의 일본과 구분되는 새로운 일본의 모습을 형성했다면, 점령기 이후의 일본은 과거의 정책과 제도들이 영향력을 발휘하는 가운데 국내외적 상황에 지속적으로 대응하고 변화하는 과정이었다고 할 수 있다. 특히 1990년대부터의 탈냉전과 세계화 현상, 국내정치에 있어서의 다양한 개혁 노력은 일본의 변화를 더욱 가속화했다고 할 수 있다. 이와 같은 일본정치의 전개 과정에서 몇 가지 현상이 특히 정치학적 관심사가 되었다. 먼저 일본의 경제적 성공과 위기에 대한 관심이다. 일본이 어떻게 패전과 전쟁의 폐허로부터 20여 년 만에 세계 2위의 경제대국이 되었는가라는 질문은 정치·경제학적 연구의 주제가 되었다. 일본이 1990년대부터 장기적인 경기불황을 겪게 된 이후에는 발전국가모델로 대표되는 일본형 정치경제체제의 문제점과 이를 개선하려는 노력들이 주목을 받았다. 한편, 경제성장과 함께 일본이 성취한 사회경제적 평등과 이후 정치·경제체제의 변화과정에서 발생한 불평등의 문제에 대한 관심이 높아졌다. 두 번째로 자민당의 장기 집권에 대한 관심이다. 선거민주주의가 작동하는 의회제 국가인 일본에서 1955년부터 1993년까지 일당 우위의 정치가 지속되었다는 점은 흥미로운 수수께끼 중 하나였다. 1994년의 정치개혁과 중의원선거에 있어서 소선거구비례대표병립제의 도입, 이후의 정당정치와 민주당의 집권, 다시 시작된 자민당의 우위가 주된 관심사가 되었다. 세 번째로 국제정치 차원에서는 탈냉전 이후 일본 외교안보정책의 변화가 주목받았다. 일본은 과거의 평화국가 정체성을 벗어나 보통국가로 변모하고 있으며, 미일동맹을 강화하는 한편 국제무대에서의 적극적인 역할과 위상 강화를 추구하고 있다. 이와 관련하여 헌법개정문제가 관심을 끌고 있다. 네 번째로 시민사회 차원에서는 게이단렌(経団連)이나 노쿄(農協)와 같은 이익집단들의 정치 행태나 영향력이 주목받았고, 시민단체의 특성과 활동, 일본사회의 보수·우경화에 대한 분석들이 있다. 그 밖에도 다양한 주제들이 일본정치에 대한 관심 영역으로 다루어지고 있다. 하지만 최근 더 많이 관심을 받고 있고 우리가 참고할만한 주제라고 한다면, 저출산·고령화문제와 관련된 복지정책, 노동정책, 이민정책 등을 들 수 있으며 재난·재해와 관련된 거버넌스 연구 등이 학문적, 정책적 관심사가 될 수 있을 것이다.

3. 이 책의 구성

이 책은 일본정치의 다양한 모습 중 우리가 일본정치를 이해하기 위해 기본적으로 필요한 내용과 우리가 흥미를 가질만한 내용 중 몇 가지를 선택적으로 담고 있다. 2장부터 4장까지는 메이지유신 이래 현재까지 일본정치의 전개 과정에 있어서 중요한 사건들을 역사적으로 서술하고 있으며, 5장부터 8장까지는 일본의 국내정치를 중심으로, 10장부터 12장까지는 일본의 대외관계에 있어서 중요한 사항들을 소개하고 있다.

일본정치의 변천

2장 근대 일본의 형성과 제국주의 · 13

3장 전후 일본의 정치와 55년체제 · 31

4장 탈냉전과 세계화 시대의 일본 · 48

2장

근대 일본의 형성과 제국주의

전국시대(戰国時代)를 통해 분열된 일본은 오다 노부나가(織田信長)와 도요토미 히데요시(豊臣秀吉)를 거치며 통일되었다. 도요토미의 사후에 벌어진 세키가하라(関ヶ原) 전투에서 승리한 도쿠가와 이에야스(德川家康)가 권력을 장악하게 되었다. 도쿠가와 이에야스는 1603년 현재의 도쿄인 에도(江戶)에 막부를 설치하여 실제로 일본을 지배했으며, 천황은 명목적 통치자로 남았다. 막부의 쇼군(將軍)이 관장하는 직할지 이외의 지역은 지방 영주라고 할 수 있는 다이묘(大名)들에 의해 다스려졌다. 막부는 다이묘들을 통제하기 위해 자신의 영지와 에도에 번갈아 거주해야 하는 참근교대(參勤交代)제를 시행했는데, 이는 교통의 발달과 도시의 성장, 상업의 성장이라는 부수적 효과를 낳았다. 도쿠가와 막부는 장기간

정치적 안정을 유지했지만, 사회경제적 변화로 인한 신분집단(농민, 상인, 사무라이) 간의 갈등이 축적되었고 서양세력으로부터의 위협이 가시화되면서 흔들리게 되었다. 도쿠가와 막부는 제15대 쇼군인 도쿠가와 요시노부(德川慶喜)가 1867년 천황에게 통치권을 돌려주도록 결정한 대정봉환(大政奉還)을 통해 막을 내렸다.

1. 도쿠가와 막부

도쿠가와 막부 이전의 일본은 가마쿠라 막부(鎌倉幕府, 1185~1333)와 무로마치 막부(室町幕府, 1336~1573)에 의한 봉건제적 체제를 유지하고 있었다. 도쿠가와 막부 또한 기존의 막부체제와 마찬가지로, 중앙정부가 전국에 지방 행정단위를 구성하고 지방관을 파견하여 직접 통치하는 군현제(郡縣制)를 채택하지 않고, 지방 영주가 존재하는 봉건제적 특성을 지니고 있었다. 하지만 강력한 군사력과 경제력을 바탕으로 이전에 비해 더욱 중앙집권적인 지배체제를 유지했기 때문에,[1] 중앙집권제와 봉건제의 혼합체제로 파악된다. 도쿠가와 이에야스는 자신이 직접적 통치하는 지역 외에는 번(藩)을 설치하여 다이묘들이 다스리도록 했는데, 각 번은 도쿠가와 이에야스와 다이묘의 관계에 따라 신판 다이묘(親藩大名), 후다이 다이묘(譜代大名), 도자마 다이묘(外樣大名)가 다스리는 번으로 구분되었다. 도쿠가와의 친족들이 통치한 신번(親藩)과 측근들이 통치한 후다이번(譜代藩)은 에도나 교토와 같은 주요 지역을 중심으로 위치한 반면, 세키가하라 전투 이후에 도쿠가와를 따르게 된 다이묘들이 통치하는 도자마번(外樣藩)은 에도로부터 멀리 떨어진 변방에 위치했다. 흥미로운 점은 도자마번이던 사쓰마(薩摩)번과 조슈(長州)번이 막부체제를 종식시킨 메이지유신의 중심 세력이었다는 것이다. 도쿠가와 쇼군이 지배한 에도시대(江戶時代) 동안 대략 260개 이상의 번이 존재했다.

막부는 각 번의 다이묘들에게 세습을 인정하고 독립적인 재정 운용을 허용했지만, 다이묘 가문끼리 혼인하거나 군사력을 확대하는 것을 통제하여 대항 세력이 되는 것을 억제했다. 특히 참근교대제는 이들을 통제하는 데 효율적인 정책이었는데, 다이묘들은 일정 기간 자신의 영지를 떠나 에도(江戶)에 체류해야 했고, 영지로 돌아가더라도 처와 자식은 에도에 남겨두어야 했다. 에도에서의 생활비는 물론 영지와 에도를 오가는 비용은 재정적으로 큰 부담이 되었다. 이러한 제도적 장치들을 통해 도쿠가와 막부는 대략 260년 동안 안정을 유지할 수 있었다. 하지만 경제적인 어려움과 함께 신분 상승에 제약을 받았던 하급 사무라이들과 도시와 상업의 발달로 등장한 부유한 상인 계층의 생활이 대비되면서 사회적 갈등 요인이 되었다.

초기에는 개방적이던 도쿠가와 막부의 대외정책은 1630년대에 폐쇄적으로 전환되었다. 특히 1637년 12월에 수만 명의 기독교도들이 일으킨 '시마바라의 난(島原の乱)'은 쇄국(鎖国)의 결정적 계기가 되었고, 막부의 쇄국정책은 1854년에 일미화친조약(日米和親条約)을 맺을 때까지 계속되었다. 막부는 1634년에 나가사키항에 조성된 인공섬인 데지마(出島)에서만 교역을 허용했는데, 1639년에는 포르투갈인들의 내항을 금지했다. 하지만 막부가 완전한 폐쇄정책을 실시한 것은 아니었는데, 네덜란드 상인들에게만은 나가사키항을 통한 무역을 허용했으며, 현재의 오키나와 지역에 있던 류큐(琉球) 왕국이나 조선을 통해 외부와의 교류를 지속할 수 있었다.

2. 메이지유신

도쿠가와 막부는 외부로부터의 충격에 의해 결정적으로 흔들리게 되었다. 1853년 6월 미국의 페리(Matthew C. Perry) 제독이 함선 4척을 이끌고 도쿄 근해에 들어와 개항을 요구하고 돌아갔다. 막부가 대응 방침을 명확하게 결정하지 못하는 사이에 페리는 1854년 1월에 다시 군함을 끌고 와서 막부와의 담판을 요구했다. 1854년 3월 일미화친조약(가나가와조약)이 성립되면서 막부는 현재의 시즈오카현 시모다(下田)와 홋카이도의 하코다테(函館) 등을 개항했다. 외세의 위협에 굴복하여 불평등조약에 합의한 막부의 무기력함에 대해 비판이 제기되었고, 개항 이후 일본의 국내 경제가 혼란을 겪게 되자 이로 인한 소요와 폭력사태가 발생했다.[2] 유력 다이묘와 사무라이들이 막부체제의 개혁을 요구하기 시작했으며, 일부는 막부 타도와 서양 세력에 대한 저항을 강조하며 존왕양이(尊王攘夷)를 주장했다. 하지만 양이를 주장하던 자들도 서양 세력과의 충돌을 통해 군사력의 열세와 개항이 불가피했음을 인식하게 되었으며, 서양을 배척하기보다는 배워야 할 상대로 간주하게 되었다. 막부 또한 위기 타개를 위한 개혁을 추진하는 가운데 막부 지지파와 반대파의 갈등이 계속되었다. 1866년에는 사쓰마번(薩摩藩)과 조슈번(長州藩)이 동맹을 맺어 막부 타도의 중심세력이 되었다. 점차 세력이 약화된 막부는 1867년 10월 천황에게 통치권을 반환하는 대정봉환을 요청했고, 1868년에 수도를 도쿄로 하는 메이지정부가 수립되었다. 메이지유신(明治維新)으로 일본은 천황체제로 복귀함과 동시에 중앙집권적인 근대 국가를 형성하게 되었다. 메이지 천황은 1868년 4월 '5개조 서문(五箇条の御誓文)'을 발표했는데, 첫째, 널리 회의를 시행하고 모든 일을 공론(公論)에 따라 정한다. 둘째, 상하 합심하여 활발하게 다스린다. 셋째, 문무백관부터 서민까지 각자의 뜻을 이루고, 불만이 없도록 한다. 넷째, 기존의 나쁜 관습을 타파하고 세상의 공도(公道)에 따른다. 다섯째, 지식을 세계에서 구하고 황기(皇基)를 일으킨다는 내용을 담고 있다. 이러한 내용을 토대로 '5개조 서문'에 현대 일본 민주주의의 기초와 이념이 담겨 있다는 주장도 있다.[3]

메이지유신의 정치, 경제, 사회개혁을 모두가 지지한 것은 아니었으며 막부 지지 세력들의 반발이 이어졌다. 1868년부터 1869년까지 계속된 메이지 정부군과 막부 지지 세력 간의 보신전쟁(戊辰戰爭)에서 사쯔마, 조슈, 도사번이 중심이 된 정부군이 승리함에 따라 메이지체제가 확고히 자리 잡게 되었다.

메이지정부는 부국강병(富国強兵)을 내세우며 다양한 개혁정책을 도입했는데, 먼저 사농공상(士農工商)의 구별을 폐지하고 사민평등(四民平等)을 내세우며 사족(士族)과 평민으로 구분했고 농민들에게는 토지를 유상으로 분배했다. 또한 1871년에는 중앙집권적 체제를 구축하기 위해 번을 없애고 현을 설치하여(廢藩置県) 중앙정부에서 지사(知事)를 파견했다. 정부는 같은 해 12월에 서양 국가들과의 불평등조약을 개정하기 위한 예비교섭 등을 목표로 이와쿠라 도모미(岩倉具視)를 대표로 하는 사절단을 파견했다. 이들은 비록 원래의 목표를 이루지는 못했지만, 1년 10개월간 미국과 유럽의 문물을 경험하고 귀국한 이후 이른바 문명개화(文明開化)의 주역이 되었다. 사절단에는 기도 다카요시(木戸孝允), 오쿠보 도시미치(大久保利通)와 이토 히로부미(伊藤博文) 등이 포함되어 있었다. 1873년에는 만 20세 이상의 남성을 대상으로 징병제가 도입되었으며, 조세제도개혁(地租改正)이 있었다. 지조개정은 조세개혁 외에도 토지의 사적소유권을 확립했다는 점에 중요한 의미가 있다.

메이지유신 이후의 변화에 모두가 만족한 것이 아니었기 때문에 사족과 농민들의 반란이 잇따랐다. 특히 사족들의 불만을 극복하는 방안의 하나로 정한론(征韓論)이 대두되기도 했다. 메이지정부의 지도자들은 부국강병 정책을 두고 대립하기도 했는데 사이고 다카모리(西鄕隆盛)와 같이 정한론을 주장하며 군사력을 통한 대외 팽창을 주장하는 강병(強兵)론자들이 있었고, 오쿠보 도시미치와 같은 부국(富國)론자들은 부국이 강병의 기초가 된다고 주장했다.[4] 정치적 경쟁에서 패배한 사이고 다카모리는 자신의 출신지인 가고시마로 낙향하여 세력을 확대했는데, 중앙정부와의 갈등이 심화함에 따라 1877년에 세이난전쟁(西南戰爭)이 발발했다. 결과는 정부군의 승리였으며 메이지정부는 안정을 찾을 수 있었다. 메이지정부의 부국론자들은 중상주의적 관점에서의 경제성장을 중시했는데 오쿠보는 식산흥업(殖産興業)을 강조하면서 정부가 산업을 증진해야 함을 주장했고, 후쿠자와 유기치(福澤諭吉)는 무역입국론을 제기했다. 강병을 위한 노력 또한 계속되었는데 메이지정부는 서구식 군사제도의 도입어 힘썼으며, 이를 주도한 사람이 야마가타 아리토모(山縣有朋)였다. 그는 1890년 제1회 제국의회에서 총리대신으로서 행한 연설을 통해 자국 영토의 국경을 의미하는 주권선(主權線)과 이를 지키기 위해 확보해야 할 중요한 구역을 의미하는 이익선(利益線) 개념을 제시했다. 당시 이익선이란 조선과 만주, 시베리아 지역 등을 의미하는 것이었는데, 이후의 제국주의적 팽창주의와 연결된다.[5]

메이지유신 이후 서구 사상의 확산으로 1870년대 중반부터 자유민권운동(自由民權運動)이 전개되기 시작했고 헌법제정과 국회 개설, 정당 설립 등에 대한 요구가 증가했다. 1881년에 민권운동가들이 중심이 된 자유당(自由党)이 성립되었고 1882년에는 정부에서 면직된 오쿠마(大隈重信) 등이 입헌개진당(立憲改進党)을 설립했다. 정부는 민권운동을 탄압했지만 이들의 주장은 무시할 수 없는 것이었다. 1885년에 내각제가 도입되었고 이토 히로부미가 초대 총리가 되었다. 1889년 2월에는 프로이센의 헌법을 모델로 하여 대일본제국헌법(메이지헌법)이 제정되었다. 제국헌법은 7장 76조로 구성되었는데 천황을 절대군주이자 주권자로 규정한 헌법의 1장은 천황에 대한 조항들로 구성하여 천황이 통치권을 가진다는 내용을 담고 있다. 2장에서는 신민(臣民)의 권리와 의무에 관해 규정했으며, 3장은 의회가 귀족원(貴族院)과 중의원(衆議院)으로 구성된다는 것 등을 담고 있다.[6] 메이지헌법은 군주가 주체가 되어 국민들에게 권리와 자유를 제한적으로 부여하는 흠정헌법(欽定憲法)의 특징을 지니고 있었다.

메이지유신의 목표가 부국강병이라면 그 방법은 서양 따라잡기(catch-up)를 통한 근대화라고 할 수 있다. 일본의 헌법이 프로이센의 영향을 많이 받았듯이 영국식 우편제도, 프랑스식의 경찰과 사법체계, 미국식 은행과 초등학교 등 다양한 새로운 제도가 도입되었다.[7] 당시의 대표적인 지식인인 후쿠자와 유기치는 1885년 탈아론(脫亞論)이라는 신문사설을 통해 다음과 같이 주장했다.

> 일본은 아시아의 변방에 있지만, 일본인들의 정신은 아시아의 고루(固陋)함을 넘어서 서양 문명을 향하고 있다. … 일본은 이웃국가들의 개명(開明)을 기다려 함께 아시아를 부흥할 수 없다. 서양의 문명국들과 진퇴를 함께 해야 한다.[8]

이러한 주장은 메이지유신 이후 일본의 서양 국가 따라잡기(catch-up)에 대한 집착과 아시아 국가들에 대한 제국주의적 사고를 반영하고 있는 것으로 볼 수 있다.

3. 제국주의의 형성과 전개

1) 청일전쟁과 러일전쟁

부국강병 정책들을 통해 강력해진 일본의 팽창 과정에서 조선의 지정학적 중요성이 증가함에 따라 청나라 및 러시아와의 충돌 가능성이 더욱 커졌다. 1876년 조선을 강제 개항시킨 일본은 1894년의 동학농민운동을 계기로 조선에 군대를 파병하여 청나라와 전쟁을 벌였다. 청나라의 북양함대는 일본의 전력을 앞선 것으로 평가되었지만 결과는 일본의 승리였다. 청일전쟁(1894~1895)에서 승리한 일본은 시모노세키조약을 통해 요동반도와 대만 등을 할양받았지만, 요동반도는 곧 반환하게 되었는데 일본의 세력 확대를 우려한 러시아와 독일, 프랑스, 특히 만주지역에서의 일본의 세력 확대를 우려한 러시아가 주도한 것이었다(삼국간섭). 청일전쟁에서의 승리를 계기로 국내적으로는 정부와 정당들 간의 정치적 갈등이 완화되고 협력적 관계가 형성되었으며, 국제적으로는 일본의 위상이 강화되었다.[9] 청일전쟁은 중화질서의 몰락과 일본 제국주의 시대의 시작을 알리는 사건이었다고 할 수 있다.

만주에서 영향력을 확대하기 시작한 러시아를 견제하려는 일본과 영국의 이해가 일치하면서 1902년에 영일동맹이 결성되었다. 만주와 조선을 둘러싼 러시아와의 갈등이 심화하는 가운데 영일동맹을 통해 자신감을 얻은 일본은 러시아에 대한 기습공격을 감행했고 러일전쟁(1904~1905)이 발발했다. 승리한 일본은 포츠머스조약을 통해 러시아로부터 조선에 대한 독점적 지위를 인정받았으며, 사할린의 남부 지역 등을 할양 받았다. 강대국들에 대한 계속된 승리는 일본의 국력 상승을 보여주는 것으로, 일본이 자신감을 갖고 제국주의적 팽창을 강화하는 계기가 되었을 것이다. 러일전쟁 당시 일본의 승리에 대한 동아시아 지역의 흥미로운 반응으로, 이를 인종주의적 시각에서 접근하여 황인종의 승리, 아시아의 승리로 보는 우호적인 인식도 있었다.[10] 하지만 엄청난 비용과 인명 손실에도 불구하고 전쟁 배상금을 받지 못하는 등의 실망스러운 강화조약은 일본 국민들의 불만으로 이어졌으며, 그 결과 1905년 9월에 도쿄의 히비야(日比谷) 공원에서 폭동사건이 발생하기도 했다. 한편, 야마가타 아리토모가 중심이 되어 작성한 제국국방방침(帝国国防方針)이 1907년 4월 공식적인 군사전략으로 채택되었고 이후 세 차례 개정되었다. 러시아와 미국을 주요 가상 적국으로 상정하는 내용이 담겨있었다.

2) 다이쇼 데모크라시(大正民主主義)

대외적으로 제국주의적인 움직임과 달리, 대체로 다이쇼 천황(大正天皇)의 재임 기간(1912~1926)에 해당하는 1910년대와 1920년대에 일본 국내적으로는 자유주의와 민주주의의 진전이 있었다. 미노베 다쓰키치(美濃部達吉)의 주장으로 대표되는 천황기관설(天皇機関説)은 당시의 정치적 분위기를 잘 보여주고 있다. 우에스기 신키치(上杉慎吉)의 천황주권설과 대립되는 천황기관설은 통치자인 천황의 주권과 최고기관으로서의 위상을 부인하지는 않지만, 천황을 국가의 기관 중 하나로 규정함으로써 의회의 역할이 강조되는 관점이다.

1914년 발발한 제1차 세계대전에 연합국의 일원으로 참전한 일본은 영국, 프랑스 등과 함께 승전국이 되어 강대국으로서의 위상을 높였으며, 1920년 설립된 국제연맹(League of Nations)의 상임이사국이 되었다. 제1차 세계대전은 일본에게 경제적 성장의 기회가 되어 제조업이 비약적으로 발전하고 수출이 급증했지만, 물가인상과 쌀값 파동으로 인해 1918년에 전국적인 소요가 발생하기도 했다. 같은 해 9월에 평민 출신인 하라 다카시(原敬) 내각이 성립되었는데, 이는 중의원 다수당의 대표가 총리가 된 첫 사례이다. 특히 육군, 해군, 외무 대신을 제외한 모든 각료들이 제1당인 입헌정우회(立憲政友会) 의원들 중에서 임명되었다는 점에서 일본 정당정치의 발전을 보여준다. 입헌정우회와 함께 헌정회(憲政会)가 주요 정당으로 기능했는데, 이들은 국제협조주의를 지향하여 영국·미국과 우호적인 관계를 유지했다.

한편, 1917년 10월 러시아에서 볼셰비키혁명이 성공하자 사회주의 사상이 활발하게 유입되었으며, 이를 배경으로 노조 결성이 증가하고 개혁운동이 빈번하게 등장했다. 여성운동이 활발해졌으며 신분제 철폐에도 불구하고 여전히 차별받던 부라쿠민(部落民)들의 해방운동이 본격화되었다. 부라쿠민이란 신분제(사농공상)에 속하지 못했던 천민들로 사회적으로 차별받고 천대받던 직업에 종사했던 사람들을 말하는데, 현재까지도 이들의 후손에 대한 차별이 사회문제로 제기되기도 한다. 1919년에는 선거권 획득에 필요한 납세 조건이 완화되었으며, 1925년에는 25세 이상의 남성을 대상으로 하는 보통선거가 도입되었다. 반면 사회적 통제를 강화하기 위한 치안유지법(治安維持法)이 제정되기도 했다.

3) 만주사변과 중국 침략

제1차 세계대전 이후 1920년대에 들어서면서 일본경제의 위기가 시작되었다. 1923년 9월 1일에는 10만 명 이상이 사망·실종한 관동대지진(関東大震災)이 발생했는데, 일본정부의 조작과 유언비어로 인해 조선인과 사회주의자들에 대한 학살이 벌어졌다. 1920년대 말 일본경제는 더욱 침체에 빠졌고 미국에서 시작된 대공황의 여파로 불황이 지속되면서 특히 농촌 경제가 피폐해졌다.[11] 경제 위기와 사회적 혼란 등을 배경으로 군부의 청년 장교들이나 우익이 중심이 되어 다이쇼(大正)체제에 대한 불만이 급증했는데, 이들은 점차 세력을 넓히며 기존 체제의 전복을 기획했다.

군부세력의 확대 과정에서 만주사변이 벌어졌다. 1931년 9월 만주에 주둔하고 있던 관동군(関東軍)은 철도 폭파사건을 빌미로 만주 침략을 본격화했으며, 1932년 3월에는 청나라의 마지막 황제인 푸이(溥儀)를 옹립하여 만주국(満州国)을 건국했다. 실제로는 관동군의 영향력 하에 있던 만주국에서 도조 히데키(東條英機)나 기시 노부스케(岸信介) 등 일본인 군·관료들이 실권을 행사했으며, 후일 대한민국에서 주요 인물이 된 박정희, 백선엽, 정일권, 최규하 등도 만주국에서 복무했다.

일본 국내에서는 군부나 우익 세력에 의한 쿠데타 시도와 암살 사건이 빈번하게 발생했다. 1932년 5월 해군 장교들이 이누카이 쯔요시(犬養毅) 총리를 암살했다. 1935년에는 귀족원 회의에서 군부 인사에 의해 천황기관설에 대한 비판이 제기되었다. 당시 귀족원 의원으로 천황기관설의 주창자이던 미노베 다쓰키치는 군부와 우익세력으로부터 강력한 비난과 위협에 직면했고 의원직을 사임할 수밖에 없었다. 정부는 그의 저서 발매를 금지했고 성명을 통해 일본이 천황 중심의 국가이며 주권이 천황에게 있음을 확고히 했다. 1936년 2월에는 청년 장교들로 구성된 쿠데타 세력에 의해 재무장관인 다카하시 고레키요(高橋是清)와 총리를 지낸 사이토 마코토(斎藤実) 등이 피살당했다. 쿠데타는 진압되었지만 군부의 영향력이 더욱 강화되었고 천황이나 군부에 대한 비판적 언론이나 사상에 대한 통제가 심화되었다.

1937년 7월 베이징 루거우차오(蘆溝橋)에서 일본군과 중국군 부대의 충돌이 발생했는데, 일본은 이를 빌미로 중국에 대한 본격적인 침략에 나섰다. 베이징, 텐진을 점령한 일본군은 12월 난징을 점령하고 대학살을 자행했다. 중국의 주장에 따르면 난징대학살의 사망자 수가 30만 명에 이르지만, 일본은 사건 자체를 부인하거나 과장되었다고 주장하면서 이후 양국 간 역사문제의 주요 쟁점이 되었다. 중일전쟁 발발로 일본경제는 전시통제경제체제로 전환되었고 1938년에는 국가총동원령이 내려졌다. 이른바 신체제운동(新体制運動)을 내세운 고노에 내각은 1940년 10월 모든 정당을 해산하고, 각종 사회단체를 포괄하는 관제 조직인 대정익찬회(大政翼贊会)를 결성했다.

한편, 일본의 팽창주의가 서양 세력과 충돌하는 가운데 당시 총리였던 고노에 후미마로(近衛文麿)는 1938년 11월 동아신질서(東亜新秩序)라는 성명을 통해 일본, 만주국, 중화민국 3국의 연대를 통한 반공주의(反共主義)와 동아시아의 신질서 건설을 주장했다. 고노에는 동양에 대한 서양의 영향력을 배척할 것을 주장했는데 일본이 주도하는 범아시아주의를 강조한 '대동아공영권(大東亞共榮圈)'의 주창자라고 할 수 있다.[12] 1943년 11월에는 일본의 주도로 만주국, 난징 국민정부(중화민국), 태국, 버마, 필리핀 등 6개국이 참여한 대동아회의(大東亞会議)가 도쿄에서 개최되었으며, 대동아공동선언을 발표했다.

동아시아에서 일본의 세력이 확대되자 미국과 영국의 일본 견제가 강화되었다. 일본은 1940년 9월에 독일, 이탈리아와 삼국동맹을 맺었는데 이는 미국을 가상적국으로 인식했기 때문이다. 일본의 동남아 침략이 시작되면서 미국, 영국과의 갈등이 더욱 증폭되었다. 1941년 8월 미국은 대일 석유수출을 금지하고 영국, 중국, 네덜란드와 협력하여 경제제재를 강화했다(ABCD포위망). 이에 일본은 같은 해 12월 8일(미국 12월 7일) 미국과 영국을 상대로 선전포고하는 한편, 하와이의 진주만을 기습적으로 공격했다. 당시 일본정부 내에는 미국과의 전쟁에 대한 회의적 시각도 있었으나 군부 내 강경파들이 개전을 주도했다.

4) 태평양전쟁

진주만 공습과 함께 동남아 지역에서 전선을 확대한 일본은

1942년 초에 싱가포르, 말레이 반도, 필리핀, 보르네오와 수마트라, 미얀마를 포함 동남아시아 지역의 상당 부분을 점령하게 되었다. 하지만 승승장구하던 일본의 기세는 1942년 6월 미드웨이 해전에서의 패배로 한풀 꺾이게 되었고, 연합군의 반격에 따라 곳곳에서 패퇴하기 시작했다. 1944년에는 연합군이 필리핀을 탈환했다. 1945년 2월 오가사와라(小笠原) 제도 남단의 이오지마(硫黃島)에 미군이 상륙했으며, B-29 폭격기의 일본 본토 공습이 수월하게 되었다. 3월 10일에는 미군에 의한 도쿄대공습으로 10만 명 이상이 사망했다. 4월부터 시작된 오키나와(沖繩) 전투로 일본과 연합국 모두 엄청난 피해를 입었으며, 전세가 불리해진 일본은 이를 만회하기 위해 가미가제특별공격대(神風特別攻擊隊)를 조직하여 자살 공격을 감행하기도 했다. 일본의 패색이 짙어가던 중 종전을 앞당긴 것은 1945년 8월 6일 히로시마, 9일 나가사키에 투하된 원자폭탄이었다. 1945년 8월 15일 정오, 쇼와 천황(昭和天皇)은 라디오를 통해 7월의 포츠담선언(Potsdam Declaration)에서 규정된 항복 조건을 받아들이기로 했음을 알리며 국민들에게 종전(終戰)을 선언했다. 당시의 패전 상황에서 일본이 가장 우선시한 조건은 천황제의 존속이었다. 패전을 알리는 천황의 라디오 방송 이틀 후, 내각은 총 사퇴했으며 패전 처리를 위해 황족 출신인 히가시쿠니노미야 나루히코(東久邇宮稔彦)를 총리로 지명했다. 그는 천황이나 군부에 대한 책임론을 회피하고자 일억총참회(一億總懺悔)를 언급하며 일본 국민 전체에 패전의 책임이 있다고 주장했다. 당시 일본의 실제 인구는 7,200만 명 정도로 1억은 조선과 같은 식민지인들을 포함한 숫자였다고 할 수 있다. 반면 종전을 결정한 이른바 천황의 '성단(聖斷)'은 전쟁의 참화를 줄인 것으로 미화되기도 했다.

4. 패전과 극동국제군사재판

1945년 8월 15일 일본은 항복을 선언했다. 원자폭탄은 일본의 항복을 이끌어 내는 데 유용한 무기였던 것으로 보이지만, 원자폭탄으로 인한 사망자 수는 20만 명이 넘는 것으로 알려져 있으며 대부분이 민간인이었다. 더욱이 일본의 항복이 어느 정도 예견되어 있었다는 점에서 원자폭탄 투하에 대한 윤리문제와 인종주의 논쟁이 제기되었으며 일본인들로 하여금 자신들을 전쟁의 가해자가 아닌 피해자로 인식하는 데 영향을 주었다.

점령 이후 연합군 총사령부(General Headquarters of the Allied Powers)는 1946년 9월부터 A급 전범들을 체포하여 재판을 준비했다. 전범들은 A, B, C 등급으로 나뉘어 재판을 받았는데, A급 전범들은 도쿄에서 재판을 받았다. 1946년 5월부터 극동국제군사재판소에서 재판이 개시되었고 1948년 11월에 판결이 이루어졌다. 기소된 28명 중 도조 히데키(東條英機)를 포함 7명이 교수형에 처해졌으며 불기소된 A급 전범

19명은 석방되었다. 석방된 전범 중에는 아베 전 총리의 외할아버지인 기시 노부스케(岸信介)가 포함되어 있었다. B, C급 전범 재판도 동아시아 각 지역에서 이루어졌는데 처벌받고 사형된 피고인들 중에는 다수의 조선, 대만 출신 군인들이 있었다. 독일에서의 뉘른베르크(Nuremberg) 재판과 마찬가지로 도쿄전범재판에 대해 '승자의 정의'라는 비판적 시각이 있었으며 국제법과 주권의 관계에 대한 논쟁이 제기되기도 했다. 도쿄의 야스쿠니신사(靖国神社)에는 당시 재판의 불공정성과 비합법성을 주장하며 소수의견(dissenting judgement)을 제시한 팔(Radhabinod Pal) 판사의 기념비가 세워져 있다.

3장

전후 일본의 정치와 55년체제

일본의 항복 선언 이후 1945년 8월 30일에 연합군 최고사령관 맥아더(Douglas MacArthur)가 일본에 도착했다. 9월 2일에는 가나가와현(神奈川県) 요코스카 해상에 정박 중인 미주리호에서 항복문서가 조인되었다. 이후 점령 당국은 새로운 일본을 건설하고자 다양한 정책을 시행했으며, 이는 현대 일본의 제도적 기초가 되었다. 1952년 4월에 샌프란시스코 강화조약이 발효되면서 점령이 끝나고 주권이 회복되었다. 1955년 성립된 보수정당인 자유민주당(自由民主党)은 경제적 성과를 바탕으로 일당우위의 정당체제(dominant-party system)를 장기간 유지했다. 38년간의 자민당 지배 과정에서 독특한 정치·경제적 특성들이 형성되었고 이는 '55년체제'로 불렸다. 하지만 1993년 7월 중의원선거를 통해 자민당의 장기 집권이 종식되면서 55년체제가 막을 내렸다.

1. 점령기의 정책

전후 일본은 연합군 총사령부(General Headquarters of the Allied Powers)의 지배를 받게 되었으며 맥아더 장군이 최고사령관(Supreme Commander for the Allied Powers)으로 임명되었다. 연합국들에 의해 분할 점령된 독일과 달리 일본은 미국에 의해 단독 점령되었는데, 사실상 미국의 지배하에 일본정부를 통한 간접 통치의 형식을 취하게 되었다. 미국의 일본 통치 구상을 담고 있는 '초기대일방침(US Initial Post-surrender Policy for Japan)'은 일본이 미국과 세계의 평화와 안보에 다시는 위협이 되지 않도록 하고, 국민들의 자유로운 의사에 기초한 민주적 자치정부를 구성하는 것이 궁극적인 목표임을 명시하고 있다.

비군사화와 민주화 점령 당국의 목표는 일본의 비군사화(demilitarization)와 민주화(democratization)로 요약할 수 있다. 연합군 총사령부는 비군사화를 위해 일본군을 무장해제하고 남아있는 무기들을 폐기했으며, 군사기관 등을 폐쇄하고 전쟁범죄자들을 처벌했다. 특히 영구적인 비군사화를 위한 결정적 조치로 1946년 11월 공포된 헌법의 9조에 전쟁포기와 군사력 보유 금지를 명시했다. 민주화를 위해서는 노조

활동의 보장과 노동3권 인정, 재벌해체 등이 추진되었고 분권화를 위한 지방자치제의 도입, 여성의 참정권 확대와 교육개혁 등이 이루어졌다. 연합군 총사령부는 군국주의 해체와 민주화를 위한 경제개혁의 일환으로 농지개혁을 단행했으며, 그 결과 1946년 32.8%에 불과했던 자작농의 비율이 1950년에는 61.9%로 증가했다.[1] 이는 전후 평등사회의 기초가 되었다고 할 수 있다. 한편, 천황은 1946년 1월 1일의 조서를 통해 자신의 신격(神格)을 부정하고 인간임을 선언했으며, 헌법에 의해 통치에 관여할 수 없는 상징적인 존재로 규정되었다. 또한 1946년 1월 발표된 공직추방령에 근거하여 군인, 관료, 정재계 인사 등 군국주의적이고 국가주의적인 인사들에 대한 대규모 추방이 있었다. 점령 당국의 개혁정책들은 다수 일본인들의 환영을 받았다.

역코스(Reverse Course)   전후 미국과 소련 중심의 동서 진영 간에 냉전(Cold War)이 형성되는 가운데 미국은 점령정책의 목표를 유럽에서의 마샬플랜(Marshall Plan)과 같이 일본경제의 안정과 부흥으로 변경했으며, 아시아에서 공산주의에 대항하는 교두보를 구축하고자 했다. 연합국 총사령부와 일본정부는 노조와 노동운동에 탄압을 가했고 재벌해체는 더 이상 진행되지 않았다. 1948년 12월에 '경제안정9원칙'이 공포되었고, 1949년 2월에는 일본경제의 재생을 위해 은행가인 조셉 닷지(Joseph Dodge)가 파견되었다. 그는 균형예산과 긴축재정을 강조하는 한편 환율을 1달러=360엔으로 설정했다. 정책의 결과로 인플레이션은 억제되었지만 실업이 증가하는 등의 불황이 찾아왔다. 1949년 10월의 중화인민공화국 건국과 1950년 6월의 한국전쟁 발발은 대일정책의 변화를 가속화했다. 1950년에는 공직 추방된 구 정치인과 관료들에 대한 대폭적인 사면이 있었던 반면, 공산당 간부와 좌파 성향의 언론인들에 대해서는 대대적인 추방이 단행되었다(Red Purge). 특히 한국전쟁을 계기로 일본의 재군비가 추진되었는데 맥아더는 7만 5,000명 규모의 경찰예비대 창설과 해상보안청 인원 증원을 요구했다. 일본은 미국의 요청에 따라 1950년 10월부터 12월까지 해상보안청 소속의 소해(掃海)부대를 한국 해역에 파견하기도 했으며, 군수품 보급과 같은 전쟁특수(特需)는 일본경제의 호황과 무기산업의 부활로 이어졌다. 점령정책의 전환은 보수세력들이 재기할 수 있는 발판이 되었다.

2. 정당정치의 재개와 자유민주당 결성

점령기의 민주화정책에 힘입어 정당정치가 활발해졌다. 1945년 10월 연합국 총사령부가 정치범들을 석방함에 따라 혁신정당인 사회당, 공산당이 결성되었으며, 보수정당인 진보당, 자유당, 협동당 등도 설립되었다. 이들은 전후에 새롭게 등장한 정당이라기보다는 전쟁 전의 정당들을 계승하고 있다고 할 수 있다. 1946년 4월의 총선을 통해 요시다 시게루(吉田茂)를 중심으로 자유당, 진보당 연립정권이 성립했다. 1년 만에 치러진 1947년 4월 총선 이후 사회당의 가타야마 데쓰(片山哲)를 총리로 하는 사회당, 민주당, 국민협동당 연립정부가 구성되었지만 정치적 갈등으로 인해 오래가지 못했고, 1948년 3월에 아시다 히토시(芦田均) 내각이 성립되는 등 불안정한 상태가 계속되었다. 1948년 10월 민주자유당의 요시다 내각이 출범했지만 곧 해산하고 1949년 1월 총선이 치러졌다. 466석 중 민주자유당이 264석을 획득하여 계속해서 집권하게 되었는데, 요시다가 영입한 관료 출신 후보자들이 다수 당선되었다. 정당의 이합집산에도 불구하고 요시다는 다수당의 총재로서 1954년 12월까지 총리로 재임했다. 요시다의 집권 배경에는 미국의 지지가 있었는데, 전쟁 책임으로부터 상대적으로 자유로운 관료 출신이었다는 점과 외교관으로 재직 당시 미국·영국과의 전쟁에 반대했었다는 점 등이 고려된 것으로 보인다.

1951년 9월 8일에 일본과 연합국 간의 평화조약인 샌프란시스코 강화조약과 일본과 미국 간의 미일안보조약이 조인되었다. 강화조약은 1952년 4월 28일에 발효되었고 점령이 끝나자 일본의 주권이 회복되었다. 강화조약 및 안보조약 체결을 전후로 외교안보정책을 둘러싼 갈등이 심했는데, 보수·혁신세력 간의 대립은 물론 보수와 혁신세력 내부에서도 갈등이 심화되었다. 미국과의 단독강화론과 소련을 프함한 전면

강화론이 주된 쟁점이었는데 보수세력 내에서도 요시다 지지세력과 반(反)요시다파 간의 갈등이 있었으며, 사회당은 강화조약 비준과 관련한 극심한 대립으로 좌파와 우파로 분열되었다. 외교안보정책을 둘러싼 갈등이 계속되었는데 요시다는 안보는 미국에 의존하고 우선적으로 경제성장에 집중해야 한다고 생각했던 반면, 하토야마 이치로(鳩山一郎)나 기시 노부스케(岸信介) 등은 헌법개정을 통한 군사력 보유와 소련 및 중국과의 국교정상화를 강조했다. 반면 혁신세력인 사회당은 비무장 중립과 전면강화, 군사기지 반대 등을 주장했다.

정당 간의 이합집산이 계속되는 가운데 1950년 결성된 자유당 내에서는 요시다파와 하토야마파 간의 대립이 심화되면서 1953년 3월 일부 의원들이 탈당하여 같은 이름의 자유당을 설립했다(하토야마 자유당). 1953년 4월의 중의원선거 결과 보수정당들의 의석수가 감소한 반면, 좌우파 사회당은 약진했다. 정국의 불안정이 계속되는 가운데 하토야마는 1954년 11월에 민주당을 결성했다. 한편, 1955년 2월의 총선거를 앞두고 1월에 좌우파 사회당의 통합이 결의되었다. 선거 결과 자유당과 민주당을 포함한 보수정당들이 우위를 보였지만 통합이 예정된 좌우파 사회당의 의석수가 증가했으며, 혁신세력들은 개헌 저지선(전체 의석수의 1/3)을 넘는 의석수를 확보했다. 이전부터 혁신세력의 성장에 대해 우려하던 재계 및 보수세력은 자유당과 민주당을 포함한 보수정당들의 통합을 요구했고, 결국 1955년 11월 15일에 자유당과 민주당의 합당으로 자유민주당이 결성되었다. 1956년 4월 하토야마 이치로가 자유민주당의 초대 총재로 취임했다.

3. 55년체제의 전개와 붕괴

1955년에 자민당이 성립된 이후 자민당과 사회당의 이념 대립구도 속에서 자민당의 일당 우위는 1993년 7월 총선에서 패배하기 전까지 계속되었다. 이를 '55년체제'라고 부르는데, 이 기간 동안의 일본의 정치·경제적 특징과 제도적 특성들을 포함하여 규정된 용어라고 할 수 있다. 일반적으로 1993년의 정권교체를 55년체제의 붕괴로 기술한다. 하지만 이는 55년체제가 지녔던 기존의 특성들이 일순간에 전면적으로 사라졌다는 것을 의미하는 것은 아니며, 또한 55년체제하의 제도나 행태가 붕괴 이전의 일정 기간 동안 전혀 변화가 없었다는 의미도 아니다.

1) 55년체제의 전개

헌법개정과 재무장, 미일관계 등을 둘러싼 보혁(保革)대립이 계속되는 가운데 일본경제는 비약적으로 발전했다. 미국의 대일본 경제부흥정책과 함께 1950년 6월 발발한 한국전쟁은 경제 회복의 결정적 기회가 되었다. 일본은 전쟁의 후방기지 역할을 하게 되었고, 군수품을 제공하는 전쟁특수(procurement boom)를 통해 고도성장의 기반을 마련했다. 일본정부는 1956년 경제백서를 통해 이제 '전후(戰後)'는 끝났다고 선언할 수 있게 되었다. 1950년대 중반부터 일본경제가 급성장했는데 1954년 6조 5,917억 엔이던 국민소득이 1959년에는 11조 233억 엔으로 증가했다.[2] 하토야마 내각은 1956년 10월 소련과의 국교정상화에 합의했으며 같은 해 12월 국제연합(UN) 회원국이 될 수 있었다. 1957년 2월 출범한 기시 내각은 개헌과 미일안보조약 개정에 집중했는데, 1960년의 미일안보조약 개정에 반대하는 대규모의 안보투쟁(安保鬪爭)에 직면했다. 1960년 6월 10일에는 아이젠하워(Eisenhower) 대통령의 방일을 준비하기 위해 방문한 해거티(James Hagerty)가 탄 차량이 시위대에 포위되어 미국 해병대의 헬기로 구출한 사건이 있었으며, 6월 15일에는 도쿄대학 여학생 한 명이 사망하는 일이 벌어졌다. 정치적 대립과 혼란 속에 미일안보조약은 개정되었지만 기시는 사임할 수밖에 없었다. 뒤를 이어 취임한 이케다(池田勇人) 총리는 10년 내에 국민소득을 2배로 늘린다는 소득배증계획(所得倍增計劃)을 내세우며 경제 문제를 정치의 핵심 쟁점으로 전환시켰다. 계획보다 3년 빠른 1967년에 국민소득이 두 배로 증가했다. 반면 여전히 이념투쟁에 매몰되어 있던 사회당은 국민들의 지지를 확대하는 데 한계에 봉착했다.

일본은 1964년에 도쿄올림픽을 개최했으며 1968년에는 국민총생산이 서독을 넘어서면서 제2의 경제대국이 되었다. 경제성장 과정에서의 산업화와 도시화로 인해 1955년 취업인구 중 37.9%에 달하던 농업 종사자 비율이 1975년에는 12.6%로 감소했으며,[3] 인구 50만 명 이상의 대도시 인구 비율은 1960년 19.79%에서 1980년 24.81%로 증가했다.[4] 이 시기의 중앙정치는 보수 자민당의 우위가 확립되어 있었지만, 지방선거에서는 급격한 경제성장과 도시화 과정에서 나타난 주택, 환경, 복지문제가 쟁점이 되면서 혁신 계열 지자체장들의 선출이 두드러졌다(革新自治体). 1967년 미노베 료키치(美濃部亮吉)의 도쿄도지사(東京都知事) 당선과 1971년 구로다 료이치(黒田了一)의 오사카부지사(大阪府知事) 당선이 대표적 사례다. 한편, 1960년대 후반부터 미나마타병, 이타이이타이병과 같이 산업화 과정에서 발생한 질병과 환경오염이 심각한 사회문제가 되면서 1971년 환경청이 설립되었다.

1971년의 이른바 '닉슨 쇼크(Nixon Shock)'는 일본의 외교와 경제에 큰 영향을 미쳤다. 미국은 1971년 7월 15일에 닉슨 대통령의 중국 방문 계획을 발표했으며, 8월 ː일에는 금태환제를 포기하겠다고 발표했다. 동맹국인 자신들에게 사전 설명도 없이, 적대국인 중국과의 화해를 추구하겠다는 미국의 발표는 일본의 외교 담당자들을 당황하게 했다. 또한 점령기의 고정환율제(1달러=360엔)에 따른 낮은 엔화 가치를 통해 수출 경쟁력을 더욱 강화할 수 있었던 일본은 변동환율제를 도입하게 되었다.

1972년 5월에는 1969년 11월에 있었던 사토 총리와 닉슨 대통령의 합의에 따라 오키나와가 일본에 반환되었다. 닉슨 쇼크로 인해 중국과의 국교 수립을 서두르게 된 일본은 1972년 7월 총리에 취임한 다나카 가쿠에이(田中角栄)가 두 달 뒤인 9월에 중국을 방문하여 국교정상화에 합의했다. '일본열도 개조론'을 제시한 다나카 총리는 산업의 지방 분산과 전국적인 교통·통신 네트워크 형성을 강조했는데, 이는 대도시 집중의 완화와 국토의 균형발전을 강조하는 정책구상으로 지방 중심의 자민당 선거전략과도 밀접하게 연결되어 있었다. 자민당 정부에 의한 대규모 공공사업 지출은 지역 간 평등과 같은 긍정적 효과도 낳았지만 과도하고 비효율적인 사업들로 인해 토건국가(土建国家)라는 비판에 직면했다.

일본정부는 1973년을 '복지원년(福祉元年)'으로 부르며 고령자 의료비 무료화, 연금지급액 인상 등 사회복지 지출을 확대했다. 안보는 미국에 의존하며 경제성장에 집중한다는 이른바 요시다 노선이 계속되었다고 할 수 있는데, 미키 다케오(三木武夫) 내각은 1976년 11월의 각의 결정을 통해 방위비를 해당연도 국민총생산(GNP)의 1% 이내로 제한하기로 했다. 한편, 1976년 2월 미국의 상원 외교위원회의 다국적기업소위원회에서 록히드(Lockheed)사가 일본에 여객기를 판매하며 관료와 정치인들에게 뇌물을 제공한 사실이 인정되자, 같은 해 7월 다나카 전 총리가 수뢰 혐의로 체포되었다. 정경유착과 금권정치에 대한 국민들의 비판이 고조되었고, 이에 대처하는 과정에서 자민당 내의 갈등이 심화되었다.

동남아시아 지역에서 일본 기업들의 경제활동이 증가하는 가운데 지역 국가들로부터의 비판에 직면한 일본은 1977년 '후쿠다독트린'을 발표했다. 후쿠다 다케오(福田赳夫) 총리는 일본이 군사대국이 되지 않을 것이며 동남아시아국가연합(ASEAN) 국가들과의 관계를 강화하겠다는 내용을 담았다. 후쿠다는 원조배증계획(援助倍增計劃)을 발표했고, 이후 동남아시아를 중심으로 공적개발원조(Official Development Assistance) 활동이 강화되었다. 한편, 1978년에는 중국과 일중평화우호조약을 체결했다.

2) 55년체제의 변화와 붕괴

안정적인 민주주의 경제대국으로 성장한 일본은 1980년대부터 국내외의 정치, 외교, 경제적 도전에 직면하여 변화를 겪게 된다. 전 세계적으로 본다면 1980년대는 신자유주의가 확산되고 경제적 세계화가 본격화된 시대이다. 1982년에 집권한 나카소네 야스히로(中曽根康弘) 총리는 '증세 없는 재정재건'을 강조하면서 규제완화와 민영화 등 신자유주의적 정책들을 추진했다. 전매공사(専売公社), 전신전화공사(電信電話公社), 국철(国鉄)이 민영화 되었다. 나카소네는 또한 '국제국가 일본'을 주장하며 일본이 세계무대에서 국력에 걸맞는 역할을 수행해야 한다고 강조했으며, 방위비 1% 결의를 철폐하고자 노력했다. 나카소네는 1985년 8월 15일 전후 최초로 총리 자격으로 야스쿠니신사에 공식 참배했다. 1986년 7월의 중의원 선거에서 나카소네의 자민당이 압승을 거둔 반면, 사회당은 1986년 1월 '신선언' 채택을 통해 현실적인 사회민주주의 노선으로의 전환을 도모했음에도 참패하고 말았다.

한편, 1980년대의 경제적 세계화 흐름 속에서 55년체제의 상호 협력적 관계에 균열이 발생하기 시작했다. 대기업들은 과거와 달리 정부의 내수산업 보호정책에 비판적이 되었으며, 농업시장 개방문제로 자민당에 대한 농민들의 지지도 상대적으로 약화되었다. 대미 무역 흑자 등에서 비롯된 미일 간의 경제마찰은 1980년대에 더욱 심화되었다. 1985년 9월에는 달러화의 평가절하와 엔화의 평가절상을 위한 플라자합의(Plaza Accord)가 이루어졌고, 1987년 4월에는 미국의 통상법 301조를 근거로 일본산 개인용 컴퓨터와 TV 등에 대한 관세 부과 조치가 있었다.

파벌정치, 후원회 정치, 이익유도정치(利益誘導政治)의 행태를 보여주던 자민당은 1988년 6월의 리쿠르트 뇌물사건을 통해 위기를 맞았다. 나카소네 전 총리는 물론 현직의 다케시타 노보루(竹下登) 총리도 관련된 것으로 드러나면서 총리 직에서 사임하게 되었다. 1989년 1월 쇼와 천황이 사망하고, 헤이세이(平成) 천황 시대가 시작되었다. 같은 해 7월의 참의원선거에서 자민당은 처음으로 과반수 획득에 실패했다. 반면 도이 다카코(土井多賀子)가 대표로 있던 사회당은 큰 승리를 거두었다. 사회당의 선전은 1990년 1월의 중의원선거까지 이어졌지만 자민당은 과반수를 획득하여 정권을 유지할 수 있었다. 한편, 1990년 8월 이라크가 쿠웨이트를 침공한 이후, 이를 되돌리기 위해 미국 주도의 다국적군이 벌인 걸프전에 대한 일본의 외교적 대응이 큰 논란이 되었다. 자위대를 파견하지 못한 일본은 130억 달러라는 막대한 금액을 제공했음에도 불구하고 인적 공헌을 하지 않았다는 이유로 국제적인 비난을 받았다. 그 결과 헌법 9조와 집단적 자위권문제가 재조명 되었고 '보통국가론'이 제기되었다.

1980년대 후반 폭등했던 땅값과 주가가 1990년대 초반 버블경기의 붕괴와 함께 폭락했다. 경제적 어려움과 함께 1992년 1월 가네마루 신(金丸信) 부총재가 연루된 사가와규빈(佐川急便) 뇌물사건이 터지면서 자민당이 위기에 봉착했다. 위기를 맞이한 자민당의 내분이 심화되어 최대 파벌이던 다케시타파는 오부치(小渕)파와 하타(羽田)파로 갈라졌고 정치개혁 논쟁은 분열을 가속화했다. 1993년 6월에 미야자와(宮沢喜一) 내각 불신임안이 통과했고 자민당의 일부 의원들이 탈당했다. 1993년 7월의 총선거에서 자민당은 제1당의 지위는 유지했지만 과반 획득에 실패했으며, 일본신당(日本新党)을 비롯한 8개 정당이 연합하여 비자민연립정부를 수립했다. 자민당은 1955년 결당 이래 처음으로 야당이 되었고 55년체제가 막을 내렸다. 최대 야당으로 1990년 총선에서 136석을 획득했던 사회당은 자민당의 위기에도 불구하고 1993년 선거에서 70석을 얻는 데 그쳤다. 사회당에 대한 지지는 1980년대부터 하락하는 추세였다고 할 수 있는데 노조운동의 약화와 시대에 부합하지 않는 이념 투쟁의 지속, 탈냉전과 사회주의권의 몰락 등을 사회당 침체의 배경으로 꼽을 수 있다. 1994년 6월 자민당은 수십 년간 최대 경쟁자였던 사회당과 연립정부를 구성하며 여당의 지위를 되찾았다.

4. 55년체제의 특징

55년체제의 특징으로 몇 가지를 꼽는다면 다음과 같다. 첫째, 자민당의 일당 우위가 지속되는 가운데, 자민당으로 대표되는 보수와 사회당으로 대표되는 혁신세력 간의 이념 대립구도가 작동했다. 둘째, 국가(관료)가 경제발전을 위해 적극적 역할을 수행했으며(발전국가), 정(政)-관(官)-재(財)의 협력적 관계가 유지되었다(Japan, Inc.). 셋째, 고도경제성장에도 불구하고 높은 수준의 평등사회를 이루었다. 넷째, 안보에 있어서 미국 의존적이었으며, 경제 중심의 외교에 집중했다.

보수와 혁신세력의 경쟁 55년체제의 정당정치는 자민당의 우위가 지속되었기 때문에 자민당 일당우위체제 또는 1.5 정당제로 불린다. 하지만 내용적으로는 헌법개정문제와 미일안보동맹 등을 둘러싼 자민당과 사회당 양대 정당의 이념경쟁체제였다고 할 수 있다. 경제적 성과에 바탕을 두고 포괄정당화한 자민당에 대한 지지가 광범위하게 존재했지만 반군사주의(anti-militarism)와 평화주의를 강조하는 사회당도 상당한 지지 기반을 구축하고 있었다. 사회당은 의석수에서는 자민당에 비해 절반 정도에 불과했지만, 외교안보 및 국내 정책에 있어서 자민당에 대한 강력한 견제자 역할을 했다고 평가받는다. 또한 사회당 이외의 주요 야당으로 공산당과 공명당, 민사당 등이 존재했는데 중도적인 공명당이나 민사당 또한 혁신세력에 가까운 성향을 보여주면서 보수와 혁신이 백중세가 되었다.[5]

발전국가와 일본주식회사 일본의 경제발전을 설명하는 다양한 주장들이 있지만, 존슨(Chalmers Johnson)의 '발전국가' 개념이 많은 주목을 받았다. 발전국가란 관료조직이 중심이 되어, 민간 부문과 연계하여 국가경제 발전이라는 목표를 위해 노력하는 체제이다. 일본은 보호주의와 산업정책을 통해 수출 중심 대기업의 성장을 돕는 한편, 비경쟁적인 산업분야에는 보조금이나 정책적 보호를 제공했다. 한편, 55년체제에서의 자민당, 정부(관료), 재계 간 상호 협력적 관계를 일본주식회사(Japan, Inc.)라고 표현하기도 했다. 이들은 국가의 경제성장이라는 목표에 공감하고 있었으며, 우호적인 정책, 정치자금, 일자리 등 서로 이익을 주고받는 관계였다.

평등사회 일본 일본사회는 전후의 급속한 경제성장에도 불구하고 북유럽 사회민주주의 국가들에 비견될 만큼 높은 수준의 평등성을 보여주었다. 북유럽 국가들과 달리 보편적 복지제도를 잘 갖추고 있지 않은데도 불구하고 상대적으로 평등한 사회를 구현했다는 점에서 많은 관심을 받았다. 일본정부는 지역균형발전 정책, 공공사업, 보조금, 세제 혜택 등 다양한 수단을 통해 경제적, 사회적 격차를 줄일 수 있었다. 보수적인 자민당이 이러한 정책들을 수행했다는 점이 의외라고 할 수 있는데, 1950년대와 1960년대의 불평등 증가를 배경으로 혁신세력의 성장에 대한 우려와 사회적 안정, 선거정치에 있어서 자신들의 지지층인 농민들이나 소상공인들에 대한 이익 제공 등을 고려한 정책들의 결과이다. 연공서열제 및 종신고용제와 같은 기업 관행들도 평등성의 강화에 영향을 주었다. 당시 일본의 사회경제적 평등을 가장 잘 보여주는 표현으로 '일억총중류(一億総中流)'가 있다. 1970년대부터 일본인 중 90% 이상이 자신을 중류 또는 중산층으로 인식하고 있었다는 점을 보여주는 것으로, 1990년대의 경기 침체 이후 이러한 인식에 변화가 있었다.

미일동맹과 경제외교 1951년의 미일안보조약 성립 이후 일본은 미일동맹에 의존하며 안보를 유지했다. 따라서 자민당 정부는 경제성장에 더욱 집중할 수 있었고 세계 제2의 경제대국으로 성장하는 데 도움이 되었다. 1980년대까지 일본의 국가전략은 이른바 요시다 노선을 중심에 두었다고 할 수 있는데, 미국에 대한 지나친 의존은 일본 외교안보정책의 자율성을 제한하는 결과를 낳았다. 한편, 헌법 9조에 의해 군사력의 보유가 제한되었기 때문에 일본은 국제무대에서 경제외교를 중심으로 활동할 수밖에 없었다. 일본은 공적개발원조(ODA)를 활용하여 동남아시아 지역을 비롯한 주변 국가들과의 관계 개선을 도모했으며 보건, 교육, 환경과 같은 비전통적인 안보분야에서 적극적 역할을 수행했다.

이러한 특징들은 1960년대와 1970년대에 두드러졌지만 1980년대부터 서서히 변화하기 시작했다. 55년체제의 유산은 여전히 남아있지만, 1990년대와 2000년대를 통해 일본의 정치와 사회에는 상당한 변화가 있었다.

4장

탈냉전과 세계화 시대의 일본

일본의 55년체제가 붕괴된 1990년대는 냉전 종식 이후 세계화가 본격화 되던 시기이자 일본경제의 침체기였다. 국내적으로는 고령화, 경기침체와 국가부채의 증가, 정치적 부패, 국제적으로는 탈냉전 환경에서의 새로운 외교안보전략 모색, 신자유주의의 확산과 시장개방 압력 등이 일본의 정치와 경제에 큰 도전이 되었다. 국제적 경쟁력이 떨어지는 산업들에 대한 보호주의적 정책과 비효율적인 공공사업과 같은 자민당의 전통적인 정책들에 대한 비판의 목소리가 높아졌으며, 미일동맹과 경제 중심 외교에 대한 방향 전환이 논의되었다. 55년체제와는 다른 다양한 문제들이 발생하고 특히 경제적으로 침체되면서 1990년대는 '잃어버린 10년'으로 불리게 되었지만, 동시에 체제전환을 위한 개혁과 변화의 시대였다고 할 수 있다. 선거제도개혁을 포함한 정치개혁이 있었고 신자유주의적 경제체제로 전환하고자 하는 시도들이 있었으며, 보통국가론이 제기되는 등 외교안보정책 노선의 변화가 시작되었다.

1993년 7월 총선에서의 패배로 야당이 된 자민당은 1994년 6월 사회당 및 신당사키가케(新党さきがけ)와의 연립을 구성하며 여당의 지위를 회복했다. 일본정치가 점차 보수화되는 가운데, 2000년대 초반 고이즈미가 등장하면서 신자유주의적 개혁과 보통국가로의 전환을 위한 정책들이 적극적으로 채택되었다. 자민당의 집권은 2009년까지 계속되었는데, 격차(格差)의 심화와 당내의 정책 갈등, 자민당 정치인들의 부패 및 리더십문제 등으로 2009년 8월의 중의원선거에서 민주당에 참패했다. 정치주도와 보편적 복지를 내세우며 집권에 성공한 민주당은 이후 분열된 리더십과 당내 갈등, 국정운영 능력의 부족과 공약이행 실패 등으로 점차 지지율이 하락했다. 2010년 9월에 센카쿠열도에서 일어난 중국어선 충돌사건과 처리과정은 중국에 대한 저자세 외교로 비판 받았다. 특히 전후 일본에서 발생한 최대 재난이라고 할 수 있는 2011년의 동일본 대지진과 이로 인한 쓰나미, 후쿠시마원전 사고 이후의 수습 과정에서 적절하게 대응하지 못한 간 나오토(菅直人) 총리와 민주당 정부에 대한 비판이 거세졌다. 2012년 12월 총선 결과 자민당의 아베 총리가 재집권하게 되었고, 3연임을 허용한 2018년 9월의 자민당 총재선거에서 승리함에 따라 총리직을 계속 수행하게 되었다. 2021년 9월까지 자민당의 총

재로서 총리직 수행이 가능했던 아베는 2020년 8월 말 건강 악화를 이유로 사임 의사를 밝혔다. 자민당은 스가 요시히데(菅義偉)를 후임 총리로 선출했다.

1. 비자민연립정권과 정치개혁

1991년의 걸프전에 대한 일본의 대응 과정에서 자위대의 해외 파견문제를 두고 위헌 논쟁이 불거졌다. 일본정부는 자위대 파견을 대신해 상당한 규모의 재정적 지원을 제공했음에도 불구하고 수표외교(checkbook diplomacy)라는 비난을 받게 되었다. 일본의 국제 공헌과 평화유지활동 참여에 관한 논쟁은 1990년대 초반 일본정치의 주요 쟁점이 되었고, 이를 배경으로 보통국가론이 제기되면서 개헌론이 부상했다.

한편, 1992년 1월 자민당 부총재인 가네마루 신(金丸信)의 뇌물 수수 사건이 터지면서 자민당에 대한 비난과 정치개혁에 대한 요구가 높아졌다. 정치개혁을 둘러싼 갈등이 심화되는 가운데 야당인 사회당과 공명당, 민사당이 1993년 6월 16일 미야자와 기이치(宮沢喜一) 내각에 대한 불신임안을 제출했다. 예상외로 자민당 내에서 다수의 이탈표가 나오며 내각 불신임안이 통과되었고, 자민당의 내분은 일부 의원들의 탈당과 신당 창당으로 이어졌다. 미야자와 총리는 내각 총사퇴를 받아들이지 않고 중의원 해산을 단행했는데, 1993년 7월의 총선에서 자민당이 과반수 확보에 실패했으며, 8월에는 일본신당(日本新党)의 호소가와 모리히로(細川護熙)를 총리로 하는 비자민·비공산(非自民·非共産)연립정권이 수립되었다. 이후 표류하던 정치개혁 논의가 재개되었고 1994년 3월 정치개혁 법안들이 국회를 통과했다. 핵심은 선거제도개혁이었으며 정치자금법 개정 등이 포함되었다. 중선거구제가 파벌정치와 금권정치, 이익유도정치를 야기한다는 비판에 따라 소선거구제의 도입이 논의되었고, 정당 간 타협의 결과로 소선거구비례대표병립제로 확정되었다. 정치자금 관련 의혹이 불거지자 사임한 호소가와의 후임으로 하타 쯔토무(羽田孜)가 총리가 되었지만 두 달여 만에 사임하면서 1994년 6월 비자민연립정권이 붕괴하게 되었다.

2. 자민당의 정권 복귀와 하시모토개혁

비자민연립정권 내부의 갈등으로 사회당이 이탈하게 되면서 자민당은 사회당과의 협력을 통해 여당으로의 복귀를 노렸고, 1994년 6월에 사회당, 신당사키가케와의 연립을 통해 정부를 구성했다. 55년체제하에서 대립적 경쟁 정당이던 자민당과 사회당이 연립을 구성했다는 점은 놀라운 일이었다. 새로운 연립정부의 수장으로 취임하게 된 사회당의 무라야마(村山富市) 총리는 7월 국회를 통해, 기존의 사회당 노선을 전향하여 미일동맹의 유지와 자위대의 합헌성을 인정하고 히노마루(일장기)와 기미가요가 국기와 국가로 받아들여지고 있다는 점을 존중한다고 발언했다.[1] 사회당의 변화는 일본정치 보수화의 신호탄이었다고 할 수 있다. 1994년 12월에는 가이후 도시키(海部俊樹) 전 총리와 오자와 이치로가 참여한 보수 성향의 거대 야당인 신진당(新進黨)이 결성되었다.

　1995년 연립정부는 국내적으로 여러 가지 사건들이 발생하며 어려움에 봉착했다. 1월에 고베 대지진(한신·아와지 대지진)이 발생하여 6,400명 이상이 사망했다. 재난 이후의 구호와 복구 과정에서 정부 기관은 신뢰를 잃은 반면 100만 명 이상이 참여한 것으로 알려진 자원봉사자들의 활동이 주목받으면서 1995년이 자원봉사 원년(ボランティア元年)으로 불리게 되었다. 이는 1998년 '특정비영리활동촉진법(NPO법)'을 통한 NGO 활성화로 이어졌다. 같은 해 3월에는 옴진리교(オウム真理教)에 의한 도쿄 지하철 사린가스 테러가 발생하여 13명이 사망하고 5,800명 이상이 부상당했다. 또한 버블경기 붕괴의 여파로 주택금융전문회사(住專)의 대출문제가 쟁점이 되었고, 에이즈에 감염된 혈액 유통문제가 불거지면서 정부에 대한 불만이 높아지고 관료에 대한 신뢰가 감소했다. 1995년 7월의 참의원선거에서 야당인 신진당은 약진했고 자민당과 사회당은 패배했다. 한편, 무라야마 총리는 8월 15일 종전 50주년 기념일 담화를 통해 일본의 식민지 지배와 침략에 대해 사과했다(무라야마담화). 국내정치의 혼란과 선거 패배가 겹치면서 무라야마 총리는 1996년 1월에 퇴진 의사를 표명했고, 자민당의 하시모토 류타로(橋本龍太郎)가 뒤를 이었다.

1996년 10월 정치개혁의 결과로 만들어진 소선거구비례대표병립제에 따른 첫 선거가 치러졌다. 자민당은 승리했지만 연립 여당인 사회당과 사키가케는 의석수가 상당히 줄어들었고, 제1야당인 신진당은 기대에 미치지 못했다. 하시모토는 2차 내각을 구성하며 재정개혁, 금융개혁, 행정개혁 등 6대 개혁을 제시했는데, 그 중 가장 성공적인 것이 행정개혁(성청개혁)이었다. 행정개혁은 비대한 행정기구의 통폐합을 통해 이익유도정치의 폐해와 재정적자를 줄이고 관저 주도의 정치체제를 확립하려는 시도였다. 주요 내용은 행정기구의 축소(1부 21성청을 1부 12성청으로), 내각과 총리 기능 강화, 특수법인의 개혁 등이었다. 한편, 북한과 중국이 일본 안보의 위협요소로 등장함에 따라 하시모토는 미일동맹의 강화를 위해 많은 노력을 기울였다. 1996년 4월 하시모토 총리와 미국의 클린턴 대통령은 '미일안전보장공동선언'을 발표했으며 1997년에는 기존 미일방위협력지침의 개정이 이루어졌다. 한편, 하시모토정부가 1997년 4월에 소비세율을 3%에서 5%로 인상하자 내각 지지율이 하락하게 되었으며, 아시아 금융위기 등을 배경으로 경기침체가 계속되면서 자민당은 1998년 7월의 참의원선거에서 패배했다. 하시모토가 선거 패배의 책임을 지고 사임함에 따라 오부치 게이조(小淵惠三)가 총리에 취임했다.

  1999년 7월 자민당의 요청에 따라 공명당은 연립정부 구성에 합의했고, 이후 현재까지 양당의 연립이 계속되고 있다.

오부치는 경기침체를 극복하고자 과거 자민당의 방식대로 재정지출을 통한 공공사업의 확대 등을 추진했다. 경기부양을 위한 오부치정부의 노력에도 불구하고 경제 효과는 기대에 못 미쳤으며 정부의 부채만 증가하게 되었다. 2000년도에 일본 정부의 장기 채무액은 국내총생산의 125%가 되었다. 1990년대 초반까지 3% 미만이던 실업률 또한 2000년도에 4.7%로 증가했다.[2] 2000년 4월 오부치 총리가 뇌경색으로 갑자기 사망하자 모리 요시로(森喜朗)가 총리가 되었지만 밀실에서 이루어진 결정이라는 비판에 직면했다. 2000년 6월의 중의원선거 결과 자민당은 여당의 지위는 유지했지만 과반수 획득에는 실패했다. 특히 도시지역구에서의 참패로 지방을 중시하는 자민당의 공공사업(public works) 정책에 대한 비판이 늘어났다. 당시 6선 의원으로 도쿄 제5선거구에서 패배한 코스기 다카시(小杉隆)는 자민당이 도시지역에서 지지를 이끌어내지 못하는 '농촌정당'이 되어 버렸다고 비판했다.[3]

한편, 1996년 하토야마 유키오(鳩山由紀夫)와 간 나오토(菅直人)가 중심이 되어 설립한 민주당(民主党)이 1998년 여러 세력들과 통합하여 새롭게 민주당을 결성했다. 민주당은 1998년의 참의원선거와 2000년의 중의원선거를 통해 자민당의 대안으로서의 가능성을 높여나갔다. 반면 모리 총리가 일본이 천황 중심의 신의 나라라고 발언하는 등 실언을 거듭하면서 내각 지지율이 계속 하락했는데 2001년 2월에는 10% 미만의 지지율을 기록하기도 했다.

3. 고이즈미의 등장과 구조개혁

지지율 하락 속에 모리 총리는 스스로 퇴진 의사를 밝혔고 2001년 4월에 자민당 총재선거가 있었다. 전직 총리인 하시모토가 출마 의사를 밝혔을 때 많은 사람들이 그의 당선을 예상했지만, 선거 결과는 고이즈미 준이치로(小泉純一郞)의 당선이었다. 당내 비주류인 고이즈미가 총재선거에서 승리할 수 있었던 것은 변화와 개혁에 대한 국민들의 열망 때문이었다. 선거 과정에서 고이즈미는 "자민당을 깨부순다" 등의 표현을 통해 자민당을 비판하면서 인기를 얻었다. 총리 취임 후 고이즈미는 내각 구성에서 파벌 간의 균형이나 당선 횟수에 따른 임명 관행을 타파했고, 전통적인 이익유도정치를 벗어나기 위해 노력했다. 특히 고이즈미는 과거의 총리들에 비해 강력한 권한을 행사했는데 고이즈미 자신의 리더십과 함께 하시모토 총리 시절 추진한 성청개혁에 따라 이루어진 제도변화 덕분이었다. 그는 경제재정자문회의(經濟財政諮問会議)를 개혁의 강력한 수단으로 활용했고, 이를 통해 도로공단 민영화, 불량채권 처리, 재정분권화, 우정민영화 등 신자유주의적 개혁과 중앙정부 재정건전화를 위한 정책들을 수행했다.

지지율이 하락에 고전하던 자민당은 고이즈미의 등장으로 되살아나게 되었다. 2001년 7월의 참의원선거에서 선전했고, 2003년 11월의 중의원선거에서도 의석수를 늘리며 승리했다. 한편, 민주당도 상당한 성과를 거두었는데 오자와가 이끄는 자유당과 합당한 민주당은 480석 중 177석을 획득하여 강력한 제1야당이 되었다. 2003년의 중의원선거에서 민주당은 매니페스토(manifesto) 선거를 내세우며 지지를 호소했고, 정권공약을 제시하는 매니페스토 선거가 이후 일반적인 선거관행이 되었다. 고이즈미는 정치적 쟁점을 단순화하여 표현하고, 자신과 반대자의 대립을 선악(善惡)의 대결 구도로 설정하여 여론의 지지를 동원하는 방식 등으로 인해 '극장형 정치가', '포퓰리스트' 등으로 비판받기도 했다. 고이즈미 총리는 우정민영화(郵政民營化)를 쟁점화 하여 치러진 2005년 9월의 중의원선거에서 자신은 개혁가로 이에 반대하는 세력은 개혁에 대한 '저항세력'으로 표현했으며, 대중적 관심과 지지 확보를 위해 민영화에 반대하는 의원들의 선거구에 다수의 여성후보자들을 이른바 자객(刺客) 후보로 내세웠다. 고이즈미는 파벌 정치를 타파하고 여당의 사전심사제를 무시했으며 공공사업을 축소하는 등의 반(反)자민당 정치를 통해 대중들의 지지를 획득했지만, 도시무당파층의 지지를 통해 승리하려는 전략이 자민당의 전통적인 지지 기반을 약화시킴으로써 당의 위기를 초래했다는 지적이 있다. 특히 개혁의 과정에서 불평등이 심화되어 격차사회(格差社會)를 야기했다는 비판이 있었고 대도시와 지방, 지역 간의 격차 확대는 2007년 7월 참의원선거에서 자민당의 패배에 영향을 주었다.

대외정책에 있어서 고이즈미는 미일동맹의 강력한 지지자로서 2001년 11월에 테러대책특별조치법을 제정했고, 2003

년 7월에는 이라크지원특별조치법을 통과시키는 한편 육상자위대를 이라크에 파견하기도 했다. 이는 보통국가화를 위한 외교안보정책 기조를 잘 보여주는 사례라고 할 수 있다. 반면 동아시아 주변국들과는 야스쿠니(靖国)신사 참배문제 등으로 갈등을 일으켰다. 고이즈미는 2002년 9월과 2004년 5월 북한을 방문하여 김정일과 정상회담을 진행했다. 일본인 피랍자문제에 대해 김정일의 사과를 받았고 피해자 일부를 귀국시키는 성과도 있었지만 북한과의 국교정상화에 이르지는 못했다.

4. 자민당의 위기와 민주당의 집권

1) 자민당 1년 총리 시대

2006년 9월 고이즈미 총리가 자민당 총재 임기 만료로 퇴임하자 아베 신조(安倍晋三)가 뒤를 이었다. 고이즈미 내각에서 관방장관(官房長官)을 역임했던 아베 총리는 신자유주의적인 구조개혁의 지지자였으며, 북한의 일본인 납치문제 등에 강한 목소리를 내는 보수파 정치인이었다. 아베의 첫 내각은 측근과 지지파를 중용하면서 친구(友達)내각이라는 비판을 받으며 출범했다. 아베는 '전후 체제로부터의 탈각(戦後レジュームからの脱却)'을 내세우며 헌법개정에 나설 뜻을 밝혔으며, 2007년 1월에는 방위청(防衛庁)을 방위성(防衛省)으로

승격시켰다. 또한 2007년 5월에는 헌법개정에 필요한 요건을 규정하고 있는 헌법 96조에 따른 개정 절차를 명확하게 규정하는 국민투표법을 통과시켰고, 교육기본법을 통해 보수주의 가치관 교육의 확대를 추구했다. 아베 총리는 고이즈미 전 총리가 아시아 외교를 소홀히 한 것을 만회하고자 노력했지만, 자신의 수정주의적 역사 인식 때문에 비판 받기도 했다.

후생연금 기록의 누락과 장관들의 정치자금문제와 실언으로 아베 내각에 대한 지지율이 점차 하락했다. 격차사회에 대한 비판이 커지면서 자민당은 2007년 7월의 참의원선거에서 민주당에 참패했는데, 특히 지방(농촌)이라고 할 수 있는 1인 선거구 현(県)에서 다수의 의석을 잃었다. 이는 전통적인 자민당 지지 기반에서의 패배를 의미하는 것이었다. 참의원선거 패배 이후 아베 총리가 건강문제로 사임함에 따라 2007년 9월 후쿠다 야스오(福田康夫)가 총리가 되었다. 중의원 다수당인 자민당이 참의원에서 다수당의 지위를 잃게 되자, 분점국회(ねじれ国会)문제가 발생하면서 자민당의 정국 운영이 쉽지 않게 되었다. 국회에서의 법안 통과가 어려워지고 민주당의 공세가 계속되는 가운데 후쿠다가 1년 만에 사임하고, 상대적으로 국민들에게 인기가 있던 아소 다로(麻生太郎)가 총리로 선출되었다. 2008년 글로벌 금융위기가 발생하자 아소 내각은 경기부양을 위해 지출을 늘리는 방안을 검토했지만, 고이즈미식 개혁을 지지하는 세력과의 갈등이 심화되었다. 2009년 1월에는 공무원 개혁을 주장하는 와타나베 요시미(渡

辺喜美)가 자민당을 탈당하여 민나노당(みんなの党)을 결성했다. 자민당 내의 갈등이 계속되고 내각 지지율이 하락하는 가운데 2009년 8월에 치러진 중의원선거에서 민주당이 압승을 거두었고 정권교체를 이루었다.

고이즈미 이후 세 명의 자민당 총리는 정국 운영에 어려움을 겪으며 대략 1년 만에 사임하게 되었는데, 흥미롭게도 이들 모두 세습의원(世襲議員)이라는 공통점이 있었다. 따라서 세습의원들의 능력과 자질에 대한 비판이 제기되기도 했다. 자민당의 경우 세습의원의 비율이 20~30%를 차지하는데 내각이나 당내의 고위직을 차지하고 있는 의원들 중 다수의 세습의원들이 있다.

2) 정권교체와 민주당 정부

1998년 새롭게 결성된 민주당은 수권 정당이 되고자 다양한 노력을 했으며, 가장 두드러진 것으로 2003년 중의원선거에서부터 시작한 매니페스토(manifesto) 선거를 꼽을 수 있다. 민주당은 자민당과 달리 야당으로서 선거 자원이 제약된 정당이었고, 다양한 이념과 정책성향을 지닌 집단들로 구성되어 있었기 때문에 정책 일관성 확보를 위해 매니페스토가 필수적이었다.[4] 민주당은 자민당의 관료주도(官僚主導)정치와 이익유도정치에 대해 강하게 비판했으며, 정치주도(政治主導)와 생활정치·복지정치를 강조하면서 지지를 확대해 나갔

다. 2007년의 참의원선거에서 민주당은 '국민생활이 제일(国民の生活が第一)'을 내세우며 격차 확대를 비판했다. 2007년의 참의원선거에 이어 자민당 총리들의 국정운영 미흡과 자민당 내의 갈등을 배경으로, 민주당은 2009년 8월 중의원선거에서 총 480석 중 308석을 차지하는 압승을 거두었다. 중의원선거에서 민주당이 강조한 것은 정치주도, 내각으로 일원화된 정책결정, 지역분권화 등이었다. 하지만 민주당의 승리는 무당파층의 지지에 기댄 것이었다는 점과 소선거구제의 특성상 작은 득표율 차이에도 승리할 수 있다는 점 때문에 불안정한 것이었다.

민주당 대표인 하토야마 유키오(鳩山由紀夫)가 2009년 9월에 총리에 취임했지만 후텐마(普天間)기지 이전 문제와 정치자금문제가 논란이 되어 지지율이 계속 하락했다. 하토야마는 2010년 6월에 사임했으며 뒤이어 간 나오토(菅直人)가 총리로 취임했다. 간은 취임 후인 2010년 9월의 민주당 대표 선거에서 승리하여 총리직을 계속했지만 그 과정에서 오자와(小沢一郎)파와 대립하게 되었다. 또한 오자와파가 선호하는 정책 방향과는 거리가 있는 정책들을 수행하면서 당내 갈등은 더욱 심화되었다. 10월에 치러진 참의원선거에서 민주당이 패배하여 과반수를 넘기지 못함에 따라, 중의원에서의 압도적 다수에도 불구하고 분점국회(ねじれ国会) 현상이 발생했다. 한편, 2010년에는 오사카유신회(大阪維新の会)나 감세일본(減税日本)처럼 지자체장이 지역정당을 결성하는 수장정당

(首長政党) 설립이 활발했다.

간정부는 2010년 9월 센카쿠열도 중국어선 충돌 사건 처리 과정에서 '저자세 외교'로 비판받았으며, 무엇보다도 2011년 3월 11일 동일본대지진 발생 이후의 대응 과정에서 제대로 된 리더십을 발휘하지 못했다는 비난을 받았다. 동일본대지진은 쓰나미와 원전사고를 동반한 전후 최대의 3중 재난으로 1만 8,000명 이상이 사망 또는 실종된 사건이다. 지진과 쓰나미가 후쿠시마원전 폭발 사고로 이어짐에 따라, 탈원전과 에너지 정책을 둘러싼 대립이 시작되었다.

노다 요시히코(野田佳彦)가 2011년 8월 사임한 간의 뒤를 이어 새로운 총리로 임명되었다. 간과 마찬가지로 노다는 이전의 몇몇 일본 총리들과 달리 세습정치인 출신이 아니라는 점이 특징적이다. 노다는 민주당 의원 중 보수 성향이 강한 정치인으로 파나소닉(Panasonic) 창업자가 세운 마쯔시타 정경숙(松下政経塾) 출신이다. 취임 후 노다 총리가 소비세인상을 공언하면서 공약 준수를 주장하는 오자와 세력과의 갈등이 심화되었고, 이들의 탈당과 유권자들의 반발이 겹치며 2012년 12월 총선거에서 민주당이 참패하게 되었다. 민주당 실패의 원인으로 지나친 정치주도 강조와 관료배제로 인한 정책조정 기능의 약화, 당내 리더십의 분산과 갈등, 국정운영 경험의 부족 등을 꼽을 수 있다.

민주당 정권은 자민당에 비해 동아시아 국가들과의 우호적 관계를 강조했지만, 민주당 집권기에 중일관계와 한일관계는 더욱 악화되었다. 2010년 9월 센카쿠열도에서 벌어진 해상보안청 소속 순시선과 중국 어선의 충돌사건은 중일관계를 급격히 악화시켰으며, 2012년 9월 노다정부의 센카쿠 섬 국유화로 인해 갈등이 장기화되었다. 민주당 정부는 한일관계 개선에 의지를 보이기도 했지만 과거사문제가 논란이 되었고 독도문제가 갈등을 심화했다. 2012년 8월 이명박 대통령의 독도 방문과 천황 사죄 발언으로 양국관계는 더욱 악화되었다.

5. 아베 시대의 일본

2012년 12월 재집권에 성공한 아베 총리는 12월 26일의 기자회견에서 새로운 내각을 '위기돌파 내각'이라고 규정하면서 경제재생, 부흥, 위기관리를 강조했다. 또한 경제정책에 있어서 세 개의 화살(아베노믹스) 정책을 내세웠으며 미일동맹 강화, 헌법개정 등에 대해 언급했다.[5] 아베 총리는 국회 소신표명연설을 통해서도 경제재생과 부흥을 강조했으며 미일동맹 강화, 일본의 국제적 역할을 확대하겠다는 '적극적 평화주의'에 대한 강한 의지를 표명했다. 2013년 7월 참의원선거에서 연립여당인 자민당과 공명당이 모두 승리하여 참의원 과반수를 차지함에 따라 분점국회문제가 해소되었다. 2013년 9월에는 도쿄가 2020년 하계올림픽 개최지로 결정되었는데, 자신의 저서인 『아름다운 나라로(美しい国へ)』에서 1964년의 도쿄올림픽에 대한 자랑스러운 기억을 진술했던 아베에게는 특

별한 의미가 있는 행사라고 할 수 있다. 11월에는 국가안전보장회의(National Security Council) 설치법이 통과되었으며, 12월에는 논란이 되던 특정비밀보호법이 성립되었다. 또한 2014년 5월에는 관료에 대한 영향력 확대를 목적으로 내각관방 소속의 인사국을 설치했다. 이러한 변화는 아베 총리를 중심으로 관저주도, 내각 중심의 정책결정체계가 강화되었음을 의미한다. 정부의 채무 증가 억제와 사회보장을 위한 재원 확보 등을 이유로 2012년에 결정된 소비세법에 따라 2014년 4월 1일에는 5%이던 소비세율이 8%로 높아졌다. 2015년 10월 예정이던 10%로의 인상은 경제위기 등을 이유로 두 차례 연기되었고 2019년 10월부터 적용되었다.

한편, 2014년 2월에 실시된 도쿄도지사선거에서 항공막료장 출신으로 무소속이던 다모가미 도시오(田母神俊雄)가 돌풍을 일으켰다. 비록 4위에 그쳤지만 조직 기반이 없는 상황에서 61만 표 이상 획득했는데, 그 배경으로 넷우익(ネット右翼)의 지지가 주목받았다. 넷우익이란 정치적으로 보수화, 우경화 경향을 강하게 지니고 인터넷상에서 국가주의, 국수주의적 성향을 보이는 사람들을 의미한다.

2014년 11월 아베 총리는 '아베노믹스 해산'이라고 주장하며 중의원을 해산했고 12월 치러진 선거에서 자민당이 다시 압승을 거두었다. 투표율은 전후 최저인 52.66%였다.

아베노믹스의 지속과 함께 보통국가화를 위한 외교안보분야에서의 노력이 계속되었다. 아베 내각은 2014년 7월 1일

각의 결정(閣議決定)을 통해 '신3요건'하에서 집단적 자위권 행사가 가능하다는 해석개헌을 단행했다. 2015년 4월에는 미일안보협력 가이드라인을 개정하면서 자위대의 적극적 역할을 명시했으며 9월에는 국가안전보장 관련 법안들이 통과되었다. 또한 10월에는 중국 견제를 염두에 두고 미국과 일본이 주도하는 환태평양경제동반자협정(TPP: Trans-Pacific Partnership)이 타결되기도 했다. 이러한 움직임은 미일동맹의 강화와 대등한 미일관계를 추구하는 것이었고, 일본의 국제적 활동 및 역할을 확대하고자 하는 것이다.

아베 총리는 2015년 9월 자민당 총재로 재선되었으며 아베노믹스 2단계로 '희망을 낳는 강한 경제', '꿈을 자아내는 육아지원', '안심할 수 있는 사회보장'이라는 새로운 3개의 화살 실현을 통한 '일억총활약사회(一億総活躍社会)'를 제시했다.[6] 이는 저출산·고령화문제에 중점을 둔 경제 활성화 대책이다.

자민당의 우위가 계속되는 가운데 2016년 3월 야당인 민주당은 유신당(維新の党)과 합당하여 민진당(民進党)을 결성했는데, 사실상 민주당의 계승정당이라고 할 수 있다. 한편, 방위상을 역임한 고이케 유리코(小池百合子)가 2016년 7월 무소속으로 도쿄도지사에 출마하여 당선되었고, 도민퍼스트회(都民ファーストの会)를 결성하여 2017년 7월의 도쿄도의회 선거에서 돌풍을 일으키면서 아베 총리의 강력한 도전자로 부상했다. 2017년 10월의 중의원선거를 앞두고 민진당은 고이케 도쿄도지사가 당대표를 맡고 있는 희망의당(希望の党)

에 합류할 계획이었지만 고이케의 입당(入党) 의원 검증 발언에 반발하여 희망의당 중심의 야당 통합이 무산되었다. 민진당 의원 중 다수는 입헌민주당(立憲民主党)을 결성했다. 2017년 10월의 중의원선거에서 자민당이 465석 중 284석을 획득했으며 입헌민주당은 55석을 차지하여 제1야당이 되었다. 희망의당은 50석을 얻는 데 그쳤는데, 이는 선거 전보다 7석이 줄어든 결과다. 선거에서 개헌을 적극적으로 내세운 아베 총리는 2018년 초의 신년기자회견을 통해 개헌 의지를 강력하게 표명했다. 아베 총리는 2018년 9월의 자민당 총재선거에서 3연임에 성공하여 총리직을 계속 수행하게 되었다.

한편, 2016년 8월에 아키히토(明人) 천황은 생전(生前) 퇴위 의사를 밝혔고, 2017년 12월의 각의(閣議)를 통해 2019년 4월 30일 퇴임이 확정되었다. 일본은 독자적 연호(年號)를 사용하는데 2019년 5월 1일에 나루히토(徳仁) 황태자가 천황에 즉위하면서, 1989년에 시작된 헤이세이(平成) 시대가 끝나고 레이와(令和) 시대가 시작되었다. 기원전 660년에 즉위한 것으로 주장하는 진무천황(神武天皇) 이래 126대 천황에 해당한다.

도쿄올림픽이 예정되었던 2020년은 일본의 부흥과 부활을 대내외에 과시하고 경제적 효과를 기대한 해였다. 하지만 코로나 바이러스 사태에 대한 일본정부의 미숙한 대처에 비판이 고조되었고, 올림픽을 연기할 수밖에 없는 상황이 되었다. 예기치 못한 팬데믹 상황으로 곤란을 겪게 된 아베 총리는 건강 악화로 인해 직무 수행이 어렵게 되자 8월 말 사임 의사를 밝혔고, 2020년 9월 16일 관방장관으로 아베 총리를 보좌하던 스가(菅義偉)가 새로운 총리로 선출되었다.

제2부

일본정치의 제도와 구조

5장 선거와 정당 · 69

6장 정부와 관료제 · 96

7장 정치문화와 시민사회 · 116

5장

선거와 정당

 메이지정부 수립 이후 근대적 국가가 형성되는 가운데 1881년과 1882년에 유력인사들이 주도하여 자유당과 입헌개진당(立憲改進党)이 각각 성립되었다. 1885년에 내각제가 도입되긴 했지만 일본의 정당정치는 1889년의 메이지헌법 성립 이후에 본격적으로 시작됐다고 할 수 있다. 1890년에 직접국세 15엔 이상을 납부하는 25세 이상의 남성들에게 참정권을 부여했고 첫 중의원선거가 치러졌다. 정당정치는 1910년대부터 1920년대까지의 이른바 다이쇼 데모크라시(大正民主主義) 시기에 활발하게 전개되었지만, 1930년대부터 군부의 영향력이 강화되면서 위축되었다. 1925년에 남성 보통선거권이 도입되면서 참정권이 확대되었지만 여전히 제한적이었다. 참정권은 전후 점령기에 확대되었는데 여성의 참정권이 인정되었고 선거 가능 연령은 20세로 낮아졌다. 민주적 선거가 재개되었고 보수세력과 혁신세력이 다수의 정당들을 설립하는 가운데 정당 간의 이합집산이 계속되었다. 점령기에 제정된 일본국헌법과 미일안보조약 등을 두고 보수세력은 요시다와 하토야마 세력 등으로 나뉘어 대립했고, 혁신세력의 대표 정당인 사회당은 좌파·우파로 나뉘어 분열했다. 하지만 혁신세력이 성장하고 사회당이 통합의 움직임을 보이자, 위기를 느낀 보수세력이 결집하여 자유민주당(自由民主党)을 결성했다.

1955년 설립된 자유민주당은 1993년까지 다수당으로서 집권했다. 이른바 55년체제에서 유일한 여당이었던 자민당은 1993년 7월 총선에서의 과반 획득 실패와 비자민연립정부의 수립으로 야당이 되었다. 하지만 1994년 6월 사회당, 신당사키가케와의 연립을 통해 재집권에 성공했으며 연립정부 구성을 통해 여당의 위치를 지속했다. 55년체제에서의 선거 및 정당 행태에 대한 비판을 해소하기 위해 1994년에 정치개혁이 이루어졌다. 특히 선거제도개혁을 통해 중의원선거에서의 중선거구제가 폐지되고 소선거구비례대표병립제가 채택되었다. 1998년 새롭게 창립된 민주당은 자민당의 대안정당으로 성장하여 2009년 8월 중의원선거에서 압승을 거두었다. 하지만 민주당 정권에 대한 지지가 하락하면서 2012년 12월 선거를 통해 자민당이 재집권한 이후 자민당의 우위가 이어지고 있다. 이처럼 특정 정당의 집권이 장기적으로 계속되는 것은 민주주의 국가로서는 예외적이라고 할 수 있는데, 특히 55년체제에서의 자민당 장기집권 때문에 일본을 비민주적 국가로 평가하는 경우도 있었다. 하지만 제2차 세계대전 이후의 일본은 경쟁적인 선거를 통해 정당정치가 작동하는 의회제 민주주의 국가이다.

1. 선거제도

1) 국정선거(国政選挙)

의회제 국가인 일본은 하원이라고 할 수 있는 중의원(衆議院)과 상원이라고 할 수 있는 참의원(参議院)선거를 통해 의회를 구성한다. 1890년 시작된 중의원선거는 소선거구제로 출발하여 대선거구제, 중선거구제 등 다양한 방식이 적용되었지만, 1947년 중의원선거에서부터 1993년 선거까지 하나의 선거구에서 대체로 3~5명을 선출하는 중선거구제를 통해 의원을 선출했다. 의원 정수는 인구비례에 의해 결정되었는데 중선거구제로 치러진 마지막 선거인 1993년 제40회 중의원선거의 경우 511명을 선출했다. 1994년 소선거구비례대표병립제로의 선거제도개혁이 이루어졌다. 중선거구제는 금권정치와 파벌정치, 이익유도정치 등의 문제점들을 야기하는 것으로 비판 받았고, 양당제에 대한 우호적 인식 등이 겹쳐지면서 소선거구제로의 전환이 적극 모색된 결과였다.

새로운 제도가 적용된 1996년의 중의원선거에서는 소선거구 300명, 비례대표구 200명의 의원이 선출되었다. 비례대표구의 경우는 행정구역인 도도부현(都道府県)이 아니라 11개 지역블록으로 구분하여 정해졌다. 예를 들어, 도호쿠(東北) 지역은 후쿠시마현, 아오모리현 등 6개현으로 구성되어 있으며, 미나미간토(南関東) 지역은 지바현, 가나가와현, 야마나시현 3개로 구성되어 있다. 홋카이도(北海道)와 도쿄도(東京都)는 예외적으로 하나의 광역행정구역이 비례대표구를 구성한다. 2000년 선거에서부터 비례대표 의원 정수가 180인으로 줄면서 총 480명을 선출하게 되었다. 하지만 2014년 중의원선거에서는 5석이 감소한 475명, 2017년 선거에서는 10석이 더 감소한 465명을 선출했는데, 이는 인구비례의 원칙과 표의 등가성을 고려한 선거법 규정에 따라 선거구를 조정한 결과이다. 중의원선거의 피선거권은 만 25세 이상의 일본국민에게 주어지며, 선거권은 선거법 개정에 따라 하향 조정되어 2017년 중의원선거에서부터 만 18세 이상이면 투표할 수 있게 되었다.

일본의 중의원선거에서 특징적인 것은 중복입후보(重複立候補)와 석패율(惜敗率)제도의 존재다. 중복입후보란 한 후보자가 소선거구와 비례선거구에 동시에 출마할 수 있도록 보장한 제도로 소선거구에서 낙선하더라도 비례대표로 당선될 수 있다. 중복입후보는 석패율 제와 연계되는데, 중복입후보자들의 경우 정당을 기준으로 투표하는 비례대표명부에 다른 후보자들과 동일 순위에 배정할 수 있도록 규정하고 있다. 따

라서 같은 순위의 비례 후보자가 여러 명 존재할 수 있는데, 이 경우 석패율([낙선한] 후보자 득표수 ÷ 당선자 득표수)이 높은 사람부터 당선자로 결정하게 된다. 소선거구비례대표병립제의 도입으로 일본의 중의원선거에 코스타리카(コスタリカ) 방식으로 불리는 흥미로운 행태가 나타났다. 코스타리카 방식이란 동일 정당에 경쟁적인 후보가 2명인 경우 한 후보자는 소선거구에, 다른 후보자는 비례대표구에 출마시키는 것으로, 다음 선거에서는 선거구를 교대하여 각각 비례구와 소선거구에 교차 출마하는 방식이다.

중의원선거는 원칙적인 의원 임기를 기준으로 4년마다 실시하도록 되어 있지만, 의회제의 특성에 따라 내각불신임이나 의회해산이 이루어질 경우 비정기적으로 선거를 치르게 된다. 2017년 10월에 있었던 제48회 중의원선거의 경우도 총리의 의회해산으로 인해 발생했다. 아베 총리는 한 달쯤 전인 9월 25일 기자회견을 통해 '국난돌파(国難突破)'를 위해 중의원을 해산한다고 선언했으며 9월 28일에는 해산안이 국회 본회의를 통과했다. 이후 각의(閣議)를 통해 10월 10일 공시, 10월 22일 투표를 진행하기로 결정했다. 이는 2014년 12월의 총선 이후 약 3년 만에 치러진 선거로 1996년부터 2017년 현재까지 20여 년간 8번의 중의원선거가 있었다. 투표율의 경우 대체로 하락하는 경향을 보여주고 있는데 2012년에는 59.32%, 2014년에는 전후 최저 투표율인 52.66%를 기록했다. 2017년 투표율은 53.7%였는데 처음 투표하게 된 18,

19세 유권자의 투표율은 40.49%로 최저인 20대의 33.58%보다는 높았지만 두 번째로 낮은 수준이었다. 연령대별 투표율은 60대가 72.04%로 제일 높았으며 50대가 63.32%로 뒤를 이었다.[1)]

메이지헌법 성립 이후 1890년에 의회정치가 시작되었을 때 상원의 역할을 한 것은 귀족원(貴族院)이었다. 귀족원 의원으로는 황족(皇族)이나 화족(華族)과 같은 귀족이나 국가에 공훈이 있는 자들 중에서 일정 자격을 갖춘 자들이 임명되었다. 제2차 세계대전 이후 점령기에 현재의 일본국헌법이 성립되면서 참의원으로 대체되었는데, 미국은 원래 단원제를 구상했으나 일본의 요청에 따라 양원제가 유지되었다고 한다. 당시 헌법제정에 참여했던 자들은 단원제로 발생할 수 있는 선거독재나 중우정치를 억제할 수 있고, 사회 각 부문과 각종 직역을 대표하면서 중의원을 견제할 수 있는 제2원의 설치를 구상했다.[2)] 1947년 제1회 선거에서 지방구 150석, 전국구 100석으로 총 250석이던 참의원 의석수는 2004년 이후 242석으로 줄었다. 그 중 146석은 각 도도부현(都道府県)을 선거구로 하여 인구비례에 따라 의석수를 배정받는데, 인구가 가장 많은 도쿄도의 경우 총 12명을 선출한다. 96명은 전국을 단위로 하는 비례대표제를 통해 선출한다. 참의원의 임기는 6년 이지만 3년마다 절반인 121석을 대상으로 선거가 치러진다. 즉 도도부현 지역구에서 73명, 비례대표로 48명이 선출되는데 이때 해당되는 의석을 개선(改選)의석 이라고 부른다.

2019년 7월의 참의원선거에서는 의원 정수(定數) 조정에 따라 3석이 증가된 124석에 대한 투표가 이루어졌으며, 3년 뒤인 2022년에도 3석이 증가하여 총 248명으로 구성될 예정이다. 참의원선거의 피선거권은 만 30세 이상의 일본국민에게 주어진다.

예산권 등이 중의원에 있기 때문에 참의원은 상대적으로 권한과 기능이 제한적이라는 평가가 있지만, 법률안 가결을 위해서는 참의원의 동의가 절대적이다. 다만 참의원에서 부결되더라도 중의원에서 재결의 할 수 있으며 2/3이상이 찬성할 경우 통과된다. 대통령제에서 대통령의 소속 정당과 의회 다수당이 일치하지 않는 분점정부 현상이 발생하는 것처럼, 의회제 국가인 일본의 경우 중의원에서의 다수당과 참의원에서의 다수당이 일치하지 않을 수 있다. 이러한 경우를 분점국회(ねじれ国会, 뒤틀린 국회)라고 부르는데, 참의원에서 다수를 차지하는 야당의 반대로 여당이 국정운영에 어려움을 겪을 수 있다. 한때 중의원의 거수기에 불과하다는 비판을 받기도 했던 참의원은 1990년대부터 집권 자민당이 안정적 과반수를 확보하지 못하게 됨에 따라 중요성이 더해졌으며 연립정권의 수립에도 영향을 미쳤다.[3] 참의원선거의 경우 2013년에는 52.61%의 투표율을 기록했으며, 2016년에는 54.70%, 2019년에는 48.8%를 기록했다.

일본의 국정선거에서는 후보자의 이름이나 정당명을 직접 기입하는 자서식(自書式) 투표방식이 사용되고 있으며 지방자치단체 의원이나 자치단체장 선거에서는 조례를 통해 기호식 투표방식을 채용할 수도 있다. 자서식 투표방식은 일본의 세습정치와도 연관되는데, 정치인들이 장남 이름으로 이치로(一郎) 등을 선호하는 것은 아버지의 후광 또는 가문의 명성을 활용할 수 있기 때문이라는 주장이 있다. 즉 오랫동안 지지해왔던 의원의 성씨(姓氏)에 대한 친밀감이나 충성심이 그 아들 또는 딸에게 이어짐으로써 당선가능성을 높일 수 있다는 것이다. 자서식 방식의 사용으로 유권자가 후보자의 이름을 잘못 기입하는 사례가 종종 발생하는데, 이 경우 해당 선거관리위원회가 투표용지의 유·무효를 가리게 된다. 한편, 부재자투표 제도 중 '대리기재(代理記載)' 제도가 있어서 시각장애인과 같이 기표가 어려운 사람은 지정된 유권자에게 대신 기표하도록 할 수 있다.

2) 지방선거

지방선거는 자치단체장인 도도부현(都道府県)지사 및 시정촌(市町村)장 선거와 각 의회의 의원선거로 구성된다. '통일지방선거'로 불리는 일본의 지방선거는 1947년 이래 4년을 주기로 시행되고 있으며 현재의 지방선거 방식이 정착된 것은 1975년부터이다. 하지만 통일지방선거라는 명칭에도 불구하고 지자체 수장의 사임이나 의회 해산과 같은 지자체의 개별 요인 때문에 지방선거의 동시성이 점차 떨어지고 있다. 지방의회 의원선거의 경우 인구 50만 명이 넘는 정령지정도시의 경우에는 소선거구제와 중대선거구제가 동시에 채택되어 있지만, 그 외의 의원선거는 각 행정지역이 하나의 선거구인 대선거구제를 시행하고 있다. 도도부현(都道府県) 지사의 피선거권은 만 30세 이상의 일본국민에게 주어지며 시정촌(市町村)장의 피선거권은 만 25세 이상에게 허용된다.

일본의 지방선거에서도 중앙선거와 같이 정당 공천제를 채택하고 있지만 지자체장과 의원이 무소속으로 출마하는 경우가 많다. 특히 지자체장 선거에서는 아이노리(相乗り)로 불리는 일종의 연합공천이 자주 발생하는데, 복수의 정당이 동일 후보자를 추천하는 경우를 의미한다. 따라서 후보자의 입장에서는 특정 정당을 선택하는 것보다 무소속 출마가 득표에 더욱 효과적일 수 있다. 한편, 일본의 선거관리위원회에서는 정당 소속 후보자라고 하더라도 후보자 등록 시에 소속당파 증명서를 제출하지 않으면 무소속으로 간주하기 때문에 무소속 후보자가 반드시 무정당(無政党)을 의미하는 것은 아니다.

일본에서 국정정당(国政政党)이란 소속 국회의원 수가 중·참의원 합산 5인 이상이거나 소속 국회의원이 1인 이상으로 직전의 국정선거를 통해 전국에서 2% 이상 득표한 정당을 말한다. 반면 지역정당이란 특정지역에서 한정적으로 활동할 수 있는 '확인단체(確認団体)'의 자격을 갖춘 정치단체를 말하는데, 공직선거법에서 정한 조건을 만족할 경우 선거에 참여할 수 있다. 따라서 지역(지방)정당은 엄밀한 의미에서 정

당은 아니지만 확인단체 제도를 통해 사실상의 정당으로서 활동이 가능하다. 2010년 결성된 오사카유신회(大阪維新の会)와 같이 지방의회 수준에서 활동하던 지역정당이 국정정당(일본유신회)으로 성장한 사례도 있다.

2. 55년체제의 정당정치

종전 이후 점령 당국이 민주화를 주요 목표로 설정하면서, 보수정당은 물론 사회당이나 공산당과 같은 혁신세력의 정당활동이 증가했다. 전후 치러진 첫 중의원선거에서부터 보수정당들이 우위를 차지했지만 사회당을 비롯한 혁신세력에 대한 유권자들의 지지가 점차 늘어났다. 이에 위기를 느낀 보수세력의 통합 노력으로 1955년에 자유당과 민주당의 합당을 통해 자유민주당이 결성되었다. 자민당은 1993년까지 거의 40여 년을 여당으로 집권하게 되었는데 이 시기를 55년체제로 부른다. 1980년대 중반 이후 자민당의 금권정치나 이익유도정치에 대한 비판이 증가하고 세계화와 같은 외부로부터의 도전이 거세지는 가운데, 자민당의 개혁과 정책을 둘러싼 당내 갈등이 심화되었다. 일부 의원들이 자민당을 탈당하고 1993년 6월의 중의원선거에서 과반 획득에 실패한 이후, 비자민연립정부의 수립과 함께 55년체제가 붕괴했다.

1) 자유민주당

보수통합을 위해 결성된 자유민주당은 강령(綱領)으로 민주국가의 완성, 자주독립의 완성, 복지국가의 완성을 내세웠다. 1955년 결성된 자민당이 1993년까지 장기간 집권하던 시기를 55년체제라고 부르는데, 자민당이 그 시기 동안 어떻게 집권당으로서의 지위를 유지할 수 있었는지가 많은 사람들의 관심사가 되었다. 일부 학자들은 정치문화적인 관점에서 순응적, 복종적인 일본인들의 특성을 강조했으며, 일부는 한 선거구에서 여러 명을 선출하는 중선거구제를 원인으로 꼽는다. 또는 야당의 무능력을 지적하기도 한다. 하지만 무엇보다도 자민당과 유권자의 관계에 있어서 보상(compensation)의 정치 또는 이익유도정치(利益誘導政治)라고 할 수 있는 후견주의적 연계(clientelistic linkage)가 강하게 작동했기 때문이라고 할 수 있다. 점령기에 제정된 일본국헌법과 미일안보조약 등을 두고 보수와 혁신, 또는 보수와 혁신 각각의 내부에서 갈등이 계속되는 가운데 자민당의 이케다 하야토(池田勇人) 총리는 1960년 소득배증계획(所得倍增計画)을 제시하면서 국민들의 관심이 이념 갈등보다는 경제적 성과에 집중되도록 국면을 전환했다. 반면 사회당이나 공산당과 같은 혁신 정당들은 이념 경쟁에 집중하면서 당내 갈등을 반복했고 유권자들로부터 제한적인 지지만을 획득할 수 있었다. 특히 자민당은 보수 정당임에도 불구하고, 노동이나 복지 영역에서 사회당 등 혁신세력의 요구를 일부 수렴하면서 포괄정당(catch-all party)화 했고 이를 통해 광범위한 지지를 확보할 수 있었다.

55년체제에서의 자민당 정치의 특징적인 행태로 파벌정치와 후원회정치를 꼽을 수 있다. 자민당의 파벌정치는 중선거구제와 밀접하게 연관된다. 자민당의 파벌 자체는 자민당 설립 초기에 있었던 주요 정치인들 간의 경쟁에서 기원하지만, 파벌정치가 확립된 것은 한 정당이 여러 명의 후보를 같은 지역구에 공천할 수 있는 중선거구제에서 기인한다고 할 수 있다. 자민당의 파벌 대표는 공천에 영향력을 미치는 것은 물론 선거자금을 확보하여 자파 후보자들에게 도움을 주었으며, 총리 선출은 물론 공직배분에도 영향력을 행사했다. 파벌정치는 대체로 부정적인 평가를 받지만, 이념적·정책적 차이가 있었기 때문에 국정운영에 있어서 서로 견제하는 긍정적 기능도 있었다. 또한 자민당 정권이 국민들의 비판에 직면했을 때 다른 파벌 출신을 총리로 내세움으로써 '유사정권교체' 효과를 누릴 수 있었다. 후원회란 정치인과 선거구 유권자들과의 인적 네트워크라고 할 수 있다. 의원들은 회원들의 행사에 참여하여 유권자들과 대면 접촉하거나 민원을 처리해주었고, 그 대가로 선거에서의 집표(集票)조직으로 활용할 수 있었다. 다나카 가쿠에이 전 총리의 후원회였던 에츠잔카이(越山会)가 전형적인 사례로 잘 알려져 있다.

현재의 자민당은 중앙조직인 본부와 지방조직인 도도부현연합회(都道府県支部連合会)로 구성되어 있으며, 당내 조직으로 중앙정치대학원(中央政治大学院), 여성국(女性局), 청년국(青年局), 행정개혁추진본부(行政改革推進本部)와 헌법개정추진본부(憲法改正推進本部)가 있다. 총재 다음의 요직으로 당무의 핵심인 간사장(幹事長)은 2020년 8월 현재 중의원 의원인 니카이 도시히로(二階俊博)가 맡고 있었으며, 당의 정책을 조정하고 결정하는 정무조사회(政務調査会) 회장은 전 외무대신인 기시다 후미오(岸田文雄)다. 당내 최고의결기관으로 간사장, 정무조사회장과 더불어 당3역으로 불리는 총무회(総務会) 회장으로 중의원 의원인 스즈키 슌이치(鈴木俊一)가 활동하고 있었다. 9월 16일 스가가 새 총리로 선출된 후, 니카이 간사장은 유임되었고 정무조사회장에는 시모무라 하쿠분(下村博文)이 총무회장에는 사토 쓰토무(佐藤勉)가 임명되었다.

2) 55년체제하의 주요 야당

사회당 사회당(社会党)은 공산당을 제외한 전전(戦前)의 사회주의 세력들이 결집하여 1945년 11월 결성한 정당이다. 사회당은 1947년의 총선에서 제1당이 되어 민주당, 국민협동당과의 연립을 통해 집권당이 되었고 가타야마 테쯔(片山哲)가 총리로 선출되었다. 하지만 극심한 당내 갈등으로 좌파와 우파로 분열하기도 했는데, 1949년의 4차 당 대회에서 벌어진 국민정당·계급정당 논쟁 이후 '계급적 대중정당(階級的

大衆政党)'으로 당의 성격을 규정함으로써 좌파가 우위를 차지하게 되었다. 1955년 10월에 사회당의 통합이 이루어졌고 1958년의 총선에서는 총 476석 중 166석을 차지하기도 했다(자민당 287석). 하지만 좌우 분열이 계속되었고 일부 의원들이 탈당하여 1960년에 민주사회당(民主社会党)을 결성했다. 민주사회당은 우파 사회민주주의를 표방하는 정당으로, 공공부문 노조를 중심으로 구성된 소효(総評, 日本労働組合総評議会)를 주요 기반으로 하는 사회당과 달리, 상대적으로 온건 노선을 추구하는 노조 연합인 도메이(同盟, 全日本労働総同盟)의 지지를 받았다. 민주사회당은 1969년에 민사당(民社党)으로 개칭했으며 1994년 해산했다.

사회당은 1990년대 초반까지 최대 야당으로서의 지위를 유지했다. 헌법개정과 재군비, 미일안보조약 등에 확고한 반대 의견을 표명했던 사회당은 자민당과 달리 이념 중심의 지지 확보 전략을 고수했다. 하지만 노조의 약화와 사회주의권의 변화로 1980년대부터 지지기반이 약화되기 시작했다. 사회당은 1986년 1월에 신선언(新宣言)을 통해 혁명을 통한 사회주의 건설이라는 기존 노선을 수정하고 계급적 대중정당 노선을 부인하며 사회당을 '국민의 당'으로 규정했는데, 이는 서구식 사민주의 노선을 추구하려는 노력이었다. 같은 해 9월에는 일본 정당 최초로 여성인 도이 다카코(土井多賀子)를 당수로 선출했으며, 1986년의 참의원선거 결과 총 41석을 차지했던 사회당이 1989년의 참의원선거에서는 68석을 차지하는 승리를 거두었다. 1990년의 중의원선거에서도 136석을 획득했는데 1986년 총선에서의 85석에 비하면 눈부신 승리였다. 하지만 이후의 선거에서는 패배를 거듭했는데 1993년의 중의원선거에서는 511석 중 70석을 얻는 데 그쳤다.

선거제도개혁 후 소선거구비례대표병립제로 치러진 1996년 9월의 중의원선거에서 사회당은 500석 중 15석을 차지하는 데 그쳤으며 그 중 소선거구에서 승리한 후보자는 4인에 불과했다. 사회당 쇠퇴의 주된 요인으로 당 정체성의 혼란을 들 수 있다. 자민당과 연립정부 구성을 통해 총리가 된 무라야마는 1994년 7월 18일에 국회에서 미일안보조약을 용인하고 자위대의 합헌성을 인정하며, 히노마루와 기미가요를 각각 국기와 국가로 존중하겠다고 언급했다.[4] 이와 같은 사회당의 전향으로 다수의 지지자들이 무당파층이 되었다. 1996년 1월에는 사회민주당(社會民主党)으로 당명을 변경하는 등 변화를 꾀했지만 지지율의 하락세를 벗어날 수 없었다. 전통적 지지 기반이던 노동조합의 상당수가 새롭게 등장한 민주당 지지로 돌아섬에 따라 당세가 더욱 약화되었다. 2000년 총선에서 19석을 획득한 사회민주당은 2017년 10월 중의원선거에서는 단지 2석을 얻는 데 그쳤다.

공산당 일본에서 현존하고 있는 가장 오래된 정당인 공산당(共産党)은 1922년에 설립되었지만 곧 불법화되었으며 패전 후 점령기인 1945년 12월에 합법화되었다. 1960년의 안보투쟁 과정을 통해 당세를 확장하기도 했지만 1980년대의 사회주의 몰락을 배경으로 공산당에 대한 지지도 감소했다. 초기에는 사회주의 혁명을 표방했으나, 점차 현실적으로 변화하여 자본주의 내에서의 개혁을 강조하고 있다. 미일안보동맹의 폐기, 헌법 수호와 자위대의 해산 등을 주장하고 있으며 젊은이들과 여성, 소상공인들의 지지가 상대적으로 높은 편이다. 공산당은 대다수 의석을 비례 득표를 통해 획득하고 있는데, 2014년 중의원선거에서 당선된 21인 중 20인, 2017년 선거에서 당선된 12인 중 11인이 비례대표로 선출되었다. 참의원에서는 2019년 선거 결과 13석을 차지하고 있다. 중의원 의원인 시이 가즈오(志位和夫)가 2000년부터 현재까지 위원장(당 대표)직을 맡고 있다.

공명당 공명당(公明党)은 불교계의 종교단체인 창가학회(創價学会)를 기반으로 1964년 11월 결성된 정당으로 평화와 복지, 교육 등을 강조한다. 정교분리(政教分離)문제가 제기되면서 1970년에 양자관계를 재정립 했다. 1994년 말 다수가 신진당(新進党)에 합류하기도 했지만, 1998년 11월에 공명당을 재결성하게 되었다. 1999년에 공명당은 자민당, 자유당과의 연립정권에 참여하게 되었고, 자민당과의 연립을 지속하면서 민주당 집권기(2009~2012)를 제외하고는 여당으로서의 입지를 유지했다. 공명당은 자민당과의 연립을 통한 선거 협력과 정부 참여를 목적으로 하고 있으며, 자민당은 도시

지역에서의 지지율 제고와 국회에서 안정적 과반을 확보하기 위한 수단으로 공명당과의 연립을 계속하고 있다.

도시지역에서 상대적으로 높은 지지를 얻고 있는 공명당은 2014년 중의원선거에서는 35석을 얻었는데 소선거구 9석, 비례대표 26석이었다. 2017년 선거에서는 29석을 차지했으며 소선거구 8석, 비례대표 21석이었다. 참의원의 경우 2016년 선거 이후 25석, 2019년 선거 후에는 28석을 유지하고 있다. 중의원 의원을 역임했고 현재 참의원 의원인 야마구치 나쯔오(山口那津男)가 2009년부터 현재까지 당 대표직을 맡고 있다.

55년체제의 붕괴 이후에도 자민당은 비자민당연립정부 시기인 1993년~1994년과 민주당 정부 시기인 2009~2012년을 제외하고는 현재까지 여당으로서의 입지를 확고히 하고 있다. 이처럼 자민당 일당 우위의 정당체제가 창당 이후 60여 년간 계속되었기 때문에 그 동안의 정당정치의 특성이 거의 변하지 않았을 것으로 예단할 수 있지만, 자민당을 비롯한 일본 정당들의 이념이나 정책, 지지 동원 및 선거 방식 등에는 많은 변화가 있었다. 특히 1993년에 있었던 자민당의 선거패배와 이후의 정치개혁, 1990년대의 탈냉전과 세계화 과정에서 많은 변화가 이루어졌다.

3. 1990년대의 변화와 정당정치

1993년 8월의 자민당 정권 붕괴는 전후 일본의 정당정치에 있어서 가장 큰 사건이었다고 할 수 있다. 이는 단지 정권의 교체를 의미하는 것이 아니라 55년체제의 성과에도 불구하고 정치·경제적으로 내재되어 있던 문제들을 해결해야 함을 의미하는 것이었으며, 탈냉전과 세계화 시대에 맞추어 일본이 변화해야 한다는 것을 의미했다. 정치적 차원의 대응 방식은 정치개혁이었다. 특히 선거제도의 개혁이 중요한 쟁점으로 대두되었고, 양당제와 정책 경쟁 강화를 목표로 소선거구 비례대표병립제가 도입되었다. 55년체제하의 중선거구제에서는 하나의 정당이 여러 명의 후보를 추천하는 것이 가능했기 때문에 파벌정치의 문제가 발생했다. 또한 소수 유권자들의 지지만으로도 당선이 가능했기 때문에 후보자와 특수 이익, 특정 집단과의 결탁이 문제가 되었다. 예를 들어, 5인을 선출하는 중선거구의 경우 투표율이 70%라고 가정하면, 산술적으로 총 유권자들 중 14%의 지지만 얻으면 당선될 수 있다. 이 경우 후보자는 보편적 이익, 유권자 전체의 이익이 아니라 특수한 이익만을 대변하더라도 당선될 수 있다는 문제점이 발생한다. 소선거구 제도의 도입은 이러한 측면의 병폐를 억제하기 위한 것이었다. 선거제도의 개편과 함께 정치자금법 개정, 과대대표성의 축소(표의 등가성 강화) 등을 통한 정치 행태의 변화 노력이 있었다. 이러한 변화는 이익집단이나 농촌지역을 기반으로 하던 자민당에게 위협이 될 수 있는 것이었지만 상대적으로 높은 적응력을 발휘하며 우위를 유지해 나갔다.

자민당은 1994년 6월에 사회당, 신당사키가케와 연립을 구성했으며 연립정권의 총리에는 사회당의 무라야마 도미이치(村山富市)가 취임했다. 정권교체와 정치개혁의 분위기 속에서 정당들 간의 이합집산이 계속되었고 1994년 8월 신진당(新進党)이라는 거대 야당이 창당되기도 했지만, 정당의 분열과 통합이 계속되었다. 1996년 1월 무라야마 총리의 사임 이후 자민당의 하시모토 류타로(橋本龍太郎)가 총리에 취임했다. 한편, 1996년 9월 하토야마 유키오(鳩山由紀夫)와 간 나오토(菅直人)가 민주당을 창당했는데 1998년 4월에 민정당, 신당우애, 민주개혁연합이 합류하여 새로운 민주당이 결성되었다. 2003년에는 오자와가 이끌던 자유당이 합류함으로써 정권교체를 위한 통합 야당으로서의 모습을 갖추게 되었다.

1990년대를 통해 일본의 정당정치에 많은 변화가 있었다. 55년체제 붕괴의 원인이 된 이익유도정치와 금권정치에서 벗어나기 위한 시도는 후견주의적 연계(clientelistic linkage)의 약화로 귀결되었다. 사회당의 쇠퇴 또한 주요 변화 중 하나다. 55년체제의 특징으로 자민당과 사회당 중심의 보혁(保革)경쟁 구도를 꼽을 수 있다면, 1990년대 중반 혁신세력의 대표 정당인 사회당이 몰락함으로써, 이후 일본의 정당정치는 보수정당 간의 경쟁으로 전환되었다고 할 수 있다. 이미

1980년대부터 노조운동의 약화와 탈냉전으로 지지기반이 잠식되던 사회당은 1994년 연립정권 수립 과정에서 기존의 노선을 수정하여 자위대 합헌, 미일안보조약 지지 등을 표명했는데, 이는 사회당 지지자들 다수의 이탈과 당 내분으로 이어졌다. 또 하나의 변화로 무당파층(無党派層)의 증가를 꼽을 수 있다. 무당파의 개념은 조금씩 다르게 규정될 수 있고 측정 방식에도 차이가 있지만 대체로 1990년대부터 급격히 증가했다. 특히 자민당의 금권정치, 부패정치에 염증을 느낀 유권자들과 사회당의 이념 정체성 상실 과정에서 실망한 유권자들 상당수가 무당파가 된 것으로 알려져 있다.

4. 최근의 선거와 정당정치

1) 민주당의 성장과 정권교체

간과 하토야마를 공동대표로 하여 1998년 새롭게 출범한 민주당은 민정당, 신당우애, 민주개혁연합 등이 통합된 정당이다. 민주당은 정권교체를 목표로 반(反)자민당 세력을 통합함에 따라 유력 지도자를 중심으로 하는 여러 개의 그룹으로 구성된(하토야마 그룹, 간 그룹, 요코미치 그룹, 오자와 그룹 등) 정당이었다. 따라서 단일하고 강력한 지도력을 발휘하기 어렵고 이념과 정책적으로 일관된 모습을 보여주기도 어려운 정당이었다. 이를 해소하는 방안의 하나로 민주당은 2003

년부터 매니페스토 선거를 주장하며 유권자들의 지지를 확대해나갔다. 정권공약(政權公約)으로 번역되기도 하는 매니페스토는 집권을 노리는 대안정당으로서 정책 능력과 일관성을 보여주어야 하는 민주당에게 유용한 선거전략이었다. 민주당은 자민당의 관료중심 정치와 이익유도정치를 비판하면서 도시 지역을 중심으로 무당파 층의 높은 지지를 받기 시작했다.

2003년 11월 총선에서 177석을 차지하며 상당한 성과를 거두었던 민주당은 고이즈미 총리가 전면에 나서 우정민영화를 쟁점화 했던 2005년 9월의 선거에서는 113석을 얻는 데 그치고 말았다. 하지만 오자와가 당 대표가 되고 선거를 이끌게 된 2007년 4월의 지방선거에서 선전했으며, 특히 2007년의 참의원선거에서 '국민생활이 제일'이라는 슬로건을 내걸고 142석의 개선의석 중 60석을 차지하면서 압승을 거두었다. 반면 자민당은 37석을 얻는 데 그쳤으며 그 결과 참의원에서 민주당이 제1당이 되어 분점국회(ねじれ国会) 현상이 발생했다. 선거에서 민주당은 고이즈미 구조개혁의 결과로 심화된 격차(格差)문제를 비판하는 한편, 아동수당 지급과 농가에 대한 호별소득보전제도(戸別所得補償制度) 등을 공약으로 제시하며 압승을 거두었다. 이는 2009년 중의원선거에서의 민주당 승리를 예고한 선거였다고 할 수 있다. 참의원선거 이후 자민당은 더욱 혼란에 빠지게 되었다. 2006년 9월에 취임했던 자민당의 아베 총리는 선거 패배와 건강문제로 인해 1년만인 2007년 9월에 사임하게 되었다. 뒤를 이은 후쿠다 총

리, 아소 총리 또한 리더십의 결여와 당내 갈등으로 인해 각각 1년여 만에 사임하게 되었고 자민당에 대한 유권자들의 신뢰는 더욱 하락했다.

민주당은 2009년 8월의 중의원선거에서 자민당식의 관료주도 정치를 '정치주도'로 전환할 것임을 강조했고, 공공사업에 있어서의 낭비 억제, 생활정치와 복지확대 등을 내세웠다. 중의원선거 전 115석이던 민주당은 308석을 획득했으며 자민당은 대패하여 119석을 얻는 데 그쳤다. 당시 민주당의 승리는 민주당에 대한 기대보다는 자민당에 대한 실망에서 비롯된 것으로 평가할 수 있다.

사회민주당, 국민신당과 함께 연립정부를 구성한 민주당은 기대와 달리 집권 초기부터 하토야마 총리의 정치자금문제나 공약이었던 오키나와의 후텐마(普天間) 기지 이전 문제가 논란이 되면서 국정혼란을 초래했다. 하토야마가 사임하고 2010년 6월에 간이 총리로 취임했지만, 소비세 인상안을 제시하며 치른 7월의 참의원선거에서 과반수 확보에 실패함에 따라 국정 운영이 더욱 어려워졌다. 간 총리가 2010년 9월의 센가쿠열도 어선 충돌 사고 및 2011년 3월의 동일본대지진 등에 적절하게 대응하지 못한 것으로 비판 받으면서 민주당에 대한 지지율이 계속 하락했다. 간의 뒤를 이어 2011년 8월 노다 요시히코(野田佳彦)가 민주당 정권의 새로운 총리가 되었지만, 소비세 인상문제와 원자력정책 등을 둘러싼 갈등이 계속되었고 특히 오자와 세력과의 반목이 심해지면서 당

의 분열이 가속화했다. 오자와가 이끄는 반대 세력은 2012년 7월에 탈당하여 국민생활이제일당(国民の生活が第一党)을 결성했다.

2012년 12월 총선에서 민주당은 57석을 얻는 데 그쳤는데, 이러한 결과는 선거제도개혁으로 양당제가 강화될 것이라는 희망적 기대와는 상반된 것이었다. 민주당의 실패 이유로 분산된 리더십과 당내 갈등, 지나친 관료배제와 정책조정 기능의 약화, 국정운영 경험의 미숙 등을 꼽을 수 있다. 집권 당시 민주당의 공약과 성과, 선거 결과에 비추어 볼 때 민주당은 실패한 정당이라고 할 수 있을 것이다. 하지만 매니페스토 선거의 도입과 이익유도 정치의 타파를 위한 노력, 보편적 복지의 확대와 정치주도를 위한 노력은 의미 있는 시도였다고 평가할 수 있다.

2) 아베의 재집권과 자민당 우위 재구축

민주당은 매니페스토에서 약속했던 사항들을 제대로 실현하지 못했고 정치리더십 부재 등의 이유로 유권자들로부터 외면 받았다. 2009년 선거에서 역사적 참패를 겪었던 자민당은 2012년 12월 중의원선거에서 294석을 획득하는 압승을 거두었으며 공명당과 연립정부를 수립했다. 2006~2007년의 첫 집권에 이어 재집권하게 된 아베 총리는 '3개의 화살'로 불리는 대담한 금융정책, 기민한 재정정책, 민간투자를 촉진하는

성장전략을 통해 적극적으로 경기를 부양하고 장기디플레이션을 탈출하겠다는 아베노믹스(Abenomics)를 내걸었다. 또한 1기 내각에서 실현하지 못한 헌법개정을 자신의 임기 중 적극적으로 추진할 것임을 천명했다. 아베 총리 취임 후 치러진 2013년과 2016년, 2019년의 참의원선거, 2014년과 2017년의 중의원선거에서 야당은 여전히 분열되어 있었고 자민당은 계속해서 승리를 거두었다. 2014년과 2017년 중의원선거는 모두 총리의 의회 해산으로 발생했는데, 아베 총리는 각각 아베노믹스(アベノミクス)해산, 국난돌파(国難突破)해산 이라고 명명했다. 하지만 중의원 해산이 필요한 상황이었다고 보기 어렵고, 아베 총리 개인의 정치적 위기를 벗어나기 위한 선거였다는 비판이 있었다.

2017년 중의원선거에서 자민당은 공약으로 자위대의 명기, 교육무상화·충실화, 긴급사태 대응, 참의원 합구(合区) 해소 등 4개 항목을 중심으로 한 헌법개정, 북한에 대한 압박과 미일동맹의 강화, 2020년도까지 3세부터 5세인 어린이의 보육료 무상화 등을 내걸었다.[5] 주요 야당 중 보수 정치인인 고이케가 이끌던 희망의당은 헌법 9조를 포함한 개헌논의 추진 등 자민당과 유사한 내용을 공약으로 제시한 반면, 전수방위 유지를 주장하는 입헌민주당은 헌법 9조의 개악에 반대하는 입장임을 분명히 했다. 한편, 유권자들이 중시하는 쟁점은 2017년 선거의 경우 의료·개호(돌봄)가 첫 번째였으며, 경기대책, 연금, 육아·교육, 소비세문제가 뒤를 이었다. 유권자들의 관심은 이전 선거에서도 비슷했는데, 2014년의 선거에서는 경기대책, 연금, 의료·개호, 소비세, 육아·교육 순이었으며, 2012년 선거에서도 경기대책, 연금, 의료·개호, 소비세 인상, 재해복구 순으로 관심도가 높았다.[6] 유권자들의 관심사항은 대체로 비슷하며 주로 경제와 복지문제에 관심이 많음을 알 수 있다.

2017년 10월의 중의원선거 결과 자민당은 소선거구에서 투표자 중 47.8%의 지지를 획득했고 연립여당인 공명당이 1.5%를 얻었으며, 제1, 2야당이 된 입헌민주당과 희망의당은 각각 8.5%, 20.6%를 득표했다. 그 결과 자민당이 소선거구 289석 중 218석을 획득하여 75.4%를 차지했는데 이는 소선거구에서의 사표(死票)문제로 인한 것이다. 반면 비례선거구에서는 자민당이 약 33.3%, 공명당이 12.5%, 입헌민주당과 희망의당이 각각 19.9%, 17.4%를 획득했다.[7] 한편, 지지통신(時事通信)의 선거일 출구조사에 따르면 18, 19세 투표자들 중 46.1%가 자민당을 지지했다고 답했으며 야당인 희망의당은 16.6%, 입헌민주당은 12.7%에 불과했다.[8] 또한 NHK의 출구조사에 따르면 20대와 30대 중 자민당에 투표한 비율이 각각 50%, 42%로 전 연령대 중 제일 높았다.[9] 이러한 결과는 젊은층의 보수화에서 기인한 것으로 볼 수 있지만, 단기적 요인으로 아베노믹스 이후의 경기회복과 청년층의 고용 상황이 개선된 것에 대한 호응이라고 할 수 있다. 특히 자민당의 계속된 승리의 배경에는 보수세력의 규합, 당원획득 운동, 지

표 5.1 최근 일본의 중의원선거 결과 (괄호 안은 의석수)

	제1당	제2당	제3당	제4당	제5당	제6당
2012[*]	자민당 (294)	민주당 (57)	일본 유신회 (54)	공명당 (31)	민나노당 (18)	일본 미래당 (9)
2014	자민당 (291)	민주당 (73)	유신당 (41)	공명당 (35)	공산당 (21)	–
2017	자민당 (284)	입헌 민주당 (55)	희망의당 (50)	공명당 (29)	공산당 (12)	일본 유신회 (11)

[*] 표에는 나타나지 않지만 공산당이 8석을 획득하였다.

방 조직의 강화와 우호단체와의 관계 개선 등 기존 지지 기반을 확대하고 공고히 하려는 자민당의 노력이 있었다.[10)] 자민당은 2016년 10월에 총재의 3연임이 가능하도록 당규를 개정했었는데, 2018년 9월의 자민당 총재선거에서 아베 총리가 승리함에 따라 2021년 9월까지 임기가 가능하게 되었다. 하지만 2020년 8월 아베 총리는 건강상의 이유로 사임을 발표했고, 관방장관이던 스가(菅義偉)가 자민당 총재로 선출되어 9월 16일 총리로 임명되었다.

참의원선거의 경우 2013년 선거에서 자민당은 개선의석 121석 중 65석, 공명당은 11석을 차지한 반면, 민주당은 17석을 차지하는 데 그쳤다. 선거 결과 연립여당의 총 의석수가 135석이 되어 과반을 넘김에 따라 분점국회문제가 해결되었다. 2016년의 참의원선거 이후에는 자민당이 121석, 공명당은 25석을 차지하게 되었으며, 민주당을 계승했다고 할 수 있는 민진당(民進党)은 49석에 그쳤다. 2019년 7월의 참의원 선거에서도 자민당의 우세가 계속되어 연립 여당인 자민당이 113석, 공명당이 28석을 차지하는 결과가 되었다. 2020년 8월 현재 중·참의원에서 5석 이상을 보유하고 있는 정당은 여당인 자민당, 공명당과 더불어 야당으로 입헌민즈당, 국민민주당, 일본공산당, 일본유신회가 있다.

6장

정부와 관료제

1. 중앙정부와 지방정부

일본은 의회제 국가로서 행정, 입법, 사법의 삼권분립을 강조하는 대통령제와 달리 입법부와 행정부가 유기적으로 연계되어 있다. 내각총리대신(수상)으로는 대체로 중의원의 다수당 대표가 임명되지만, 연립정부를 구성하는 경우에는 연립에 참여한 군소정당의 대표가 총리로 임명될 수도 있다. 또한 실제 사례는 없지만 참의원 의원 역시 총리가 될 수 있다. 의회제에서는 국회가 내각불신임안을 결의할 수 있는데, 이 경우 내각이 총사퇴해야 하며 그렇지 않은 경우 중의원을 해산해야 한다. 내각 또한 국회를 해산할 수 있는데, 중의원 해산권은 총리가 행사할 수 있는 가장 강력한 권한 중 하나다.

일본의 정당정치, 특히 자민당의 파벌정치 행태 속에서 파벌 간의 경쟁과 타협을 통해 총리를 선출함에 따라 총리의 권한이 상대적으로 약하다는 평가가 있었다. 하지만 총리의 권력은 개인적 정치역량에 따라 차이가 있었는데, 다나카 가쿠에이(田中角栄, 1972~1974) 총리와 나카소네 야스히로(中曽根康弘, 1982~1987) 총리는 상대적으로 강력한 권한을 행사했던 총리로 평가받고 있다. 총리의 약한 리더십에 대한 비판과 각 성청 간의 부처할거주의 등을 수정하기 위한 노력은 하시모토 류타로(橋本龍太郎, 1996~1998) 총리의 성청개혁(省庁改革)으로 나타났다. 23개 성청(1부 22성청)이 2001년부터 13개 성청(1부 12성청)으로 통합·축소되었다. 총리의 리더십과 관저의 역할 강화를 위해서 내각부(內閣府)를 신설했고, 각 부처에는 정치주도 정책결정을 위한 부대신(副大臣)과 정무관(政務官) 직이 신설되었는데 이는 관료들의 영향력을 축소하고 통제하기 위한 노력이었다. 2007년에는 방위청이 방위성으로 승격했다.

일본의 지방자치는 전후 민주화 과정에서 시작되었다. 점령당국이 민주화정책의 일부로 지방자치제를 도입함에 따라 지방자치단체장과 지방의원들이 주민들의 선거에 의해 선출되었다. 지방정부는 47개 도도부현(都道府県)과 하위 행정단위인 시정촌(市町村)으로 구성되어 있다. 인구가 50만 이상인 경우에는 정령지정도시(政令指定都市)로 지정하여 광역자치단체라고 할 수 있는 도도부현에 준하는 자율성을 부여하도

도표 6.1 일본의 행정기구

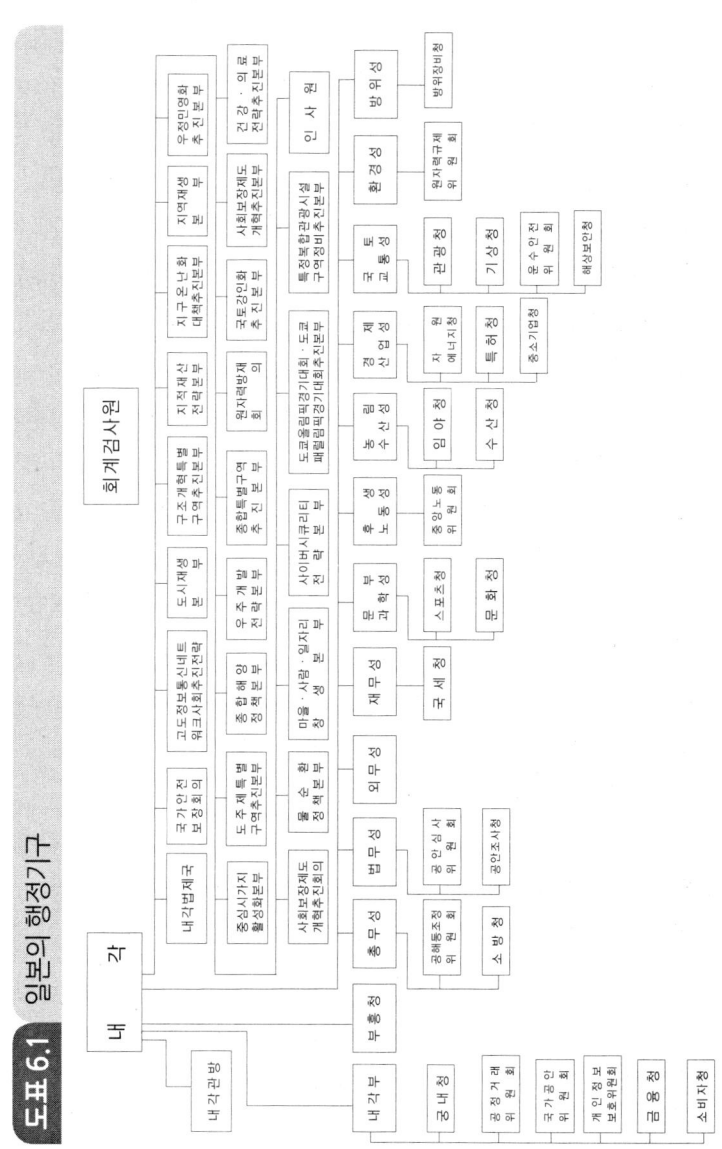

록 했다. 하지만 실제로는 인구 70만 명 이상의 도시들이 선정되었는데 오사카시, 요코하마시, 고베시 등 20개의 정령지정도시가 있다.

지방정부의 경우 지방자치단체장과 지방의회 의원을 각각 선거로 선출함에 따라 '이원대표제(二元代表制)'로 인해 갈등이 발생하는 경우가 있다. 지방자치제의 오랜 역사에도 불구하고, 1990년대까지 중앙정부가 지방정부를 통제할 수 있는 '기관위임사무'의 비율이 높고, 지방정부의 중앙정부에 대한 재정의존도가 높았다. 따라서 실질적으로 지방자치제로 보기 어렵다는 비판을 받았는데, 재정을 기준으로 했을 때 자율성이 30%에 불과하다는 의미로 '산와리 지치(三割自治)'라는 용어가 사용되기도 했다. 지방분권화를 위한 노력이 1990년대부터 본격화되었는데, 기관위임사무의 폐지와 권한이양이 주된 내용이었다. 2001년 고이즈미정부가 들어선 이후 국고보조금 삭감, 지방교부세의 축소, 세원(稅源)의 지방으로의 이전을 포함하는 '삼위일체(三位一体)개혁'이 있었다. 이는 재정적 측면에서의 지방분권화 노력이었다고 할 수 있지만 실제로는 지방재정의 건전화가 목표였다. 지방분권화와 함께 1990년대 중반부터 지자체의 통합이 있었는데, 2005년의 시정촌합병특례법에 따라 헤이세이대합병(平成の大合併)이라 불리는 대규모의 지자체 합병이 이루어졌다. 지속적인 합병의 결과로 1999년에 3,232개 이던 지자체 수가 2018년 10월 현재 1,718개로 줄어들었다.[1] 지자체의 합병은 동시에 지방

표 6.1 일본의 지방자치단체 (2018년 10월)

도(都)	도쿄도(東京都) – 도쿄도는 특별지자체인 23구를 포함하고 있다
도(道)	홋카이도(北海道)
부(府)	오사카부(大阪府), 교토부(京都府)
현(県)	아오모리현(青森県) 등 43개 현
시정촌(市町村)	792시, 743정(마찌), 183촌(무라)

자치단체장과 지방의원 수의 감소를 의미했다. 지자체 통합의 이유로 인구 감소와 분권화 과정에서의 행·재정적 효율성 문제를 들 수 있다.

　일본의 공무원 수는 국가공무원의 경우 2017년 현재 27만 8,581명이었고, 지방공무원은 2018년 현재 274만 4,000명이었다.[2] 지방공무원 중 일반직이 차지하는 비율은 대략 59.4%였으며 교육직이 31.1%, 경찰직이 9.5%를 차지했다.

2. 정부·내각의 주요 기관[3]

내각총리대신(内閣総理大臣)　　내각은 내각총리대신과 국무대신들로 조직된 최고 행정기구로서 총리(수상)는 국회의원 중에서 임명된다. 국무대신은 14인 이내로 구성되어야 하지만 필요에 따라 3인을 증원하여 17인 이내로 구성할 수 있으며, 국무대신의 과반수는 국회의원 중에서 임명하도록 되어 있다. 내각총리대신은 국회의원 중에서 선출되므로 중·참의원 소속 의원 모두 가능하지만, 중의원 의원 중 임명되는 것이 관례라고 할 수 있다. 대체로 다수당의 대표가 총리로 선출되지만, 연립정부가 구성되는 경우 1994년 6월 총리에 임명된 사회당의 무라야마(村山富市) 총리와 같이 다수당이 아닌 정당의 대표가 총리로 임명되기도 한다. 의회제 국가인 일본은 총리의 임기가 정해져 있지 않지만, 중의원선거와 연동되어 있으므로 한 번의 임기는 4년을 넘지 않는다. 하지만 연임제한이 없기 때문에 국회에서 지명되는 한 계속해서 총리직에 종사할 수 있다. 다만 각 정당의 총재(대표) 선거가 있기

표 6.2 최근 일본의 총리

이름	재임기간	소속 정당
고이즈미 준이치로 (小泉純一郎)	2001년 4월 ~ 2006년 9월	자민당
아베 신조(安倍晋三)	2006년 9월 ~ 2007년 9월	자민당
후쿠다 야스오(福田康夫)	2007년 9월 ~ 2008년 9월	자민당
아소 다로(麻生太郎)	2008년 9월 ~ 2009년 9월	자민당
하토야마 유키오 (鳩山由紀夫)	2009년 9월 ~ 2010년 6월	민주당
간 나오토(菅直人)	2010년 6월 ~ 2011년 9월	민주당
노다 요시히코(野田佳彦)	2011년 9월 ~ 2012년 12월	민주당
아베 신조(安倍晋三)	2012년 12월 ~ 2020년 9월	자민당
스가 요시히데(菅義偉)	2020년 9월 ~ 현재	자민당

때문에 당규에 따라 임기가 제한될 수 있다. 자민당의 경우 총재직은 1회 3년 임기로 2회까지 가능했지만, 2016년 10월에 3회 연임(9년)이 가능하도록 당규를 개정했다.

전후 중선거구제 하에서 자민당 출신의 총리들은 파벌 간의 타협에 의해 선출되었기 때문에, 파벌정치로 인해 제한되는 약한 리더십이 비판의 대상이 되었다. 하지만 1994년의 정치개혁과 2001년의 성청개혁 등을 통해 일본 총리는 제도적으로 더 강한 리더십을 행사할 수 있게 되었으며, 2000년대 민주당에 의해 강조된 '정치주도론' 또한 총리의 역할과 기능 확대에 영향을 미쳤다. 시노다(信田智人)는 제도적인 권위 이외에 일본 총리의 리더십을 결정하는 비공식적 권력 자원 중, 내적 자원으로 소속 파벌, 관료에 대한 통제력, 야당과의 관계를 제시했으며, 외적 자원으로는 대중의 지지, 재계와 미국의 지지를 꼽았다.[4]

내각부와 내각관방 내각부(内閣府)는 총리, 내각관방장관, 그리고 내각의 주요 정책에 관한 기획입안·종합조정을 할 수 있는 특명담당대신(特命担当大臣) 등으로 구성된다. 2019년 9월 발족된 제4차 아베 내각의 2차 개조내각(改造内閣)에서는 각 분야를 담당하는 11인의 특명담당대신, 3인의 내각부부대신(内閣府副大臣), 3인의 내각부대신정무관(内閣府大臣政務官)이 임명되었다.[5] 특명담당대신은 총리가 리더십을 발휘할 수 있도록 보좌하는 직책으로 특정 분야를 담당하게 된다. 예를 들어, 아소 다로 부총리·재무대신은 동시에 금융을 담당하는 특명담당대신이며, 중의원 의원인 기타무라 세이고(北村誠吾)는 지방창생·규제개혁 특명담당대신을 맡고 있었다.

내각관방(內閣官房)은 총리를 직접 보좌하는 기관으로 내각의 정책기획이나 조정, 정보 수집·조사 등을 통해 내각을 지원하는 기관이다. 관방장관은 각의를 진행하며, 관저에서의 기자회견을 통해 내각의 활동에 대해 공표하는 대변인 역할을 한다. 관방장관은 총리의 출신 파벌 또는 가까운 인물 중에서 임명이 되는 경우가 많으며 사실상 내각의 2인자라는 평가도 있다. 아베 전 총리도 고이즈미 내각에서 1년 정도 관방장관으로 근무한 경험이 있다. 2012년 12월 아베 총리의 취임과 함께 관방장관에 임명된 스가 요시히데(菅義偉)는 2020년 9월 총리로 취임할때까지 관방장관직을 연임하여 최장 재임 기록을 남겼다. 2013년 12월에는 내각관방 소속으로 국가안전보장회의(NSC)가 설치되었고, 2014년 5월에는 내각인사국(內閣人事局)을 설치하여 내각관방부장관(內閣官房副長官)을 인사국장으로 임명했다. 내각인사국의 설치는 간부급 관료에 대한 내각의 영향력 강화를 의미한다.

내각법제국(內閣法制局)   내각법제국은 내각에서 법안과 법제에 대한 심사 및 조사를 실시하는 기관으로, 내각 및 총리, 각 성의 장관에게 법률문제에 관해 의견을 제시하는 의견(意見)사무와 국무회의에 회부된 법률안 및 조약안 등을 심사하는 심사(審査)사무를 담당한다. 내각법제국은 일본의 '집단적 자위권' 행사에 대해 오랫동안 부정적 의견을 제시했다. 2013년 8월 아베 총리는 집단적 자위권 용인에 긍정적이던 고마쓰 이치로(小松一郎)를 내각법제국 장관에 임명했으며, 이후 내각법제국이 기존의 입장을 변경함으로써 '신3요건 하에서 집단적 자위권 행사가 가능하다'는 해석개헌이 있었다.

국가안전보장회의(国家安全保障会議) 아베정부는 국가 안보에 관한 주요 사항과 중대한 긴급 사태에 대처하기 위해 2013년 12월 국가안전보장회의(NSC)를 설치했다. 신속한 의사결정을 위해 총리, 관방장관, 외무장관, 국방장관 4인 회의(4大臣会合)에 권한을 집중하도록 했으며, 필요에 따라 '9인 장관회의', '긴급 장관회의'를 개최할 수 있다. 회의를 보좌하기 위해 내각관방 소속의 국가안전보장국(国家安全保障局)이 신설되었다. 2014년 1월 초대 국장으로 외무 사무차관을 역임한 야치 쇼타로(谷内正太郎)가 임명되었고, 2019년 9월 경찰청 출신의 기타무라 시게루(北村滋)가 신임 국장으로 임명되었다. 국가안전보장회의 설치는 외교안보 분야에서의 총리 권한 강화와 총리 중심의 신속한 의사결정 체계를 구축한다는 데 의미가 있다.

각의(閣議) 각의는 내각의 회의로 총리가 의장이 되어 각료들과 함께 제출된 안건을 토의한다. 정례적인 각의는 관방장관의 사회로 매주 화요일과 금요일 2회 진행하도록 되어 있다. 각의의 결정은 국회의 승인을 받지 않았으므로 법률은 아니지만, 내각이 법제화를 시도하는 데 중요한 결정이라고 할 수 있다. 2014년 7월 1일 해석개헌으로 불리는 집단적 자위권의 용인이 각의 결정을 통해 이루어졌다. 2017년 10월의 중의원선거 이후 11월 1일에 제4차 아베 내각이 구성되었으며, 2019년 9월 11일에 제4차 아베 내각 2차 개조내각이 발족했다. 고이즈미 준이치로 전 총리의 아들로 차세대 총리감으로 주목받고 있는 고이즈미 신지로(小泉進次郎)가 환경대신으로 입각하여 주목받았다. 2020년 9월 16일 성립된 스가 내각은 아베 내각의 대신들 중 상당수를 유임했다. 관방장관에는 가토 가쓰노부(加藤勝信) 전 후생노동대신을 임명했고, 방위대신으로 아베 전 총리의 동생인 기시 노부오(岸信夫)가 임명되었다.

성청(省廳) 현재 일본의 정부기관은 1부 11성 1청으로 구성되어 있다. 1부는 내각부를 말하며 11성은 총무성, 경제산업성, 문부과학성 등을 포함하고 있고, 1청은 부흥청을 말한다. 각 성의 경우 정무직이라고 할 수 있는 대신(大臣)과 부대신(副大臣), 대신정무관(大臣政務官)이 있으며, 전문 관료로서 최고위직인 사무차관(事務次官)이 있다. 2018년의 본예산(当初予算)을 기준으로, 후생노동성(厚生労働省)의 예산이 약 31조 엔으로 정부 예산 (97조 7,000억 엔) 중 32%를 차지하며 가장 많이 책정된 부처였다. 다음은 재무성(26%), 총무성

(16%), 국토교통성(6%), 문부과학성 순이었으며 여섯 번째인 방위성은 약 5조 2,000억 엔으로 5.3%를 차지했다.[6]

차관연락회의(次官連絡会議) 각 부처의 사무차관들이 매주 금요일 각의 이후 개최하는 회의다. 내각관방이 주재하며 각의에서 결정한 정책을 각 부처가 연계하여 추진할 수 있도록 정보를 공유하고 방법을 검토한다. 차관연락회의는 2012년 12월 자민당 아베 정권의 수립과 함께 설치되었는데, 민주당 정부의 각부성연락회의(各府省連絡会議)와 이전 자민당 정권에서의 사무차관회의(事務次官等会議)를 계승한 것이다. 과거의 사무차관회의는 의제를 사전조정 한 후에 각의의 안건으로 상정하면서 관료지배의 상징으로 비판받았고 2009년 9월 민주당이 집권하면서 폐지되었다. 차관연락회의는 사무차관회의와 달리 각의 안건의 사전조정을 실시하지 않는다.

3. 행정개혁과 도주제

1) 하시모토의 성청개혁

행정개혁은 다양한 내용들을 포함하는 것으로 1980년대, 특히 나카소네정부에서는 신자유주의적 세계화의 흐름 속에서 규제완화와 민영화가 개혁의 주된 목표가 되었다. 하지만 1990년대 하시모토 총리가 추진한 행정개혁은 중앙성청(中

央省庁)의 개편을 통해 부처를 통폐합하고 인원을 조정하는 성청개혁이 핵심 내용이었으며, 전후 일본의 관료제에 있어서 가장 큰 변화였다고 할 수 있다.

일본의 관료는 일본의 경제성장과 발전에 있어서 핵심적인 행위자이자 신뢰할 수 있는 엘리트 집단으로 인식되었다. 하지만 1990년대 들어 관료들과 특정 업체의 유착 및 부패사건이 드러나고, 1995년의 고베(한신·아와지) 대지진에 대한 정부의 미숙한 대응 등이 문제가 되면서 관료에 대한 불신이 증가했다. 또한 1990년대의 경기침체와 탈냉전과 같은 국내외의 도전적 상황에서 정치리더십의 부재에 대한 비판이 강해지면서, 총리와 내각의 권한과 능력을 강화해야 한다는 주장이 힘을 얻었다. 1996년 10월 '행정개혁회의'가 구성되었고, '중앙성청개혁기본법안'이 1998년 2월과 6월 중·참의원을 각각 통과했다. 성청개혁의 결과로 1부 21성청이던 정부조직이 2001년 1월부터 1부 12성청으로 개편되었다. 총리부, 경제기획청, 오키나와개발청 등이 '내각부(内閣府)'로 통합되었으며, 총무청, 우정성(郵政省), 자치성(自治省)이 통합되어 '총무성(総務省)'이 되었다. 공공사업 관련 부처인 운수성, 건설성, 국토청, 홋카이도 개발청이 '국토교통성(国土交通省)'으로 통합되었고, 과거 가장 강력한 부처였다고 할 수 있는 대장성(大蔵省)은 일부 기능을 분리하여 '재무성(財務省)'으로 개편되었다.

2) 고이즈미의 지방분권화개혁

1990년대부터 정치적 책임성(accountability)이나 행정적 반응성(responsiveness) 등을 개선하기 위한 지방분권화가 국가 운영방식으로 선호되었다. 일본도 다른 동아시아 국가들과 마찬가지로 지방분권화를 위한 노력을 계속했고, 1999년 7월 오부치(小渕恵三)정부에서 다수의 지방분권 관련 법령을 개정하는 지방분권일괄법(地方分権一括法)이 통과되었다. 2001년에 집권한 고이즈미는 '관(官)에서 민(民)으로', '국가에서 지방으로'를 구호로 내세우며 재정분권화개혁을 추진했는데, 이러한 개혁은 전후에 균형발전의 원리로 강조되던 내셔널 미니멈(national minimum) 원리로부터의 이탈이라고 할 수 있다. 고이즈미정부는 재정분권화에 중점을 둔 '삼위일체 개혁'을 추진했는데, 분권화가 지역의 수요에 기초한 행정서비스와 경쟁을 통해 지역 자치·자립을 강화하고 지역경제를 활성화할 것이라고 주장했다. 하지만 재정분권화의 실제 목적은 중앙과 지방정부의 재정건전화였다고 할 수 있다. 일본의 중앙정부가 제공하는 국고보조금이나 지방교부세는 지난 수 십 년간 지역 간의 격차를 줄이는 데 큰 역할을 했지만, 지방정부의 무분별한 공공사업이나 비효율적 집행으로 정부 재정에 큰 부담이 되었다. 개혁의 결과로 국가재정의 건전화와 지방의 비효율적인 공공사업 지출 삭감은 어느 정도 성과가 있었다고 평가할 수 있다. 그렇지만 대도시와 지방(농촌) 지자체 간의 재정 및 공공서비스 격차의 심화로 지역격차(地域格差)문제가 정치적 쟁점이 되었다.

3) 도주제(道州制)

지방분권과 활성화를 위한 방안으로 1990년대 중반부터 도주제가 다시 주목받기 시작했다. 도주제란 도쿄 일극 집중현상을 억제하고 행정의 효율화, 재정의 건전화를 추구하기 위해 여러 개의 도도부현을 통합하여 광역행정 체제를 만드는 것을 의미한다. 특히 고이즈미정부에서 도주제에 대한 논의가 본격화 되었는데 2004년 소집된 지방제도조사회는 2006년 2월에 '도주제의 바람직한 모습에 관한 답신'을 제출했으며, 도주(道州) 분할안으로 9개 도주, 11개 도주, 13개 도주안을 제시했다.[7] 도주제로의 개혁은 재계를 대표하는 게이단렌(経団連)의 지속적인 지지를 받고 있는데, 게이단렌은 2013년 3월에 '도주제 실현을 위한 긴급 제언'을 공표하기도 했다.[8] 2010년 결성된 지역정당인 오사카유신회(大阪維新の会)는 도주제를 주장하며 오사카부와 오사카시를 통합하는 오사카도(大阪都) 구상을 간판 정책으로 내세웠다. 도주제에 대한 긍정적인 평가도 많지만, 현행 도도부현제의 폐지로 벌어질 수 있는 다양한 문제점과 이해관계로 인해 이를 실현하기는 쉽지 않을 전망이다. 오사카유신회가 주장하던 오사카도 구상은 2015년 5월 주민투표에 부쳐졌으나 부결되었고,

자민당이 2007년 11월 총재직속기구로 설치했던 '도주제추진본부'는 2018년 5월에 폐지가 결정되었다.

4. 정책결정체계의 변화

1) 관료주도론과 정치주도론

일본을 연구하는 데 있어서 정치학적인 관심 중 하나는 "누가 일본을 통치하고 있는가?"라는 것이었다. 과거의 연구는 일본의 정책결정과정에 있어서 관료의 중요성을 강조했고 정치인들의 역할은 상대적으로 제한적인 것으로 파악했다. 역사적으로 보면 전후 점령기에 정치인들의 대다수는 공직 추방을 당한 반면, 관료들은 통치 효율성을 위해서 추방에서 제외되었다. 또한 관료 출신인 요시다가 보수정당을 이끄는 과정에서 다수의 전직 관료들을 정치인으로 충원함으로써 관료들이 영향력을 행사할 수 있는 여지가 많았다는 주장이 있다. 특히 의회제의 특성상 총리직과 같은 상위 권력의 변화가 빈번하며 정치인들은 재선에 더욱 집중하면서 정책 분야를 소홀히 하기 때문에, 관료들이 의원들의 정책에 대한 지식과 정보에 큰 영향을 미쳤고 의원들이 관료에 의존할 수밖에 없었다는 주장이다(관료우위론). 적어도 1970년대 또는 1980년대 까지는 관료의 영향력이 더 강했다는 주장이 우세한 것으로 보이는데, 일본의 경제성장에 있어서 관료집단의 주도적

역할이 결정적이었다는 존슨의 주장이 대표적이다.[9] 존슨은 일본의 경제성장의 배경으로 통상산업성 관료들의 주도적 역할을 강조하면서 '발전국가(developmental state)' 모델을 제시했다. 관료들은 퇴직 후에도 관련 기업 등에 재취업하여 영향력을 행사했는데 이러한 낙하산식 인사를 아마쿠다리(天下り)라고 부른다.

관료우위론에 대응하여 점차 정치인들의 영향력을 강조하는 주장들이 제기되었다. 1972년 7월의 자민당 총재선거에서 다나카 가쿠에이는 관료파 정치에 대한 '정당인' 우위를 내세우며 승리했는데,[10] 이때부터 정치 우위가 시작되었다는 주장도 있다. 정치 우위의 관점은 특히 자민당의 의원들이 자민당 정무조사회(政務調査会)의 부회(部会) 활동을 통해 특정분야에 대한 전문성을 강화하고 영향력을 행사하는 것에 주목했다. 이들을 족의원(族議員)이라고 불렀는데, 각각의 분야에 따라 건설족(建設族), 농림족(農林族), 우정족(郵政族) 등으로 분류했다. 한편, 특정 집단의 우위보다는 관료와 정치인 양자 간의 협력관계를 강조하는 주장들도 나타났다.

총리의 리더십과 내각 기능의 강화가 1990년대 정치개혁과 행정개혁(성청개혁)의 주된 목표였다는 점은 관료우위의 정책결정체제가 탈냉전·세계화 시대의 급격한 변화에 잘 대응하지 못하고 있다는 시각을 반영하고 있다고 할 수 있다. 2001년의 성청개혁은 관료주도의 체제를 정치주도로 변환하기 위한 시도였다고 할 수 있는데,[11] 정치주도의 구체적 방안으로

부대신(副大臣)과 대신정무관(大臣政務官) 직이 도입되었다. 정치주도론이 정치적으로 주요 쟁점이 된 것은 민주당에 의해서라고 할 수 있다. 과거에도 일본의 관료중심체제에 대한 비판이 없었던 것은 아니지만, 민주당은 2003년 중의원선거에서 매니페스토를 통해 자민당의 관료지배체제를 강하게 비판하면서 '탈관료'와 관저 중심의 정치주도형 정부 운영을 강조했다. 이후의 선거에서도 민주당은 지속적으로 관료지배의 탈피를 강조했는데 특히 2009년 중의원선거의 매니페스토에서는 5원칙 중 첫 번째로 '관료주도의 정치에서 집권당이 책임지는 정치가 주도의 정치'를 내세웠다. 집권 이후 민주당은 정치주도를 위한 노력을 계속했지만 성공적이었다고 평가하기는 어렵다. 하지만 관료주도체제로부터 정치주도체제로의 전환은 1990년대 이래 일본 정치행정개혁의 주요 목표였다.

정치주도로의 전환은 자민당의 재집권 이후에도 계속되었다. 2012년 12월 총리직에 복귀한 아베는 제1회 차관연락회의에 참석하여 '정관(政官)의 상호 신뢰관계에 기초한 진실한 정치주도의 추진'을 강조했다.[12] 이처럼 일본의 국정운영에 있어서 관료보다는 정치인들의 영향력이 강화되고 있으며 특히 총리의 권한과 역할이 중요해지고 있음을 알 수 있다.

2) 아베 내각의 정책결정체계

고이즈미 총리의 등장 이후 성청개혁의 목표 중 하나였던 총리 리더십의 강화, 내각주도, 관저(官邸)주도의 정치가 어느 정도 실현된 것으로 보았다. 고이즈미 총리는 정책결정과정에서 이전의 자민당 총리들에 비해 강력해진 권한을 행사했고, 이러한 변화를 의회제의 '대통령제화(presidentialization)'로 파악하는 분석들이 등장하기도 했다. 하지만 고이즈미 이후의 자민당 총리들이 예상만큼 강력한 리더십을 행사하지 못하면서, 정치주도의 정치가 제도개혁의 효과가 아니라 고이즈미 총리의 개인 리더십에 의한 것이었다는 평가가 나오기도 했다. 하지만 민주당 집권기를 통해 정치주도의 정책결정이 더욱 강조된 이후, 아베 총리가 재집권하면서 총리의 강한 리더십과 관저주도의 정책결정체계가 공고화되고 있는 것으로 보인다. 경제재정자문회의라는 하나의 총리 직속기구를 통해 정책결정을 주도하고 권한을 행사했던 고이즈미와 달리, 아베정부는 다수의 정책회의를 활용하되 이를 관저에서 통합하고 조율하는 방식으로 정책을 결정하고 있다.[13] 아베 총리의 관저주도 정치는 2014년 5월에 내각관방에 내각인사국을 설치하여 각 성청의 고위 관료에 대한 영향력을 강화함으로써 더욱 확고해졌다. 아베 총리는 자민당 총재로서도 다수의 직속기구를 통해 당내 정책결정에 대한 자신의 영향력을 강화했다.[14] 아베 내각의 정책결정체계는 정부·여당의 일원화를 통한 효율적이고 신속한 정책결정이라는 장점이 있지만, 총리 리더십에 대한 지나친 의존이라는 문제점을 안고 있었다.

5. 사법부

일본의 법원이 공해문제나 사회적 차별, 여성의 권리 등에 있어서 결정적인 역할을 함으로써 사회적 변화에 큰 역할을 했음을 보여주는 연구도 있지만,[15] 사법부의 정치적 영향력은 대체로 제한적이었다고 할 수 있다. 일본의 사법기관인 재판소(裁判所)는 최고재판소와 하급재판소로 나누어지며, 하급재판소에는 고등재판소, 지방재판소, 가정재판소, 간이재판소(簡易裁判所)의 4가지가 있다. 고등재판소는 권역별 주요 도시라고 할 수 있는 8곳에 위치하고 있는데, 도쿄의 경우에는 예외적으로 도쿄고등재판소 외에 지적재산고등재판소(知的財産高等裁判所)가 있다. 각 고등재판소 아래에 다수의 지방재판소, 가정재판소, 간이재판소가 있다. 이중 간이재판소란 청구금액이 소액인 민사사건이나 벌금형에 해당하는 형사사건 등 경미한 사건들을 다루는 재판소이다. 사법권의 최고기관인 최고재판소(最高裁判所)는 최고재판소장관 1인과 최고재판소판사 14인, 총 15인으로 구성된다.[16] 최고재판소장관은 내각이 지명하고 천황이 임명하며, 최고재판소판사는 장관의 의견을 듣고 내각이 임명한다. 사법부의 수장인 최고재판소장관은 내각총리대신과 동격으로, 2018년 1월에 오타니 나오토(大谷直人)가 최고재판소장관에 임명되었다. 2020년 1월 현재 최고재판소 판사들의 임명 전 주요 직위를 중심으로 분류하면 판사 출신 6인, 검사 2인, 변호사 2인, 대학교

수(법학) 3인과 관료 2인으로 구성되어 있다.[17] 최고재판소는 최고재판관 15인이 모두 참여하는 대법정(大法廷)과 5인씩 참여하는 3개의 소법정(小法廷)을 포함하는 재판 부문과 행정적 지원을 담당하는 사법행정 부문으로 구분된다.

7장

정치문화와 시민사회

정치문화란 정치적인 것에 대한 신념이나 의식, 태도를 의미하며 특정 집단의 정치적 정향이나 특성을 가리키는 개념이라고 할 수 있다. 하지만 정치문화는 역사, 사회, 경제적 배경 및 종교 등 다양한 요인들로 인해 복합적으로 형성되며, 고정불변의 것이 아니고 시대에 따라 변화할 수 있다는 점에서 구체적으로 규정하기가 쉽지 않다. 그렇지만 다른 사회와 구별되는 일본사회 또는 일본인만의 독특한 특징이 존재하는 것도 사실이다. 이러한 관점에서 본다면 어떤 사회의 문화든 지나치게 정형화하지 않고 가변성을 전제로 이해할 필요가 있다. 한편, 일본 내에서는 1960년대나 1980년대를 통해 일본문화의 특수성을 강조하는 주장들이 더욱 부각되었는데, 이는 1960년대의 경제적 성장에 대한 자신감, 1980년대 경제대국으로서의 위상 확립과 서구 국가들과의 무역갈등, 역사 문제를 둘러싼 아시아 주변국들의 비판 등을 배경으로 하고 있다.[1)]

1. 일본의 정치문화

1) 국화와 칼을 통해 본 일본문화

일본문화에 관해 가장 널리 알려진 고전으로 문화인류학자인 루스 베네딕트(Ruth Benedict)의 『국화와 칼(*The Chrysanthemum and the Sword*)』 1946이 있다. 이 책에 소개되어 있는 내용 중 일본문화의 특징으로 자주 언급되는 것들을 몇 가지를 꼽으면 아래와 같다.

혼네와 다테마에 『국화와 칼』이라는 제목에서도 나타내고 있듯이 일본문화의 보편적 특징으로 꼽는 것이 일본인의 양극성, 양면성인데 이를 표현한 용어가 혼네(本音)와 다테마에(建前)라고 할 수 있다. 혼네란 진실한 감정, 본래의 생각이라면, 다테마에는 표면적으로 나타나는 모습, 공식화된 원칙, 정치적 올바름(political correctness) 등을 의미한다. 예를 들어, 개인이 공동체의 규범이나 결정에 대해 수긍하지는 않지만 겉으로는 따르는 듯이 하는 모습을 보이는 경우를 생각해볼 수 있다. 충성심과 화합이라는 기업 '다테마에'에 따라 직장 상사에게 충성심을 보이는 직원은 자신의 '혼네'인 승진이나 이익을 위해 그렇게 할 것이다.[2] 그렇지만 이러한 이중성이 일본인들만의 특성인가 하는 질문에 답변하기란 쉽지 않다. 또한 공동체 또는 집단의 규범에 형식적으로나마 순응하는 것이 부정적인 것인지, 상대에게 상처를 주지 않기 위해 자신의 본심을 드러내지 않는 것이 예의 바른 행동은 아닌지 등을 생각해 볼 여지가 있다.

물질보다 강한 정신   태평양전쟁 시기 일본은 정신력(精神力)이 물질력을 이긴다고 주장하면서, 전쟁이 미국인의 물질 신앙과 일본인의 정신 신앙의 싸움임을 강조했다.[3] 『국화와 칼』에서 소개하고 하고 있는 전시의 어느 일본군 조종사에 관한 일화는 정신력을 중시하고 맡은 바 소임을 강조하는 일본인들의 생각을 잘 보여주고 있다.

> 공중전을 치른 뒤 돌아온 전투기에서 내린 대위가 쌍안경으로 부하들의 비행기가 돌아오는 것을 확인하고 있었다. 안색이 약간 창백했지만 늠름했다. 사령관에게 보고를 마친 뒤 갑자기 쓰러진 대위를 주위에 있던 사관들이 일으키려 했더니, 몸은 이미 차갑게 식어있었다. 가슴에 이미 1발의 총을 맞은 것이었다. 사령관에게 보고한 것은 대위의 혼이었다. 투철한 책임감이 이러한 기적을 만들어냈다.[4]

이 이야기는 비과학적이지만 정신의 중요성을 강조하는 일본인들에게, 듣는 순간만큼은 가능한 이야기로 들릴 수도 있을 것이다. 또한 자신의 의무를 다해야한다는 책임감을 강조하고 있음을 알 수 있다.

의리와 충성심   베네딕트는 일본인들이 가지고 있는 복잡하고 미묘한 '의리(義理)' 개념에 대해 자세히 소개하면서, 일본인에게 가장 중요한 전통적 의무는 영주나 전우에 대한 것이며 명예를 중시하는 사람이 상사나 동료에 대해 가지는 충절이라고 주장했다.[5] 의리는 개인적인 인정(人情)과는 대비되는 개념으로 사회적, 관계적 의무라고 할 수 있다.

일본인들의 의리 개념을 잘 보여주는 사건으로 '47인의 사무라이' 이야기가 있다(겐로쿠아코 사건, 元禄赤穂事件). 1702년 12월 14일 밤 47인의 사무라이가 주군(主君)의 죽음을 초래한 기라 요시히사(吉良義央)를 살해했다. 그 배경에는 1년 10개월 전인 1701년 3월 아코번(赤穂藩)의 영주 아사노(浅野)가 당시 쇼군의 의전 담당으로 천황의 칙사 접대를 지휘하던 기라로부터 무시당했다며, 그에게 칼을 휘두르고 상해를 입힌 사건이 있다. 막부의 명에 따라 아사노는 할복했으며 로닌(浪人)이 된 아사노의 가신(家臣)들은 복수를 다짐하게 되었다. 이들은 결국 기라를 살해하는 데 성공했고 주군인 아사노의 무덤 앞에 기라의 목을 바쳤다. 자신들의 행위를 막부에 알린 사무라이들은 막부로부터 할복을 명받았다.

이 사건은 세간의 많은 관심을 불러일으켰고 그들의 명분과 정당성에 대한 학자들의 논쟁이 계속되었다. 이 사건을 모티브로 많은 작품들이 만들어졌는데, 특히 1748년 〈가나데혼 주신구라(仮名手本忠臣蔵)〉라는 인형 조루리(浄琉璃)가 상연된 이후 다양한 형식의 작품으로 진화했다.[6] 사무라이들의 의리와 충성심을 보여주는 '주신구라' 이야기는 가부키는 물론 소설이나 영화로도 만들어졌다. 메이지정부는 '아코 사건'을 국민교육에 활용하기 위해 국사 교과서에 수록했으며,[7] 자기 규율을 통해 인내하고 주군을 위해 목숨을 바치는 무사도(武士道) 정신이 국가 이념의 중심이 되었다.[8] 전후 점령 당국이 '주신구라'에 관한 작품 활동을 금지했지만 점령이 끝나면서 '아코 사건'을 소재로 하는 다양한 작품들이 창작되었다. 주신구라 이야기는 문화적, 정서적으로 일본인들에게 많은 영향을 미치고 있다고 할 수 있는데, 현재 일본의 거의 모든 고등학교 국어(문학) 교과서가 주신구라를 소개하고 있으며, 일부 고등학교 국사 교과서들은 아코 사건을 수록하고 있다.[9]

2) 사회적 동질성

일본사회는 공동체의 이익을 중시하는 집단주의가 강하고 합의 및 화합(和)을 중시하는 것으로 알려져 있다. 이러한 집단주의적 문화가 가능한 배경 중 하나로 일본사회의 '동질성'을 꼽을 수 있을 것이다. 일본사회가 동질적이라는 믿음은 역사적으로 섬나라로서 오랜 기간의 쇄국정책을 통해 외부로부터 고립적이었다거나 근대국가 건설과 국민 동원을 위해 강조한 단일민족론 등과 연관된 것으로 보인다. 또한 전후 일본이 사회경제적 평등을 배경으로 계층 간 차이가 거의 없는 상당히 평등한 사회(egalitarian society)였다는 점도 영향을 미쳤을 것이다.[10] 하지만 이에 대한 반론도 상당하다. 인종적으로 본토 일본인들과 구분되는 아이누가 홋카이도 지역에 살고 있으며, 인종적으로 구분되진 않지만 사회적으로 차별받고 있는 부라쿠민(部落民)이 있다. 또한 재일 한국인과 이주자들, 그리고 오키나와 사람들과 같이 주류 일본사회와는 인종적·사회적으로 동질적이지 않은 수백 만 명이 공존하고 있다. 한편, 지역적으로 본다면 도쿄를 중심으로 한 간토(関東) 지역과 오사카를 중심으로 하는 간사이(関西) 지역을 구분할 수 있으며, 또한 태평양에 인접한 지역으로 일본의 발전된 동부 지역을 의미하는 오모테니혼(表日本)과 동해를 접하고 있는 서부 일본을 의미하는 우라니혼(裏日本)으로 구분할 수도 있다. 이처럼 지역적·인종적 다양성이 존재하지만 다른 국가나 사회와 비교한다면 상대적으로 동질적인 문화와 특성을 공유하고 있다고 할 수 있을 것이다.

3) 정치의 세습화[11]

기업이나 부의 세습(世襲)과 같이 정치 분야에서도 세습 현상이 존재하는데, 일본의 경우 다른 나라의 사례에 비해 국회의원들 중 세습의원의 비율이 특히 높다고 할 수 있다. 민주적 선거에 의해 결정된 직위를 세습으로 부르는 것이 적절한 것인지에 대한 비판이 있을 수 있지만, 일본이 다른 민주국가들에 비해서 월등히 높은 세습의원 비율을 보이고 있는 것은 분명하다. 세습의원을 규정하는 방식과 시기에 따라 달라질 수 있겠지만, 일본의 세습의원 비율은 대체로 20~30% 정도라고 할 수 있다. 지지통신(時事通信)의 정의에 따르면 세습의원은 부모, 조부모가 국회의원이었거나 또는 삼촌 이내의 친족 등이 국회의원으로 있었던 선거구에 출마하여 당선된 자를 의미한다고 할 수 있다. 이를 기준으로 했을 때, 2017년 중의원선거의 경우 총 465석 중 109명의 세습후보가 당선되어 23.4%의 비율을 차지했다.[12] 특히 자민당의 경우에는 31.7%로 다른 정당에 비해 높은 세습의원 비율을 보여주고 있다.

일본에서 세습의원 비율이 높은 이유로 가업을 중시하고 승계하는 문화적 특성을 꼽을 수도 있겠지만, 무엇보다도 세습후보자가 3반으로 불리는 정치적 자원을 가지고 있으므로 선거경쟁에서 비세습 후보자에 비해 유리한 위치를 점하고 있기 때문이다. 3반이란 지반(地盤, 지반), 간반(看板, 간판), 가반(鞄, 가방)을 지칭하는 것으로 지반이란 후원회 등의 조직적 기반, 간반은 인지도, 가반은 정치자금을 의미한다. 세습의원들은 대체로 지방(농촌) 선거구를 지역구로 두고 있으며 보수적인 이념 성향을 보여주고 있는데, 이는 출신 지역구의 특성과 함께 부모 또는 조부모가 일본의 군국주의, 제국주의에 책임이 있는 정치인으로서 활동했다는 점과 관련된 것이라는 주장이 있다. 현재 자민당 내의 주요 세습정치인으로 아베 전 총리는 물론, 전직 총리이자 재무대신인 아소 다로(麻生太郎), 아베 총리의 강력한 경쟁자였던 이시바 시게루(石破茂) 전 방위대신, 외무대신과 방위대신을 역임한 고노 다로(河野太郎), 아베 총리의 후계자로 꼽혔던 기시다 후미오(岸田文雄), 장래 총리감으로 주목받고 있는 고이즈미 전 총리의 아들 고이즈미 신지로(小泉進次郎) 환경대신 등을 꼽을 수 있다.

2. 신도, 천황제와 단일민족론

일본 문화청의 조사에 따르면 2017년 신도(神道) 신자는 대략 8,474만 명, 불교 신자는 8,770만 명, 기독교 191만 명, 기타 791만 명이라고 한다.[13] 이 숫자는 일본 인구를 넘어서는 것으로 정확한 집계로 보기 어렵지만, 신도와 불교가 일본의 양대 종교임을 알 수 있다. 하지만 자신이 신자라고 주장하더라도 적극적으로 종교 활동에 참여하는 사람들은 소수에 불과하다.[14]

신도는 일본의 전통적 신앙에 바탕을 두고 있는데, 모든 것이 신이 될 수 있다는 애니미즘(animism)의 요소를 포함하고 있다. 신사(神社)는 신을 모시는 곳으로 각 신사마다 모시는 신이 다양한데, 천황과 관련된 경우 신궁(神宮)으로 부르기도 한다. 신사의 수는 8만 1,000개가 넘는다. 메이지유신 이후 천황을 중심으로 하는 일본 정신, 일본의 정체성을 강화하기 위한 목적으로 국가가 신도를 관장하기 시작하면서 '국가신도(国家神道)'가 되었다. 하지만 천황을 숭배하고 군국주의와 연관되었기 때문에 전후에 점령 당국이 이를 폐지했다. 국가신도의 대표적인 시설이었다고 할 수 있는 야스쿠니신사(靖国神社)는 1869년 설립된 도쿄쇼콘샤(東京招魂社)를 계승하여 1879년에 설립되었다. 메이지유신 이후의 전쟁에서 사망한 군인 및 민간인들을 신으로 모시는 곳으로, 전후에도 총리를 비롯한 정치인들이 신사를 참배하기도 했다. 하지만 1978년 신사의 신관(神官)들이 도조 히데키(東條英機)를 비롯한 A급 전범 14명의 위패를 은밀히 합사(合祀)하면서 군국주의 역사를 상징하는 곳이 되었다. 이후 총리를 비롯한 일본정치인들의 야스쿠니신사 참배가 중국 및 한국과의 역사문제를 둘러싼 갈등 요인이 되고 있다.

막부 시대의 천황은 정치적 영향력이 미미한 실권 없는 존재였지만, 메이지유신을 통해 주권자이자 통치자로 규정되었다. 근대적 국가 형성에 있어서 천황의 존재가 절대적이 되면서 정부는 국가신도를 통해 천황에 대한 자발적 숭배와 충성을 유도했다.[15] 특히 천황의 정당성과 국민통합을 위해 일본의 역사서인 고사기(古事記)와 일본서기(日本書記)에 수록된 건국신화를 활용했으며 천황이 태양신인 아마테라스 오미가미(天照大神)의 후손임을 강조했다.[16] 패전 후 점령 당국 하에서 천황의 전쟁책임론과 함께 천황제 폐지론이 거론되기도 했지만 천황제 존속을 강력하게 희망한 일본정부의 뜻이 받아들여지면서 천황제가 유지되었다. 그렇지만 천황은 인간임을 선언해야 했으며, 새로운 헌법에 의해 상징적 존재로 규정되었다. 이러한 변화에도 불구하고 제국주의, 군국주의 시대의 일본에 대한 향수를 가지고 있는 일본의 우익단체들은 여전히 천황을 신격화하는 황국사관(皇国史観)에 입각한 구호를 외치거나 군가를 부르고는 한다. 적어도 일본의 우익에게만큼은 현재까지도 천황이 종교적 숭배의 대상이자 국가 정체성의 핵심이라고 할 수 있을 것이다. 반면 전후 일본에서 천황의 이미지와 역할은 우익의 생각과는 다른 것이었다. 전쟁책임론에 직면했던 쇼와 천황(1926~1989)은 이른바 성단(聖斷)을 통해 국민들의 더 큰 피해를 막았으며, 국민 화합을 위해 노력한 천황으로 인식되었다. 뒤를 이은 헤이세이 천황(1989~2019)은 전몰자(戰歿者) 위령과 이재민들에 대한 위로 활동, 주변국들에 대한 과거사 유감 표명 등을 통해 평화주의자로서의 모습을 보여주었다. 또한 평화헌법의 개정에 반대한다는 견해를 피력하여 헌법개정을 추구하는 아베 총리와 대비되기도 했다.

전후에 천황제가 단일민족론의 주요 근거로 활용되면서[17] 일본이 하나의 언어를 사용하는 단일민족, 단일국가로 단일한 문화를 유지하고 있는 나라라는 인식이 확산되었다. 일본의 정치인들도 이러한 주장에 동조했는데 대표적인 보수 정치인이었던 나카소네 총리는 1983년 8월에 히로시마 원폭사망자 위령식에서, 2000년 동안 일본이 잘 해온 것은 이민족이 섞이지 않은 단일민족국가이었기 때문이라고 말했다.[18] 또한 1983년의 방위백서에는 애국심을 고취하려는 의도로 '단일민족, 단일국가, 단일언어'가 언급되었다. 하지만 오구마 에이지(小熊英二)가 지적하고 있듯이 일본의 제국주의 시대에는 천황 중심의 이민족 동화나 복합민족론이 지배적이었으며, 단일민족이라는 관념은 정치적인 목적을 위해 만들어진 신화라고 할 수 있다.[19] 한편, 이러한 단일민족 관점은 저출산·고령화와 노동력 부족이라는 상황에서 1990년대의 이민 논쟁, 2000년대의 다문화공생정책들을 통해 변화하고 있다.[20]

3. 일본의 보수·우경화

보수화와 우경화는 관점에 따라 경계가 모호하게 이해되고 사용될 수 있는 개념이지만, 1990년대부터 일본의 정치와 사회가 보수화 또는 우경화되었다는 점은 부인하기 어려운 사실이다. 보수화를 이념적 가치 지향의 변화를 의미하는 것으로 그 자체로 긍정적 또는 부정적 평가를 내리기 어려운 현상으로 이해한다면, 우경화는 일반적인 보수주의의 경계를 넘어서는 배타적 민족주의나 국수주의, 역사 수정주의나 외국인 혐오와 같은 주장 또는 행동이 증가하는 것을 의미한다고 할 수 있다.

1990년대의 탈냉전과 세계화, 55년체제의 붕괴 과정에서 사회당과 같은 혁신정당들은 약화된 반면, 새롭게 결성된 민주당과 같은 보수정당들이 성장하게 되었다. 특히 1993년의 고노담화와 1995년의 무라야마담화 이후 보수 우파 의원들의 결집이 더욱 두드러졌는데, 1997년 '새로운 역사교과서를 만드는 모임(新しい歴史教科書をつくる会)'이 결성되었고 2007년에는 '위안부문제의 역사적 진실을 요구하는 모임(慰安婦問題の歴史的真実を求める会)'이 만들어졌다. 한편, 1999년 8월에는 오부치 게이조(小渕恵三) 총리의 주도로 '국기 및 국가에 관한 법률'이 공포되어 히노마루(일장기)와 기미가요가 국기와 국가로 공식화되었다.

2000년대 들어 보수정당 내에서도 더욱 보수적인 파벌(그룹)이 주도권을 잡게 되었는데, 자민당의 고이즈미 총리와 아베 총리의 등장이나 마쓰시타 정경숙(松下政経塾) 출신으로 보수 성향이 강한 노다가 민주당 총리로 취임했었다는 점은 보수정당 내부의 보수화를 잘 보여주고 있다.[21] 대표적인 보수 정치인으로 꼽을 수 있는 오자와 이치로나 그이즈미 준이치로, 아베 신조는 정도의 차이는 있겠지만 공통적으로 보통국가론을 지지하며 전후 체제의 개혁과 일본의 국제적 위상 강화를 강조했다. 또한 보수 정치인들과 지식인들은 일본의 전통과 국가 정체성을 중시하고 있으며 그들 중 일부는 대미 종속성에 대한 비판과 함께 자주성을 강조하기도 한다. 선

거전략적인 요인도 자민당의 보수화에 영향을 주었다. 고이즈미 총리의 구조개혁과 더불어 유권자들과의 후견주의적(clientelistic) 연계를 통한 지지 동원이 어려워진 자민당은 지지 기반 공고화를 위해 보수주의 이념 강화 전략을 택했으며, 아베 총리의 재집권 이후 이러한 전략이 더욱 본격화되었다고 할 수 있다.[22] 게다가 기존의 보수정당에 비해 더욱 우경화된 정당이라고 할 수 있는 정치세력이 상당한 지지를 받으며 등장하기도 했다. 2012년 9월 오사카 시장이었던 하시모토 도루(橋下徹)가 이끌던 지역정당인 오사카유신회(大阪維新の会)와 도쿄도 지사였던 이시하라 신타로(石原慎太郎)의 태양의 당(太陽の党) 등이 합당을 통해 일본유신회(日本維新の会)를 결성했다. 일본유신회의 간판 인물이던 하시모토는 위안부의 강제성을 부인하고 전쟁 시에 위안부가 필요하다는 식의 발언으로 강한 비판을 받던 인물이며, 이시하라는 저명한 우익 정치인으로 매년 야스쿠니신사를 참배했고 현행 헌법의 폐기와 자주(自主)헌법의 제정, 핵무장 등을 주장했다. 일본유신회는 2012년 12월의 중의원선거에서 54석을 획득하여 자민당, 민주당에 이어 제3당의 위치를 차지하기도 했다.

일본의 대중들 사이에서도 수정주의적 과거사 인식과 중국 및 한국에 대한 혐오가 증가하면서 우경화 현상이 나타났다. 1997년에는 '일본을 지키는 모임'과 '일본을 지키는 국민회의'가 통합하여 일본회의(日本会議)를 설립했다. 일본회의는 국가주의를 강조하며 역사수정주의를 내세우는 단체로 자

민당을 비롯한 우파 정치인들과 네트워크를 형성하고 있다. 2000년대에 들어 우경화 현상이 더욱 강화되었다고 할 수 있는데, 정치권은 물론 사회적으로도 우경화가 촉진되었다고 할 수 있다. 예를 들어, 고바야시 요시노리(小林よしのり)의 만화인『전쟁론(戦争論)』은 1998년 출간 후 100만 부 이상 판매되었는데, 태평양전쟁(대동아전쟁)이 침략 전쟁임을 부인하고 군사력 강화의 필요성을 강조하면서 일본의 대미종속을 비판하는 내용을 담고 있다. 또한 2005년에 야마노 샤린(山野車輪)이 출간한 『만화 혐한류(嫌韓流)』도 발간 직후 30만 부 이상 판매되었는데 역사 교과서, 식민지 시대, 일본군 위안부문제 등에 대해 우경화된 수정주의적 역사관을 담고 있다.[23] 이와 유사하게 우파적 성향을 표출하는 다수의 만화가 있으며 주로 20~30대의 젊은 세대가 독자층이었다. 한편, 2005년 고이즈미 총리의 야스쿠니신사 참배를 계기로 중국과 한국에서 일어난 반일시위 등은 일본의 우경화 현상을 더욱 촉진했다고 할 수 있다. 2006년 12월에는 '재일 조선인의 특권을 허용하지 않는 시민 모임(在日特権を許さない市民の会, 재특회)'이라는 단체가 결성되었다. 이들은 재일 한국인을 포함한 외국인들에 대한 혐오와 수정주의적 역사관은 물론 일본의 핵무장을 주장하는 등 극우적인 성향을 보여주고 있다. 1997년에 결성되어 20년이 넘는 역사를 가진 일본회의는 아베 전 총리를 포함, 자민당 정권의 주요 정치인 다수가 연관된 단체라는 점에서 주목받았다. 이들은 47개 도도부현

에 지부를 둔 일본사회의 대표적 보수우익 단체로 도쿄전범 재판과 이후의 역사인식에 대해 강하게 비난하고 있다.[24]

일본의 우경화와 관련하여 한 가지 더 주목할 현상은 이른바 넷우익(ネット右翼)의 등장이다. 인터넷과 뉴미디어를 통해 확산된 우익 성향은 우파적인 블로그나 댓글의 증가 등을 통해 확인할 수 있다. 특히 2014년 2월에 치러진 도쿄도지사선거에 항공자위대의 항공막료장 출신인 도모가미 도시오(田母神俊雄)가 출마해서 61만 865표(12.55%)를 얻으며 넷우익이 주목을 받았다. 도모가미는 현직일 때 공모전에 응모한 논문에서 대동아전쟁(태평양전쟁)이 침략 전쟁이 아니라고 주장했으며 이로 인해 퇴임하게 되었다. 그는 선거 유세 과정에서 난징학살이나 일본군위안부의 존재를 부인하는 발언으로 주목 받았다. 특히 20~30대의 젊은 유권자들 상당수가 도모가미를 지지했는데 비록 4위에 그쳤지만 조직적 기반 없이 넷우익들의 지지에 힘입어 상당히 선전했다고 할 수 있다.[25]

경제적 장기불황, 중국의 부상과 위협 인식 등을 배경으로 시작된 일본사회와 정치권의 보수화, 우경화 경향이 점차 강화되고 있는 것은 분명해 보인다. 하지만 지나친 우경화에 대한 비판의 목소리와 견제 노력 또한 존재하고 있다. 2013년부터 재특회(在特会) 등 극우단체의 혐오 발언을 저지하려는 노력이 있었고, 2016년 5월에 이른바 헤이트 스피치 해소법(헤이트 스피치 규제법)이 국회를 통과하여 같은 해 6월부터 시행되었다.

4. 시민사회

시민사회(civil society)를 정의하는 것이 생각보다 단순한 일은 아니지만, 국가와 구별되고 상대적으로 국가로부터 자유로운 시민들의 영역이라는 관점에서 이해할 수 있다. 구체적으로 일본 시민사회의 특징을 이해하기 위해서는 조직화된 시민들의 집단을 확인하고 그들이 추구하는 이익의 내용과 행태를 파악하는 것이 중요하다고 할 수 있을 것이다.

1) 생활보수주의

일본 시민운동 또는 시민단체의 이념적, 행태적 특징을 이해하기 위한 개념으로 생활보수주의(生活保守主義)를 들 수 있다. 보수주의 또는 보수라는 개념은 국가마다 조금씩은 다른 맥락에서 사용될 수 있겠지만, 대체로 전통적 가치를 중시하거나 급격한 변화와 개혁보다는 법과 질서, 안정을 선호하는 성향을 의미한다. 생활보수주의는 현대 일본인들의 정치문화적 특성을 잘 보여주는 개념이라고 할 수 있다. 이념적 보수주의와는 조금 다른 개념인 생활보수주의는 1970년대와 1980년대의 경제발전과 생활수준의 향상을 배경으로, 당시 일본인들 다수가 현재의 안정적인 삶에 만족하고, 앞으로도 유지되기를 바라면서 사회 변혁에 대해서는 소극적인 태도를 가지고 있었던 현상을 가리킨다. 1980년대 자민당에 대한 유권자들의 지지 회복을 설명하는 데 사용되기도 했다. 생활보수의는 여전히 일본사회에 작동하고 있다고 할 수 있는데, 1990년대부터 장기불황을 겪으면서 공동체 내부의 결속력을 강조하는 한편 외부에 대해서는 배타적이며, 생활 주변의 미시적 쟁점에 더 많은 관심을 기울이는 방향으로 강화되어 왔다.[26]

생활보수주의는 자신의 거주지를 중심으로 마을 가꾸기나 복지, 소비자 권리보호와 같은 단일 쟁점에 집중하는 일본 시민단체(NPO)들의 특징과도 연결될 수 있다. 일본의 시민단체는 전국적인 네트워크로 조직화 한 사례가 많지 않고, 지역공동체, 생활공동체를 중심으로 미시적 쟁점에 집중하여 형성되는 경우가 대부분이다.

2) 이익집단

이익집단 또는 이익단체는 다양한 방식으로 구분할 수 있지만, 시민단체와 같이 공적 이익의 추구를 목표로 하는 집단과 사적인 이익을 추구하는 집단들로 단순하게 양분할 수 있다. 55년체제 하에서는 사적 이익집단으로 특히 재계를 대표하는 게이단렌(経団連), 농민들을 대표하는 노쿄(農協), 노동계를 대표하는 소효(総評)와 도메이(同盟)가 정당과의 연계를 통해 이익 추구에 필요한 영향력을 발휘했다.

경제단체연합회(経済団体連合会, 経団連)는 1946년 8월에 설립된 대기업 경영자들의 단체로 자민당을 지지하는 한편 정부의 행·재정개혁을 비롯한 국가정책에 적극적으로 관여해왔다. 게이단렌은 자민당에 상당한 정치자금을 제공하는 대가로 기업 활동에 우호적인 정책적 지원을 받았는데, 2002년 5월에는 일본경영자단체동맹(日本経営者団体連盟, 日経連)과 통합하여 일본경제단체연합회(日本経済団体連合会, 経団連)를 결성했다. 게이단렌은 2019년 4월 현재 1,412개 기업이 가입하고 있으며 제조업과 서비스업 등 109개 업종별 전국단체, 47개 지방별 경제단체로 구성되어 있고, 현재 회장은 히타치(Hitachi) 그룹의 회장으로서 2018년 5월에 취임한 나카니시 히로아키(中西宏明)이다.[27] 고이즈미정부 시기 당시 회장이던 오쿠다 히로시(奧田碩)가 경제재정자문회의에 민간의원으로 참여했으며, 이후로 게이단렌 회장은 경제·재정·산업·과학기술 등 다양한 분야의 정부주도 정책회의에 참여하고 있다.

노쿄(農協)는 과거 국가의 통제 하에 있던 농업회(農業会)를 점령기인 1948년에 개편한 조직으로 1992년에 호칭을 JA(Japan Agriculture)로 변경했다. 노쿄의 주요 조직으로는 지도·감독 기관 역할을 하는 전국농업협동조합중앙회(全国農業協同組合中央会, JA全中)와 경제사업을 주로 하는 전국농업협동조합연합회(全国農業協同組合連合会, JA全農)등이 있다. 농민들의 조직인 노쿄는 자민당의 굳건한 지지기반으로서 자민당은 공공사업이나 보조금 지급과 같이 농업과 농민들에게 수혜적인 정책들을 제공했으며, 농민들은 이에 대한 대가로 자민당에 투표했다. 최근 농업 분야의 위축으로 노쿄의 정치적 위상이 많이 약화되었다고 할 수 있지만 여전히 강력한 이익집단으로서 영향력을 행사하고 있다. 농협중앙회 회원은 농업종사자들이 가입하는 정조합원과 비농업종사자에게 개방된 준조합원으로 구분되는데 농업인의 감소로 1985년에 554만 명이던 정조합원이 2013년에는 456만 명으로 감소했지만, 준조합원은 같은 기간 동안 253만 명에서 558만 명으로 두 배 이상 증가했다.[28]

보수적인 자민당을 지지하던 게이단렌이나 노쿄와 달리 노동조합은 야당인 사회당과 민사당에 대한 지지를 통해 영향력을 행사했다. 55년체제하에서 사회당의 주요 지지기반이던 일본노동조합총평의회(日本労働組合総評議会, 総評)는 1950년 7월 연합군총사령부의 후원으로 결성되었지만, 점차 반미주의적이고 좌파적인 노선으로 선회했다. 소효(총평)는 노조원들의 대다수가 공공기관 종사자들이었으며 사회당 지지를 천명했다. 한편, 좌파적 노선의 소효와 대립되는 조직인 전일본노동총동맹(全日本労働総同盟, 同盟)이 1964년 11월 결성되었다. 대기업 노조들이 중심이 된 도메이(동맹)는 중도적인 민사당을 지지했다. 1989년 11월 도메이와 소효의 통합으로 일본노동조합총연합회(日本労働組合総連合会, 連合)가 결성되었다. 민주당과의 연계를 통해 정책적 이익을 도모했던 렌고(연합)는 현재 대략 700만 명의 조합원이 소속되어 있다.

3) 시민운동과 시민단체

일본의 시민사회는 대체로 '약한' 시민사회로 평가받지만 대중적 저항운동이 없었던 것은 아니다. 특히 평화헌법을 지지하는 반전, 평화운동이 1950년대부터 활발했으며 1960년에는 미일안보조약 개정을 저지하기 위한 강력한 저항이 있었다. 한편, 1960년대부터는 공해문제와 정부의 환경정책을 비판하는 주민운동(resident's movements)이 활발하게 전개되었다. 1990년대에는 원자력발전소, 산업폐기물 처리시설, 댐 건설과 미군 관련 시설 건설에 대한 반대 운동의 방법으로 주민투표(local referendum)가 활발하게 이루어지기도 했다. 지역 주민 중심의 활동들은 다수의 시민단체들에 의해 주도되었는데, 일본에서는 공익 활동을 하는 시민단체를 주로 NPO(Non-Profit Organization)로 호칭하며, 국제적인 활동을 할 경우에 NGO(Non-Governmental Organization)라고 부르는 것이 일반적이다.

과거 일본의 시민사회는 국가주도로 형성되었다고 할 수 있는데 발전국가 시기의 일본에서는 '시민사회 발전주의(civil society developmentalism)'라고 불릴 만큼 사업자단체(business association)들이 시민단체의 주도적 위치를 차지했다.[29] 하지만 1980년대 말부터 이와 같은 경제적 이익집단의 우위가 줄어들기 시작했으며, 특히 민간분야를 활용하고자 하는 정부의 정책적 고려로 복지 분야 등에서 NPO 활동이 증가했다.[30] 1990년대 들어서 일본정부는 각 성청을 중심으로 시민단체들에 대한 지원을 더욱 강화했다. 1998년 제정된 특정비영리활동촉진법(NPO법)은 시민단체들의 수가 증가하고 활동범위를 확대하는 결정적 계기가 되었다. NPO법의 배경에는 1995년 1월에 발생한 고베대지진(한신·아와지대지진) 이후의 구호 활동에서 보여준 자원봉사자들의 활약이 있다.

일본의 시민단체의 특징은 대다수가 소규모 조직(예산, 상근자수, 회원수)으로 운영되고 있으며 전국적 조직망을 갖추기보다 주로 지역공동체에 기반하고 있다는 점이다. 또한 상대적으로 약한 리더십과 단일 쟁점 중심이라는 점을 특징으로 꼽을 수 있을 것이다. NPO법 이후 시민단체의 법인 자격 범위가 확대되었으며, 관료의 감독 기능은 축소되었다. 이후 시민단체의 활동 범위가 더욱 다양화되고 있지만, 일본의 시민사회를 근본적으로 변화시켰다고 보기는 어렵다. 대다수 일본의 시민단체는 여전히 소규모의 지역 단체로서의 특성이 강한 반면, 전문적인 대규모 애드보커시(Advocacy) 조직은 거의 없다고 할 수 있다.[31] 이러한 특성들로 인하여 일본의 시민사회는 '약한' 시민사회로 평가받기도 하지만, 자율성을 바탕으로 지역에 기반을 둔 풀뿌리운동이라는 관점에서 본다면 높은 평가를 내릴 수도 있다. 한편, 한국의 반상회와 비슷하다고 할 수 있는 초나이카이(町内会)는 지역주민들과 지방정부를 연계하는 조직으로 거의 모든 일본인이 속해있다고 할 수 있다.

내각부가 2018년 3월에 발표한 "2017년 특정비영리활동법인에 관한 실태조사"[32] 보고서에 따르면 3,417개의 응답 단체 중 54% 이상이 보건·의료 등 복지 분야에 중점을 두고 있었으며, 다음으로 아동 양육, 마을 만들기, 문화예술, 환경 문제 등이 주요 활동이라고 답했다. 각 단체의 대표자들 중 72.1%가 남성이었으며, 대표자들의 연령으로는 70대 이상이 30.2%, 60대 이상이 35%를 차지하여 전반적으로 고령화되어 있음을 알 수 있다. 한편, NPO 활동에 있어서의 당면 과제로 인재확보와 교육의 필요성을 첫 번째로 꼽았고, 그 밖에 수입원의 다양화와 후계자 부족을 꼽았다.

제3부

일본정치의 현안과 쟁점

8장　정치경제 · 141

 9장　헌법과 개헌논쟁 · 163

10장　외교안보 · 181

11장　미일동맹과 중일관계 · 208

12장　한일관계 · 233

8장

정치경제

패전 후 일본인들의 삶은 매우 궁핍해서 모든 것을 내다 팔아서 살아야 할 정도로 어렵다는 의미의 '죽순 같은 생활(竹の子生活)'로 묘사되기도 했지만,[1] 불과 십여 년 후인 1956년이 되자 경제백서를 통해 "이제 전후(戰後)는 끝났다"고 선언할 수 있었다. 1960년대 중반에는 거의 대부분의 가정에서 삼종신기(三種の神器)로 불리던 TV와 냉장고, 세탁기를 구비할 수 있게 되었으며, 1968년에는 서독을 제치고 세계 제2위의 경제대국이 되었다. 일본의 고도성장은 1970년대의 석유위기를 거치며 끝이 났지만, 안정적인 발전이 계속되었다. 또한 빠른 경제성장과 함께 높은 수준의 사회적, 경제적 평등을 이루어냄에 따라 일본의 발전모델에 대한 관심과 칭송이 계속되었고, *Japan as Number One*과 같은 책이 발간되기도 했

다. 하지만 1980년대에 들어서면서 일본의 지나친 무역 흑자에 대한 서구 국가들의 불만이 급증했으며, 국내시장에 대한 개방 압력, 이중경제(dual economy)문제와 경제적 세계화의 심화 등을 배경으로 기존 발전방식에 대한 변화와 개혁의 요구가 증가했다. 1990년대 초반 버블경기의 붕괴 이후 일본경제는 침체기에 접어들었으며, 이를 타개하기 위한 다양한 노력에도 불구하고 경기불황이 장기화되었다. 2001년 고이즈미 총리의 등장 이후 강력하게 추진된 구조개혁, 신자유주의적 개혁을 통해 약간의 경기회복이 있었지만 불평등문제, 격차사회(格差社会)문제가 대두되었다. 회복되던 일본경제는 2008년 글로벌 금융위기 이후 다시 침체되었고, 2011년 3월의 동일본대지진 등으로 어려움을 겪었다. 특히 2010년에는 중국이 GDP 기준 제2위의 경제대국이 되면서 일본은 3위로 밀려났다. 2012년 12월 말 재집권하게 된 아베 총리는 '아베노믹스'로 불리는 경제정책을 내세웠고 다시금 호황국면을 이끌어 냈다.

1. 전후 일본의 경제성장

1) 경제성장과 발전모델

점령 초기 미국의 정책은 '비군사화(demilitarization)'와 '민주화(democratization)'로 요약할 수 있다. 경제 분야에서는 이를 위해 군수산업 해체, 자이바쯔(財閥) 해체 및 노동조합 활성화, 토지개혁 등이 실시되었다. 이중 토지개혁은 자영농의 증가로 이어져 전후 일본의 민주주의와 평등성 강화로 이어졌다. 하지만 재벌 해체와 노조 활성화 노력은 점령 당국의 정책변화로 인해 결실을 맺지 못했다.

1947년 무렵부터 시작된 냉전과 동아시아 정세의 변화는 미국의 초기 대일 정책을 크게 변화시켰는데(Reverse Course), 특히 유럽에서의 마샬플랜(Marshall Plan)과 같이 일본의 경제부흥을 주요 정책목표로 삼았다. 미국은 일본경제의 재건을 위해 1949년 2월 조셉 닷지(Joseph Dodge)를 연합국총사령부(GHQ)의 재정고문으로 파견했다. 닷지는 당시 심각했던 인플레이션문제를 해결하기 위해 긴축재정을 위한 정책들을 채택했고(Dodge Line), 그 결과 물가안정 등의 성과가 있었지만 동시에 실업이 증가하고 불황이 시작되었다. 한편, 일본은 패전 후의 경제 회생을 위해 특정 산업에 집중적으로 투자하는 경사생산방식(傾斜生産方式)을 채택했으며 철강이나 석탄 생산량 증대를 통한 공업 생산력 강화에 주안점을 두었다.

일본의 경제가 급성장하게 된 배경으로 한국전쟁을 꼽을 수 있다. 전쟁으로 인한 특수(特需)로 일본경제가 되살아나자 요시다 총리를 비롯한 일본의 유력 정치인들은 이를 '천우신조'라고 표현하고는 했다.[2] 1950년대 중반 이후 일본의 경제는 급속도로 성장했지만 불평등이 심화됨에 따라 사회당과 같은 혁신세력에 대한 지지가 증가했고, 이는 보수정당인 자민당이 불평등문제에 정책적 관심을 갖게 된 이유 중 하나였다. 1950년대 일본정치의 주된 내용은 안보문제를 둘러싼 보수와 혁신세력 간의 이념 대립이었지만, 이케다(池田勇人) 총리는 1960년 발표한 소득배증계획(所得倍增計画)을 통해 경제발전을 전면에 내세워 국면을 전환했다.[3] 일본의 경제성장은 1960년대를 통해 더욱 가속화 되었다. 소득배증계획은 10년 내에 국민소득을 두 배로 늘리겠다는 주장으로 실제로는 7년 만에 달성되었다. 이케다 총리 이후 경제적 성과가 정당 지지의 핵심 요인이 되었으며, 자민당은 경제성장을 통해 유권자들의 높은 지지를 확보했다. 1964년 10월 도쿄에서 개최된 하계올림픽과 이에 맞춰 개통된 세계 최초의 고속열차인 신칸센(新幹線)은 일본경제의 재건과 기술력을 전 세계에 잘 보여주었다.

일본의 고도성장은 1970년대의 석유위기로 중단되었지만, 어려움을 잘 극복한 일본은 1980년대에도 안정적인 경제성장을 지속하며 경제대국으로서 입지를 굳건히 했다. 서구 산업국가들과 구별되는 일본의 발전 경로는 세계인들의 주목을 받기도 했지만, 1990년대 초반 버블경기가 붕괴된 이후의 일본경제는 '잃어버린 10년'으로 불리는 침체기에 접어들게 되었다. 1990년 6.2%였던 실질 GDP 성장률이 1992년에는 2.3%로 떨어졌으며, 1992년에는 0.7%, 1993년에는 −0.5%로 감소했다.[4]

표 8.1 전후 일본의 실질 국내총생산(GDP) 성장률 평균

기간	1955~1973년	1974~1990년	1991~2000년
성장율(%)	9.1	4.2	1.3

출처: 平成29年度 年次経済財政報告 (長期経済統計).

 고도 성장기를 거쳐 1980년대까지 지속된 일본의 경제적 성장은 어떻게 가능했는가? 이를 설명하기 위한 초기의 노력으로 일본인들의 근면성, 집단주의, 조직에 대한 충성심과 위계질서, 기업문화로서의 종신고용제나 연공서열제 등 문화적 특성을 강조하는 관점이 있다. 이러한 관점은 서구 사회와 구분되는 일본만의 특수성을 강조하면서 주목 받기도 했지만, 일본의 문화적 특성에 대해 다양한 반론이 있으며, 종신고용제나 연공서열제가 대기업을 중심으로 제한적으로 적용되던 제도였다는 점, 한국과 같은 주변 동아시아 국가들의 발전을 비교 설명하는 데 한계가 있다는 점에서 비판의 여지가 있다고 할 수 있다. 두 번째는 자유주의 경제학적 관점에서 서구 산업국가와 일본의 유사성을 강조하는 입장으로 높은 저축률과 투자, 고환율과 수출 확대 전략 등 일본정부나 기업의 '시장' 순응적인 행동과 정책이 경제발전으로 이어졌다는 주장이다. 세 번째로 정치경제적 관점에서 서구 자본주의 국가들과 다른 일본 '국가'의 적극적 역할에 주목하는 시각이 있다. 발전국가론이 대표적이다. 네 번째로 국제정치적 환경을 들 수 있다. 냉전과 미국의 대일본 경제부흥 정책 및 일본의 대미

안보의존, 한국전쟁과 베트남전쟁이라는 국제적 요인이 일본의 경제성장에 동력이 되었다. 특히 미국은 최혜국(most-favored-nation) 대우를 통해 일본에 자국 시장을 개방했으며, 일본정부의 낮은 방위비 지출(국내총생산의 1% 이내)은 경제성장정책에 집중하는 데 도움이 되었다.

정치경제적 관점에서 일본의 발전을 설명하는 이론으로 찰머스 존슨(Chalmers Johnson)의 발전국가(developmental state)론이 대표적이다. 그는 국가 목표로서의 경제발전에 대한 합의, 선도적인 엘리트 관료 조직의 존재, 민간경제와의 연계 등을 발전국가의 구성 요소로 강조했다.[5] 발전국가론은 통산산업성(通商産業省)의 역할을 분석하며 제시된 것인데, 정부는 산업정책(industrial policy)과 행정지도(administrative guidance)를 통해 기업의 활동에 영향을 미쳤다. 후발 산업국가로서 일본은 자국 산업의 국제경쟁력 확보를 위해 성장을 원하는 사업 분야에 대한 보호주의적 정책들을 수행하는 한편, 자원을 전략적으로 배분하여 제공했다. 산업정책의 실행과정에서 특히 정부가 통제하는 금융제도를 통한 지원이 주된 역할을 했는데, 정부는 해당 기업이 장기적인 저금리 대출을 통해 가격 및 기술 경쟁력을 확보하는 데 필요한 시간을 벌 수 있도록 했다. 행정지도란 관료들이 기업의 선택이나 행동에 영향을 미치는 데 있어서 공식적인 규제나 법률에 의하지 않고, 비공식적 통로를 활용한 권고나 지시를 통해 국가의 정책에 따르도록 유도하는 방식을 말한다. 행정지도에 대한 순응은 다양한 정책적 혜택으로 돌아왔다.

일본의 대장성(大蔵省)은 통화, 재정, 예산, 금융 등을 모두 관장하던 가장 막강한 정부기관으로 통상산업성, 경제기획청과 함께 경제정책을 이끌던 주요 부처였다. 대장성이 관할하던 재정투융자계획(財政投融資計画)은 '제2의 예산'으로 불리기도 했는데, 우편저금(郵便貯金) 즉 우체국 예금과 연금 등이 주요 자금원이었다.[6] 재정투융자계획은 사회간접자본 확충과 기초 산업 및 수출 산업 지원을 통해 경제성장에 기여했지만, 중소기업이나 농수산업 지원 과정에서 이익유도정치와 연관되어 비판 받기도 했다.

행위자 차원에서 관료의 역할을 강조하는 발전국가론에 대해 재계(기업)의 역할 또는 정계(자민당)의 역할을 중시하는 비판적 주장들이 있다. 반면 특정 행위자의 우위보다는 3자 간의 호혜적 관계에 주목하여 55년체제 속 일본의 발전모델을 정(政)-관(官)-재(財) 협력체제 또는 일본주식회사(Japan, Inc.)로 규정하기도 한다. 그 밖에 전후 일본의 경제적 성공에 대해 메이지유신 이후의 중상주의적인 식산흥업(殖産興業) 정책이나 무역입국론 등에서 기원을 찾거나, 재벌체제의 확대와 산업 기술의 발전을 가속화 한 1930~1940년대의 전시경제체제의 긍정적 유산으로 파악하는 관점이 있다. 다우어(John W. Dower)는 전쟁이 일본의 현대 자본주의에 유익한 전쟁이었으며, 전후 일본의 재건은 기적이 아니고 전전의 산업화 과정을 재개한 것에 불과하다고 주장했다.[7]

2) 55년체제와 경제적 평등

1955년 자민당이 설립되어 집권한 이후 1993년 선거에 패배하기까지의 시기를 '55년체제'라고 부를 수 있다. 정치적 측면에서 장기간에 걸친 보수 자민당의 일당우위라는 특징을 지니고 있는 55년체제는, 경제적으로도 서구 산업국가들과 구별되는 독특한 모습들을 보여주었다. 대다수의 서구 자본주의 국가들과 달리 일본정부는 다양한 정책 수단을 통해 시장에 적극적으로 개입했는데, 경제발전에 있어서 중요한 정책으로 고환율정책, 수출 진흥을 위한 산업정책과 함께 보호주의적 정책들을 꼽을 수 있다. 정부는 농업이나 건설업과 같이 국제경쟁력이 낮은 분야는 물론 경쟁력이 높은 제조업 분야에서도 국내시장을 보호하는 정책을 채택했으며 경쟁력이 낮고 낙후된 산업 부문에 보조금을 제공하기도 했다. 국내적으로는 중소기업을 보호하기 위해 1960년대부터 1980년대까지 다수의 법률을 제정했다. 백화점 등 대규모 유통업체의 진입을 억제하고 소매업을 보호하기 위한 목적으로 1973년에 개정된 대규모소매점포법(大店法)이 대표적 보호주의 정책의 사례로, 미일 간의 무역갈등이 심화되면서 1990년에 미국이 이 법안의 폐지를 요구하기도 했다. 미국산 스키(Ski)가 일본 눈(雪質)과 맞지 않는다는 이유로 수입 허가를 거부했던 1980년대의 사례는 일본의 터무니없는 보호주의적 행태를 잘 보여준다.[8] 이러한 정책들은 일본사회의 평등성 강화에 기여했지만 이중경제(dual economy)로 불리는 일본경제의 구조적 문제를 야기한 것으로 비판받았다. 자민당 정부는 또한 쿠로욘(9:6:4)으로 불리는 차별적인 과세 체계를 통해 소상공인이나 농민들에게 혜택을 주었다. 이는 임금노동자의 경우 소득의 90%에 세금이 부과되는 반면, 자영업자는 소득의 60%, 농업·어업 종사자들은 40%가 과세 대상으로 포착된다는 의미이다.

지역균형발전은 55년체제하의 주요 정책목표였다고 할 수 있다. 저발전 지역을 신산업도시나 산업특구로 지정하는 등 균형발전을 위한 다양한 노력들이 계속되었고, 특히 낙후된 지역에 집중된 공공사업은 지역 차원의 경제 활성화와 함께 저소득층이나 농민들이 건설 분야에서의 부업을 통해 소득 격차를 줄이는 데 도움을 주기도 했다. 하지만 불필요하고 과도한 공공사업에 대해 토건국가(土建国家)라는 비판이 제기되었으며 정부 부채는 계속해서 증가했다. 그럼에도 불구하고 공공사업비의 감축이 어려웠던 이유는 1990년대까지도 건설업 종사자가 전체 고용자의 10% 정도를 차지하고 있었으며, 자민당 및 자민당 정치인들에 대한 정치자금 기부 및 선거에서의 지지와 연결되기 때문이었다. 이처럼 부정적 측면이 있었지만 이러한 정책들은 정부의 낮은 복지 지출에도 불구하고 높은 수준의 사회·경제적 평등을 이루는 데 도움이 되었다. 1억총중류(一億総中流)라는 표현은 이러한 성취를 잘 보여주고 있다. 즉 일본은 북유럽 사민주의 국가들처럼 보편적 복지(universal welfare)를 통한 평등을 추구하지는 않았지만 다양한 기능적 등가물(functional equivalents)을 통해 평등성을 강화할 수 있었다.[9] 하지만 이러한 정책들은 장기적으로 55년체제에 부담이 되었다.

55년체제하에서 자민당 정부가 시행한 보호주의적 정책이나 지역균형발전정책은 선거 정치와 밀접하게 연관되어 있다. 농민들의 조직인 농협은 선거 시 자민당의 득표조직으로 작동했으며 건설업자들과 건설협회는 자민당과 소속 정치인들의 주된 정치자금 제공자였다. 자민당의 전통적인 지지 기반이던 농민들에 대한 수혜는 더욱 두드러진다. 농업보조금 및 공공사업, 세금혜택 등을 배경으로 1972년에는 개별 농가 소득이 전국 근로자 가계 소득의 평균을 넘어섰다.[10] 혁신세력의 성장에 대응하는 보수 자민당의 전략과 자민당-유권자 관계에 있어서 후견주의적(clientelistic) 연계가 이러한 정책들의 배경이었다.

정부와 마찬가지로 일본의 기업들도 조직 체계나 경영 방식에서 다른 나라와 구분되는 독특한 모습을 보여주었다. 일본의 기업들은 메인뱅크(main bank) 시스템을 통해 은행과 긴밀한 관계를 유지했는데, 상호간의 주식 보유를 통해 기업은 은행으로부터 장기적이고 지속적으로 자본을 제공받았고 동시에 은행은 주주이자 감시자로서 이익을 얻고 경영에 개입할 수 있었다. 이러한 행태는 대장성(大蔵省)의 영향력 하에 작동했는데, 자금의 안정적 확보 등을 통해 장기적인 관점에서 기업을 경영할 수 있도록 했다.[11] 이를 비롯한 일본만의 독특한 금융체제는 호송선단(護送船団)으로 비유된다. 호송선단방식이란 대장성을 중심으로 정부 주도하에 금융 기관의 과당경쟁이나 도산을 방지하며 대형 은행과 중소형 은행이 함께 나아가는 체제였다. 하지만 호송선단방식은 이후 금융 기관의 경쟁력 약화와 부실기업으로 인한 불량채권문제로 이어졌다. 일본의 기업들은 평생직장 개념으로 정년까지 고용하는 종신고용제를 운용했으며 근무기간과 연령 등을 기준으로 임금 수준이나 승진을 결정하는 연공서열제를 채택했고, 가족수당이나 자녀 교육비 등과 같은 복지혜택을 제공했다. 하지만 이러한 제도는 주로 대기업에 국한되었다는 점에서 일본 기업의 보편적인 행태로 간주하기 어려운 측면이 있다. 한편, 일본의 노동조합은 산업별 조직을 구성하기보다는 개별 기업 중심으로 조직화 했으며 조합원들의 고용 조건이나 임금문제 등에 집중했다. 이와 같은 일본의 기업문화는 '평등사회' 일본의 형성에 기여했지만 주로 대기업의 남성 노동자들에게만 해당된다는 한계가 있었다.

2. 일본경제의 위기와 변화

1) 규제개혁, 구조개혁과 신자유주의

1980년대는 영국과 미국에서 시작된 신자유주의가 전 세계적

으로 확산되던 시기였는데 일본에서도 신자유주의로의 정책 전환이 일부 시도되었다. 공공사업 및 복지 분야 예산의 증가로 1970년대부터 정부 재정의 불균형이 심화되기 시작하자, 1982년 취임한 나카소네 총리는 증세없는 재정재건을 내세우며 세출 삭감을 시도했다. 나카소네정부는 규제 완화와 민영화 등을 적극 추진했고 공사 민영화 등에서 성과를 내기도 했지만 다양한 이익관계자들의 저항에 부딪혀 한계를 보여주었다. 1986년 4월 나카소네 총리에게 제출된 마에가와 보고서(前川レポート)는 일본경제의 신자유주의로의 변화의 신호탄으로 잘 알려져 있다. 보고서는 자유무역 강화와 규제완화, 금융·자본시장 자유화, 내수 확대와 산업 구조조정 등을 강조했다.[12] 재계를 대표하는 게이단렌(経団連)은 신자유주의적 개혁과 시장개방을 적극 지지했는데, 국제경쟁력을 갖춘 자동차나 전자 분야 등의 글로벌 대기업들로서는 일본의 보호주의적 정책에 대한 반감이 상대국의 무역보복으로 이어지는 것이 더욱 두려운 일이었다. 특히 미국의 압력은 신자유주의로의 방향 전환에 영향을 미친 중요한 변수였다.

한편, 1980년대 일본경제에 있어 가장 중요한 사건으로 1985년의 플라자합의(Plaza Accord)를 꼽을 수 있다. 일본에 대한 무역적자의 개선과 약한 달러를 원하는 미국의 주도로 서독, 영국, 프랑스를 포함한 5개국 간에 환율에 대한 합의가 이루어졌으며, 당시 1달러에 240엔이던 환율이 1년 뒤에는 150엔 정도로 낮아졌다. 저환율은 일본 제품들의 경쟁력 하락을 의미했으며 일본 기업들의 해외직접투자(Foreign Direct Investment)가 급증하면서 산업공동화(Hollowing-out)에 대한 우려가 증가했다. 플라자합의 이후 정부의 저금리 정책은 주가와 지가 상승으로 연결되었지만, 주가와 지가 폭등에 대한 비판이 늘어나면서 일본은행이 1989년 5월부터 기준 금리를 계속 인상했다.[13] 이후 부동산 가격 상승 및 경기 호황이 지속될 것이라는 기대심리가 꺾이면서 부동산 가격 및 주가 급락에 영향을 주었으며 은행의 부실과 함께 버블경제의 붕괴가 시작되었다.

1990년대 초반의 버블경제(bubble economy) 붕괴와 이후의 경기침체로 일본경제체제의 전환에 대한 논의가 가속화되었다. 55년체제에 내재되어 있던 부정적 측면들의 제거가 중요한 과제로 인식되었고, 1980년대 이래 확산된 영미식의 신자유주의적 개혁이 새로운 대안으로 받아들여졌다고 할 수 있다.

1990년대 초반 이후 계속된 경기침체의 원인에 대해 다양한 주장들이 제기되었다. 여전히 기존 경제체제의 성과와 일본식 경영의 장점을 강조하는 입장도 있었지만, 탈냉전·세계화와 같이 변화된 환경에 대한 적응력 부족이나 일본형 정치경제체제에 내재된 문제점들에 대한 비판이 더욱 힘을 얻었다. 그 결과 1990년대부터 일본경제의 체질 개선을 위한 규제개혁이나 구조개혁이 핵심 쟁점이 되었다. 1996년 총리가 된 하시모토는 재정개혁과 금융개혁을 포함한 6대 개혁을 제시했고, 2001년 집권한 고이즈미 총리는 구조개혁을 최우선 과제로 내세우고 도로공단 민영화, 우정 민영화, 불량채권 처리 등에 착수했다. 정치적인 관점에서 고이즈미의 구조개혁은 자민당의 전통적 지지층의 이익을 축소하고 도시유권자 및 무당파 층의 지지를 얻고자 하는 의도를 담고 있었다. 55년체제에서 형성된 이익유도정치, 관료 중심의 정책결정 체계를 벗어나려는 1990년대의 개혁들은, 2000년대 초반 고이즈미의 등장 이후 신자유주의적 경제체제로의 전환을 위한 노력으로 이어졌다. 하지만 미국식 신자유주의가 얼마나 수용되었는가에 대해서 다양한 평가가 가능한데, 보겔(Steven K. Vogel)의 경우에는 신자유주의적 개혁의 과정에서 일본형 체제가 여전히 작동하고 있으며 규제완화라기보다는 재규제(reregulation)의 측면들이 관찰된다고 지적했다.

정부 부문의 개혁과 함께 종신고용이나 연공서열제와 같은 기업 관행도 변했다. 노동시장이 유연화 되면서 비정규직 고용자를 의미하는 프리타(free+arbeiter)가 급증했으며 니트(NEET: not in education, employment, or training)로 불리는 청년 무직자들이 늘어났다. 그 결과 2000년에 26.0%였던 비정규직 노동자 비율이 2006년에는 33.0%로 증가했다.[14] 고이즈미와 자민당 정부의 신자유주의적 개혁의 영향으로 2002년 초부터 2008년까지 이자나미 경기(いざなみ景気)로 불리는 장기간의 경제회복기가 있었지만 2% 미만의 실질 경제성장률을 기록하여 국민들이 체감하기 어려운 것이었

다.[15) 반면 비정규직의 증가와 소득격차 및 지역 간 불평등을 포함하는 '격차사회(格差社會)' 문제를 야기하면서 민주당이 생활정치와 보편적 복지를 강조하며 집권할 수 있었던 배경이 되었다.

정치주도와 보편적 복지를 강조하며 자민당과 차별화를 시도했던 민주당은 2009년 8월 중의원선거 공약을 통해 아동수당 지급과 고교 무상교육 등을 약속했고, 공공사업 재검토 등 예산 절감을 통해 이에 필요한 재원을 마련하겠다고 공언했다. 하지만 예산 재검토를 통한 재원 조달이 기대만큼의 성과를 내지 못했으며, 2011년 3월 동일본대지진으로 인해 공공사업비가 증가함에 따라 공약으로 제시했던 '증세없는 복지'를 실현하지 못하게 되었다. 한편, 민주당 정부는 2010년 6월에 각의 결정을 통해 '신성장전략'을 제시했는데, 1960년대부터 1970년대에 이르는 고도성장 시기의 공공사업 중심 제1의 길과 시장원리주의(市場原理主義)에 기초한 제2의 길 경제정책과 구분되는 제3의 길이라고 주장했다.[16) 특히 수요(需要)로부터의 성장을 강조하며 환경·에너지, 건강(의료), 관광, 정보통신, 금융 등을 전략분야로 선정했는데, 집권 기간 동안 큰 성과를 거두지 못한 것으로 평가할 수 있다. 하지만 민주당 정부의 사회복지를 활용한 성장 추구 전략은 이후 아베 정권의 노동정책이나 보육정책 등에 많은 영향을 주었다.[17)

2) 저출산·고령화

일본의 경제체제가 신자유주의적 방향으로 전환하는 사이 소자고령화(少子高齡化)가 핵심문제로 대두되었다. 저출산 문제의 심각성을 알리는 사건으로 1989년에 이른바 출산율 '1.57 쇼크'가 있었다. 저출산은 노동인구의 감소와 고령화의 가속화로 연결되면서 사회적 관심사가 되었다. 일본의 출산율은 2005년에는 역대 최저인 1.26을 기록했으며 2016년에는 1.44로 인구 유지에 필요한 대체출산율 2.1에 한참 못 미쳤다. 그 결과 2008년 1억 2,808만 4,000명으로 최고치를 기록했던 인구가 2017년에는 1억 2,670만 6,000명으로 감소했으며, 2050년에는 1억 명 미만으로 줄어들 것으로 예측되고 있다.[18] 반면 65세 이상의 노인 수는 급증하여 1994년 14%였던 고령화 비율이 2005년에 20%를 넘어서며 초고령화사회로 진입했고, 2018년 10월 현재에는 28.1%로 높아져서 세계 최고의 고령화 수준을 보여주고 있다.[19] 고령화는 복지예산과 재정 부담의 증대로 이어졌으며 저출산문제로 인한 노동력 감소는 일본경제의 미래에 대한 전망을 어둡게 했다. 한편, 고령화와 함께 농촌이나 중소도시로부터 대도시로의 인구 유출이 더욱 가속화하면서 심각한 사회문제가 되었다. 지방의 청년층이 새로운 일자리를 찾아 대도시 지역으로 이주함에 따라 고령자 비율이 높은 지역에서는 지방정부의 재정적 어려움이 가중되었으며, 산업구조에도 영향을 미쳐 지

역 간 경제 격차가 더욱 확대되고 있다. 총무대신을 지낸 마스다 히로야(増田寬也)는 2014년 『지방소멸(地方消滅)』이라는 저서를 통해 현재의 추세대로라면 2040년까지 일본 지방자치단체 수의 절반이 넘는 896개 지자체가 소멸한다고 주장했다. 일본정부는 저출산·고령화로 인한 문제들을 극복하기 위해 다양한 정책들을 추진했는데, 아베 총리는 2013년 아베노믹스(Abenomics)정책을 제안하면서 노동력 부족 문제 해결 방안의 하나로 여성의 경제활동 참여를 강조했다. 이를 위해 아베 내각은 2014년 10월에 각의 결정을 통해 '모든 여성이 빛나는 사회 만들기 추진본부(すべての女性が輝く社会づくり推進本部)'를 설치하고 여성 인력을 활용하기 위한 적극적인 노력을 전개했다. 이를 근거로 아베노믹스가 곧 우마노믹스(womenomics)라는 평가가 나오기도 했다.[20] 아베정부는 고령자의 노동시장 참여를 확대하기 위한 정책적 노력도 강화하고 있는데, 희망하는 고용자들은 65세까지 의무적으로 고용해야 하는 현행법을 개정하여 70세까지 정년을 연장할 수 있도록 하는 방안이 논의되고 있다.[21]

3. 아베정부의 경제정책

1) 아베노믹스

1990년대부터 시작된 일본경제의 침체는 2000년대 초중반의 고이즈미 총리 시기에 약간 회복세를 보였지만, 2008년의 글로벌 금융위기와 2011년 동일본대지진 등을 겪으며 계속되었다. 2012년 말 재집권하게 된 아베 총리는 이를 타파하기 위해 '아베노믹스'로 불리는 경제정책을 내세웠다. 구체적으로는 소비자물가 상승률 2%, 명목성장률 3%, 실질성장률 2%를 정책목표로 명시하고 이를 위해 대담한 금융정책, 기동적 재정정책, 민간투자를 촉진하는 성장전략이라는 이른바 '세 개의 화살'을 제시했다. 여기서 대담한 금융정책이란 양적 완화를 뜻하고, 기동적 재정정책이란 공공투자 확대 등을 의미하며, 성장전략은 산업구조의 개편이나 규제개혁을 포함하는 것이다. 이러한 정책들을 포함하는 아베노믹스의 이론적 바탕에는 예일대 명예교수인 하마다 고이치(浜田宏一)나 가쿠슈인대학 교수로 일본은행 부총재를 지낸 이와타 기쿠오(岩田規久男) 등 이른바 '리플레이션'파가 있다. 이들의 주장은 1930년대 초반 대공황 당시 재무장관이던 다카하시 고레키요(高橋是清)의 정책에 근원을 두고 있으며, 장기불황의 원인을 디플레이션으로 보고 이를 극복하기 위해 양적완화의 실시, 연 2~3% 정도의 인플레이션 달성을 정책목표로 주장한다.[22] 한편, 아베 총리는 2015년 9월에 2단계 아베노믹스를 언급했고, 10월의 기자회견을 통해 '1억총활약사회(一億総活躍社会)'를 실현해 나가기 위한 새로운 3개의 화살을 제시했다.[23]

아베노믹스의 실제 성과에 대해서는 평가가 엇갈린다. 경제 상황을 반영하는 '경기동향지수'는 전후 최장기 호황을 보여주고 있으며 또한 실질 GDP와 기업수익, 주가 상승 등의 성과를 이루었다. 고용 상황을 보여주는 유효구인배율(有效求人倍率)은 2012년 12월에 0.82였으며 지속적으로 상승하여 2015년 12월에는 1.27배, 2018년 11월에는 1.63배를 기록했다. 즉 구직자 한 사람에게 1.63개의 일자리가 있다는 뜻이다. 하지만 물가상승률 2% 목표를 달성하지 못했고, 정규직과 비정규직의 격차가 심화되었으며 재정건전성이 악화되는 등의 한계를 보여주었다. 2010년대 초반 GDP 대비 약 200%이던 국가부채 비율이 2018년에는 거의 240% 정도로 급증했다. 또한 아베노믹스에 대한 비판적인 관점에서는 엔화 가치 하락과 주가 상승, 고용지표의 개선이 아베노믹스의 직접적인 효과인지에 대해 의문을 제기하고 있으며, 특히 고용시장 상황의 경우 인구 구조의 변화에서 비롯되었다고 주장한다. 하지만 아베노믹스가 경기불황에서 벗어나는 데 효과가 있었다는 것은 분명하다고 할 것이다.

2) 1억총활약사회

아베정부는 2015년 10월 '1억총활약사회'를 위한 '1억총활약국민회의'를 개최했다. 이는 저출산·고령화문제의 해결을 출발점으로 하여 50년 후에도 인구 1억 명을 유지하겠다는 것으로, 1억총활약사회는 젊은이도 고령자도, 여성도 남성도, 장애나 난치병이 있는 이도, 한번 실패를 경험한 사람도 모두

포용하여(包摂され) 활약할 수 있는 사회라고 규정하고 있다. 2016년 6월에는 이를 구체화하기 위한 노력으로 1억총활약플랜(一億総活躍プラン)이 각의 결정되었다. 1억총활약플랜은 저출산·고령화문제에 대한 대응책으로서 기존의 아베노믹스의 3개의 화살 경제정책(1단계 아베노믹스)을 강화하는 한편, 육아지원과 사회보장, 노동개혁과 교육환경 개선에 중점을 두겠다는 전략을 담고 있다. 새로운 3개의 화살 중 첫 번째인 희망을 낳는 강한 경제는 2020년까지 명목 GDP를 600조 엔으로 늘리는 것이고, 두 번째 꿈을 자아내는 육아지원은 현재 1.4명 수준의 출산율을 2025년까지 1.8명 수준으로 끌어 올리는 것이다. 세 번째 안심할 수 있는 사회보장은 개호이직제로(介護離職ゼロ) 즉, 가족 간병으로 인한 실직이나 이직을 줄이기 위한 정책들을 의미한다. 이러한 정책방향을 구체적으로 실현하기 위해 '인생 100년 시대 구상회의(人生100年時代構想会議)'와 '일하는 방식 개혁회의(働き方改革会議)'를 설치했다.[24] '인생 100년 시대 구상회의'는 2018년 6월에 인재양성혁명(人づくり革命) 기본구상을 발표했는데 보육 및 교육지원을 통한 인재양성과 고령자 고용촉진 방안 등을 담고 있다.[25] '일하는 방식 개혁회의'는 2017년 3월 '일하는 방식 개혁 실행계획'을 발표하면서 동일노동·동일임금 등 비정규직의 처우 개선, 임금인상과 노동생산성향상, 장시간 노동의 시정과 유연한 고용방식의 도입 등의 내용을 담았다.[26]

결국 1억총활약사회란 전원(全員)참가형 사회로 여성과 고령자들의 노동시장 유입이 활성화 되는 것을 의디한다. 이를 배경으로 노동 관련 법안의 개정이 있었다. 2018년 6월 29일에는 '동일노동·동일임금'을 내용으로 하는 법안기 성립되었는데 이는 정규직과 비정규직 간의 격차를 줄이기 위한 방편이라고 할 수 있다. 같은 해 12월 8일에는 단순 노동자에게도 영주권을 주는 입국관리법(入国管理法) 개정안이 야당의 반대에도 불구하고 참의원을 통과했다. 이는 외국인 노동자의 유입을 통해 인력 부족문제를 해결할 목적으로 이루어졌으며, 일본이 저출산·고령화로 인한 노동력 인구 감소문제의 해결책으로 '이민국가'를 선택했다는 평가도 있었다.

한편, 아베정부의 1억총활약사회와 성장주의를 비판하며 탈성장·제로성장 담론이 제시되기도 했다. 다케다는 노동인구 감소가 경제적 위기로 이어진다는 전제에 문제가 있으며 국민 개개인의 생활수준 유지를 목표로 한다면 인구감소나 고령화가 심각한 제약요인이 아니라고 주장했고, 1억총활약사회는 정책목표가 구체적이지 않은 이미지에 쿨과하기 때문에 국민들의 생활개선에 어떤 영향을 미칠지 불분명하다고 지적했다. 또한 다케다는 경제성장이 모든 것을 해결한다는 발상이 구시대적이며 제로성장을 현실로 받아들여야 한다고 주장한다.[27] 즉 경제성장이 빈곤과 격차, 고용불안 등을 해소할 수 없으며 2008년 글로벌 금융위기 이후 경제의 '일본화'가 선진국들의 일반적 현상이 되었고, '제로성장'은 경제정책의 실패 때문이 아니라 일본경제의 조건과 상황ㅇ 새로운 단계에 접어들었기 때문이므로, 이러한 상황을 전제로 새로운 발전 전략을 모색해야 한다는 것이다.[28] 이러한 주장이 등장한 배경에는 아베노믹스의 성과에도 불구하고 국민들의 삶이 실제로 나아지고 있다고 보기 어려우며, 실질임금의 하락이나 소득 격차 확대와 같은 부작용들이 나타나고 있기 때문이라고 할 수 있다.

9장

헌법과 개헌논쟁*

일본은 1868년 메이지유신을 통해 근대 국가를 형성했으며 1889년에 대일본제국헌법(大日本帝国憲法)을 제정했다. 프로이센(독일)의 헌법에서 많은 영향을 받은 제국헌법(메이지헌법)은 총 7장 76조로 구성되었다.[1] 헌법의 제1장은 천황을 절대군주이자 주권자로 규정하고 있으며, 만세일계(万世一系)의 천황이 통치권을 가지고 있음을 명시하고 있다. 제2장은 신민(臣民)들의 권리와 의무를 규정하고 있고, 제3장은 제국의회에 관한 내용을 담고 있는데, 귀족원(貴族院)은 황족(皇族), 화족(華族), 또는 천황이 임명한(勅任) 의원으로 구성되며 중의원(衆議院) 의원은 선거를 통해 선출한다는 내용 등이 들어있

---

* 이 장은 저자의 기존 연구(한의석 2018)에 상당부분 의존했다.

다. 메이지헌법은 군주가 주체가 되어 국민들에게 권리와 자유를 제한적으로 부여하고 있다는 점에서 흠정헌법(欽定憲法)이라고 할 수 있다. 제국헌법은 1945년 8월 일본의 패전 이후 연합군최고사령부(SCAP: Supreme Commander for the Allied Powers)의 지시에 따라 폐기되었으며, 점령 당국의 요구에 따라 새로운 헌법을 제정하게 되었다. 1946년 11월에 현재의 일본국헌법(日本国憲法)이 공포되었고 1947년 5월부터 시행에 들어갔다. 새로운 헌법이 일본정부에 의해 주도된 것이 아니라 미국에 의해 강요된 것이라는 주장과, 전쟁을 포기하고 교전권을 부인하는 헌법 9조가 포함된 것에 대한 불만이 보수세력 사이에 확대되면서 개헌론이 제기되었지만 호헌 세력의 강한 반대로 번번이 좌절되었다. 1990년대부터 정당 및 대중들의 개헌에 대한 관심이 높아졌으며, 보통국가론자들의 등장으로 헌법 9조를 둘러싼 개헌논쟁이 더욱 활발해졌다.

1. 전후 일본의 헌법과 개헌논쟁

1) 일본국헌법과 개헌론

전후 일본을 통치하게 된 점령 당국은 일본정부에 신헌법제정을 요구했으며, 이에 따라 1946년 2월에 헌법 초안을 작성하여 제출했다. 하지만 일본정부의 제출안이 새로운 일본의 건설이라는 목표에 불충분하다고 느낀 점령 당국은 이른바 '맥아더 3원칙'에 의거한 헌법안을 요구했다. 맥아더 3원칙이란 첫째, 천황은 국가수반이며 직무와 권한은 헌법에 의해 제한된다. 둘째, 전쟁을 포기하고 교전권을 부인한다. 셋째, 봉건적 제도를 폐지한다는 내용이 반영되어야 한다는 것이다. 이를 기초로 작성된 일본국헌법 안이 1946년 10월에 의회를 통과했고 1947년 5월부터 시행되었다. 하지만 당시 일본정부의 헌법문제조사위원회 위원장이던 마쯔모토 조지(松本烝治)는 헌법제정 과정에서 점령 당국의 강요가 있었다고 주장했으며 이는 이후 헌법개정론의 주요 근거가 되었다. 특히 전쟁을 포기하고 교전권을 부인한다는 헌법 9조는 논란의 핵심이 되었다. 보수주의자들을 중심으로 신헌법에 대한 불만이 제기되기 시작했는데, 대표적인 보수 정치인인 기시 노부스케(岸信介)는 점령 초기의 기본 방침이 일본의 군사력과 공업력은 물론 일본인들의 정신과 도덕의 파괴를 목적으로 하고 있으며, 이를 집대성한 것이 일본국헌법이라고 주장했다.[2] 반면 군국주의와 전쟁의 폐해를 경험한 다수의 국민들과 혁신세력은 이른바 '평화헌법'에 대해 상당한 지지를 보여주었다.

전문과 12장 103조로 구성된 일본국헌법의 제1장은 제국헌법과 마찬가지로 천황에 대해 규정하고 있는데, 그 중 1조는 "천황은 일본국의 상징이고 일본 국민통합의 상징으로, 그 지위는 주권을 가지고 있는 일본 국민의 총의에 기초한다"고 되어 있다. 이는 제국헌법 1조의 "대일본제국은 만세일계(万世一系)의 천황이 통치한다"는 문구와 대비되면서 새로운 일본의 성격을 잘 보여준다고 할 수 있다. 제2장은 전쟁 포기(放棄)에 대한 내용으로 9조 하나로만 구성되어 있으며, 제3장은 국민의 권리와 의무를 다루고 있다. 현행 일본국헌법 9조의 내용은 아래와 같다.

- 헌법 9조
 (1) 일본 국민은, 정의와 질서를 기조로 하는 국제평화를 성실하게 희구하여, 국권의 발동인 전쟁과 무력에 의한 위협 또는 무력의 행사를, 국제분쟁을 해결하는 수단으로서는, 영구히 포기한다. (2) 전항의 목적을 달성하기 위해, 육·해·공군과 그 외의 전력을 보유하지 않는다. 국가의 교전권은 인정하지 않는다.

한국전쟁이 발발하고 냉전이 심화되는 가운데 일본의 재군비(再軍備)문제가 제기되면서 헌법 9조의 해석문제가 쟁점화 되었다. 샌프란시스코조약의 발효로 일본이 국권을 회복한 1952년 4월부터 보수정당들을 중심으로 개헌론이 강하게 대두되었고, 반대로 사회당과 같은 혁신세력은 강력하게 호헌(護憲)을 주장했다. 1954년에는 자위대가 설립되면서 위헌론이 제기되기 시작했다. 1954년 12월에 하토야마가 집권하게 되면서 개헌이 핵심 쟁점이 되었지만, 1955년 2월의 중의원선거에서 보수세력이 개헌 의석을 확보하는 데 실패했다. 1955년 자유당과 민주당의 합당으로 자유민주당이 설립되었을 때 자민당은 정강(政綱)에 자신들의 창당 목표가 헌법의 자주적

개헌임을 명시했다. 이후 1957년 8월 자민당 정부의 내각에 헌법조사회가 발족되었지만 혁신세력과 시민들의 강력한 반대 속에 개헌논의가 진전되지 못했다. 보수 정치인인 나카소네(中曽根康弘)가 새로운 헌법안(案)을 제시하는 등의 노력도 있었지만, 안보투쟁으로 국론 분열을 겪은 후 등장한 이케다 하야토(池田勇人)정부는 개헌을 둘러싼 정치적 갈등을 피하고자 했고 경제성장에 더욱 집중했다. 이후에도 천황과 자위대 문제를 중심으로 개헌론이 제기되었지만 혁신세력 및 여론의 반대는 여전히 강력했다. 보수 정치인들 외에도 보수 우파 시민단체들이 개헌론에 가세하기도 했다. 1981년 결성된 보수단체인 일본을 지키는 국민회의(日本を守る日本会議)는 천황을 국가원수로 명시하는 조항을 포함하는 헌법개정을 주장했다.[3] 하지만 대다수의 국민들이 호헌을 지지하는 가운데 자민당 내에서도 현실적으로 개헌이 어렵다고 하는 인식이 확산되면서 개헌에 유보적인 정치인들이 다수를 이루었다. 1960년대부터 강력하게 개헌을 주장했던 나카소네도 1982년에 총리가 된 후에는 "나는 의원 개인으로서는 개헌론자이지만, 내각으로서는 개헌을 정치 일정으로 올리지 않겠다"고 언급했다.[4] 이러한 발언은 당시의 분위기를 잘 보여주고 있다.

2) 헌법개정 논의의 전개

개헌이 다시 주목받게 된 것은 탈냉전으로 인한 국제정세의 변화라고 할 수 있다. 일본은 헌법상의 제약으로 1990~1991년의 걸프전에서 UN주도의 평화유지 활동에 자위대가 참여할 수 없었다. 대신 130억 달러에 이르는 엄청난 재정적 지원을 제공했지만, 되돌아 온 것은 감사가 아니라 수표외교(checkbook diplomacy)라는 비난이었다. 이를 계기로 제기된 오자와 이치로(小沢一郞)의 '보통국가론'은 개헌논의를 본격화 시켰다. 1990년대 초반 개헌론을 적극적으로 제기한 것은 『요미우리신문(読売新聞)』이다. 1992년 신문사 내에 '헌법문제조사회'를 설치한 『요미우리신문』은 1994년 11월에 구체적인 개헌안으로 '헌법개정시안'을 발표하여 개헌론을 촉발했으며, 자민당은 물론 개헌에 큰 관심이 없던 야당들도 논쟁에 가세했다. 1992년 창당한 일본신당(日本新党)은 강령을 통해 헌법개정을 주장했고, 호헌을 주장하던 민사당(民社党)도 개헌을 논의할 수 있다는 입장으로 돌아섰다. 1997년 당시 제1야당이던 신진당(新進党) 또한 개헌이 필요하다는 입장을 밝혔다. 이를 배경으로 2000년에는 국회에 헌법조사회가 설치될 수 있었다. 당시 공명당은 가헌(加憲)이라는 용어를 사용하며 개헌론에 참여했고, 민주당은 논헌(論憲)·창헌(創憲)을 명분으로 개헌논의에 합류했다. 하지만 혁신정당인 사회당과 공산당은 강력하게 호헌을 주장했다.

2000년 1월 중·참의원에 설립된 헌법조사회는 2005년 4월에 최종보고서를 제출했고, 각 정당들도 당내 개헌 관련 기구를 통해 새로운 헌법에 포함되어야 할 내용들을 논의했다.

자민당은 창당 50주년을 앞둔 2005년 10월에 '신헌법초안(新憲法草案)'을 공표했는데 일본의 전통과 가치, 국민들의 의무와 책임 등을 강조하는 내용을 담고 있었다. 특히 헌법 9조를 개정하여 총리가 최고지휘자가 되는 '자위군(自衛軍)'을 명기하는 안을 제시했으며, 헌법 96조의 개정 요건을 국회의원 과반수 찬성으로 낮추는 방안을 담았다.[5] 자민당과 연립정부를 구성하고 있던 공명당은 국민주권, 항구평화주의, 기본인권의 존중이라는 3원칙과 헌법 9조의 유지를 강조했으며 환경권이나 프라이버시권과 같은 새로운 권리를 추가하자는 가헌(加憲)론을 제기했다. 당시 제1야당이던 민주당 드한 2005년 10월에 헌법제언(憲法提言)을 발표했다. 민주당은 현행 헌법이 국제사회의 요청이나 시대변화에 대응하기 어렵다는 점을 지적하면서 총리주도, 분권화, 인권과 국제협조주의 등이 반영되어야 한다고 주장했다.[6]

1947년 5월 이후 변함없이 그대로 유지된 일본국헌법이 새로운 시대 환경에 맞도록 개정되어야 한다는 주장은 어느 정도 설득력을 갖고 있었다고 할 수 있다. 하지만 헌법 9조의 개정에 대해서는 부정적 견해가 상당히 높은 수준으로 나타났다. 개헌에 대해 여론은 대체로 우호적인 반응을 나타냈지만 헌법 9조의 개정에 대해서는 상당수의 응답자들이 부정적인 것으로 답했다. 예를 들어, 『아사히신문(朝日新聞)』의 2007년 4월 조사에 따르면 헌법개정이 필요하다고 응답한 사람이 58%, 필요하지 않다가 27%였다. 반면 헌법 9조를 변경하는 것이 좋겠다는 응답자는 33%, 변경하지 않는 것이 좋겠다는 응답은 49%를 차지했다.[7] NHK의 2007년 8월 조사에 따르면 헌법개정이 필요하다고 응답한 사람은 41%였고, 필요없다고 답한 사람은 24%였다. 하지만 헌법 9조에 대해서는 개정해야 한다가 28%, 개정할 필요가 없다가 41%였다.[8]

3) 자민당의 일본국헌법개정초안

자민당은 2005년 '신헌법초안'에 이어 야당시절이던 2012년 4월 '일본국헌법개정초안(日本国憲法改正草案)'을 제시했다. 점령기에 만들어진 현재의 '일본국헌법'의 전문(前文)에는 "정부의 행위로 다시는 전쟁의 참화가 일어나지 않도록", "항구의 평화를 염원", "평화를 사랑하는 모든 국가(민)의 공정과 신의를 신뢰하여", "국제사회에서 명예로운 지위를 차지하고" 등의 표현이 들어있는 반면 자민당이 제시한 일본국헌법개정초안에는 "오랜 역사와 고유한 문화", "국민통합의 상징인 천황", "전통과 국가를 오래도록 자손에게 계승하기 위해" 등의 표현이 포함되어 있다. 이처럼 현재의 헌법이 평화주의에 중점을 두고 있다면, 자민당의 최근 헌법안은 국가주의, 보수주의적 가치를 담고자 한다는 것을 알 수 있다.

헌법개정과 관련하여 가장 주목받고 있는 9조의 경우, 9조 1항은 유지하지만 2항을 수정하여 "전항의 규정은 자위권 발동을 방해하는 것이 아니다"라는 문구를 삽입하고, '국방군

(国防軍)'을 명기하는 방안을 제시했다.[9] 따라서 일본이 전쟁 가능한 국가가 된다는 우려가 제기되었다. 또한 자민당이 제시한 초안은 개인의 인권을 존중하지 않고 공공질서를 이유로 권리를 제한 할 수 있다는 점, 긴급사태 조항을 통해 국가의 자의적 권력 남용 가능성이 있다는 등의 비판을 받았다.

당시 야당이던 자민당은 2012년 12월의 중의원선거에서 일본국헌법개정초안의 주요 내용들을 공약으로 내세웠다. 헌법개정 관련 공약으로는 7가지 항목을 제시했는데 첫째, 국민주권, 기본적 인권의 존중, 평화주의의 세 원리를 계승. 둘째, 일본국의 원수(元首)로, 일본국과 일본국민통합의 상징인 천황을 받드는 나라로 규정. 셋째, 국기는 일장기, 국가는 기미가요로 함. 넷째, 평화주의를 계승하면서 자위권의 발동을 방해하지 않는, 국방군의 보유 명기. 다섯째, 가족의 존중, 환경보전의 책무, 범죄피해자의 배려를 신설. 여섯째, 무력공격과 대규모 자연재해에 대응하는 긴급사태조항 신설. 일곱째, 헌법개정의 발의 요건을 중·참의원 과반수로 완화한다는 것이었다.[10]

2. 아베 총리와 개헌논의

일본의 헌법개정과 관련하여 아베 전 총리의 행보가 주목받았다. 그 이유는 자민당 출신으로 개헌론을 지지하고 제기했던 정치인들이 다수 있었지만, 아베와 같이 총리토서 개헌 의

지를 명확하게 표명하고, 현실적으로 개헌 가능한 정치상황을 구성한 정치인이 없었기 때문일 것이다. 아베는 외할아버지인 기시 노부스케의 정치적 이념을 이어받은 것으로 잘 알려져 있다. 아베 총리는 보수세력이 협력하여 자민당을 창당한 목표가 첫째는 전쟁의 폐허에서 벗어나 경제성장과 풍요를 달성하는 것, 둘째는 점령기에 만들어진 헌법을 일본인들이 스스로 작성하여 진정한 독립을 회복하는 것이라고 주장했다.[11] 아베 총리는 경제성장이라는 첫 번째 목표는 자민당이 이미 달성했다고 평가하면서 현행 헌법의 개정, 즉 일본인에 의한 자주헌법(自主憲法)의 제정이 자민당이 아직까지 달성하지 못한 과제임을 강조했다.

아베는 처음 총리에 임명된 2006년 9월의 국회 소신표명 연설에서 헌법개정을 자신의 정권 과제로 내세우며 의욕을 보여주었다. 아베 총리는 연설을 통해 "국가의 이상, 형태를 말하는 것이 헌법이다. 현행 헌법은 점령 시대에 제정된 것으로 이미 60년 가까이 지났다. 새로운 시대에 어울리는 헌법에 대한 논의가 활발히 진행되고 있다. 우선 헌법개정 절차에 관한 법률안이 조기 성립되기를 기대한다"고 말했다.[12] 아베 총리는 개헌의 첫 단계로 헌법 96조에 규정된 개정 절차를 명확하기 위해 2007년 5월 국민투표법을 통과시키는 성과를 내기도 했지만, 참의원선거 패배와 건강문제 등이 겹치며 2007년 9월에 총리직을 사임함에 따라 논의가 중단될 수밖에 없었다. 헌법 96조는 개정 요건으로 중·참의원 각각 총의원 2/3

이상의 찬성과 국민투표의 과반수 찬성을 규정하고 있다. 하지만 국민투표 절차의 세부 내용이 구체적으로 명시되어 있지 않았기 때문에 이를 보완한 것이다. 이 법은 2014년 6월 일부 개정되었다. 아베 총리의 개헌 노력은 2012년 12월 재집권한 이후 계속되었다. 아베는 2012년 12월 취임 직후 집단적 자위권을 용인하는 해석개헌과 헌법개정을 수년 내 실현하고 싶다는 의사를 표명했다. 2013년에는 헌법개정 요건으로 '중·참의원 의원 2/3 이상의 찬성'을 규정하고 있는 헌법 96조의 개정을 시도하려 했으나 강한 반대에 부딪히며 논의가 중단되었다.

아베 총리의 개헌 노력에서 핵심은 '헌법 9조'라고 할 수 있다. 헌법 9조의 개정은 집단적 자위권(集団的自衛權)의 확대로도 연결되는데, 미일동맹의 강화와 보통국가, 군사력을 행사할 수 있는 국가를 목표로 할 때, 집단적 자위권의 행사 여부가 중요한 전환점이 되기 때문이다. 정부의 법안을 심의·심사하는 내각법제국(内閣法制局)은 전통적으로 집단적 자위권의 행사에 부정적인 입장을 견지하고 있었다. 이를 타개하기 위해 아베는 2013년 8월에 집단적 자위권의 행사에 대해 긍정적인 입장이던 고마쯔 이치로(小松一郎)를 내각법제국 장관으로 임명했다. 집단적 자위권문제는 헌법 9조의 해석과 관련이 있는데, 아베정부는 2014년 7월 1일 '신3요건'하에서 집단적 자위권의 행사가 가능하다는 각의(閣議) 결정을 내렸다. 신3요건이란 자위(自衛)를 위해 무력을 행사할 수 있는 세 가지 조건으로 첫째, 밀접한 관련이 있는 타국에 대한 무력공격이 발생하여 일본의 존립이 위협받고, 국민의 생명, 자유와 행복추구권이 근본부터 뒤집힐 명백한 위험이 있을 때, 둘째, 이를 제외하고, 일본의 존립을 완수하고 국민을 보호하기 위한 다른 적절한 수단이 없을 때, 셋째, 최소한의 실력행사만 하는 것을 말한다. 이러한 방식을 해석개헌(解釈改憲)으로 부를 수 있는데 명문개헌(明文改憲)이 쉽지 않은 상태에서 우회적으로 헌법의 의미와 내용을 변경하려는 시도이다. 해석개헌이란 헌법상의 조문은 그대로 두고 이에 대한 해석을 변경하는 것을 의미하며, 명문개헌이란 문구 자체를 변경하는 것이다.

아베의 개헌에 대한 강한 의지에 비하면 헌법개정을 위한 논의가 상대적으로 지체된 측면이 있다. 야당으로서 치러진 2012년의 중의원선거에서 자민당은 헌법개정을 주요 공약으로 제시했지만, 이후 치러진 2014년, 2016년의 중·참의원선거에서는 개헌을 주요 쟁점화 하지 않거나 회피하는 전략을 내세웠다. 이는 여전히 개헌에 대한 반대 여론이 강하기 때문이라고 생각할 수 있다. 2006년 처음 총리 취임했을 때, 아베는 자신의 임기 중에 개헌을 하고 싶다는 의사를 피력했지만 1년 만에 총리직을 사임한 경험이 있다. 이러한 상황들이 아베가 개헌문제를 더욱 신중하게 다루도록 영향을 미쳤을 가능성이 있다. 2016년 7월의 참의원선거 이후 일본의 중·참 양원에서 개헌을 지지하는 이른바 '개헌세력'이 2/3이상을 차지하게 되었다. 하지만 아베 총리는 개헌에 대해 각 정당 간의 합의와 국민적 이해가 중요함을 강조하면서 신중하게 접근했다. 다수의 여론조사에 따르면 개헌에 대해서는 대체로 지지하는 의견이 많지만 헌법 9조의 개정에 대해서는 부정적인 견해가 더 많은 것으로 보인다. 더욱이 각 정당과 의원들의 경우에는 개헌을 지지한다고 해도 개헌안의 내용에 대해서 모두의 일치된 견해가 존재하는 것은 아니며, 무엇보다 연립여당인 공명당이 자민당의 개헌안에 유보적인 입장이다. 또한 국회에서 개헌안이 통과되더라도 국민투표를 통해 과반수의 지지를 얻어야하기 때문에 개헌은 자민당이 절대적 우위를 점하고 있는 현재의 정치상황에서도 쉽지 않은 과제라고 할 수 있다.

아베 총리는 2017년 5월 3일 헌법 시행 70주년을 앞두고 『요미우리신문』과의 인터뷰에서 헌법개정을 실현하여 도쿄 올림픽을 개최하는 2020년부터 시행하는 것을 목표로 하고 있다고 밝혔다.[13] 또한 2017년 10월 22일 치러진 중의원선거에서는 자위대의 명기, 교육무상화·충실화, 긴급사태대응, 참의원 합구(合区)해소 등 4개 항목을 중심으로 하는 헌법개정 공약을 적극적으로 내세웠다. 이는 자민당의 개헌 움직임이 앞으로 더 활발할 것임을 시사하는 것이었다. 2018년 3월 자민당의 헌법개정추진본부는 자위대 명기, 긴급사태, 합구해소·지방공공단체(지방자치단체), 교육충실에 관한 개헌안을 공표했다.[14] 헌법 9조의 개정과 관련해서는 아래와 같이 현행 9조 1항과 2항을 유지하되 자위대 유지를 명기하는 안을 제시했다.

- 9조 1, 2항 (현행 헌법과 동일)
  (추가) 9조의 2 앞 조문(条)의 규정이, 우리나라의 평화와 독립을 지키고, 국가와 국민의 안전을 보호하는 데 필요한 자위조치를 취하는 것을 방해하지 않고, 그를 위한 실력(実力)조직으로서, 법률이 정하는 바에 따라, 내각의 수장인 총리를 최고 지휘감독자로 하는 자위대를 유지한다.
  ② 자위대의 행동은, 법률이 정하는 바에 따라, 국회의 승인 및 기타의 통제에 따른다.

2018년 9월의 자민당 총재선거에서 승리한 아베 총리는 자신의 임기 내에 개헌을 완수하고자 최대한 노력할 것임을 명확히 했다. 또한 2019년 7월 21일에 있었던 참의원선거를 위한 공약집에 자위대 명기, 긴급사태, 합구해소·지방공공단체, 교육충실 4개 항목을 강조한 헌법개정안을 제시했다.[15] 선거 결과 자민당은 승리했지만 비개선의석(非改選議席)을 포함하여 '개헌 세력'이 차지한 총 의석수는 개헌선인 164석(총 245석)에 못 미치는 160석이 되었다.[16]

3. 헌법 9조 개정과 보통국가화

공산당이나 사민당과 같은 혁신 정당은 호헌(護憲)을 강력하게 주장하며 개헌에 부정적 입장을 견지하고 있지만, 자민당을 포함한 대다수 정당들은 가헌, 창헌, 논헌 등 다양한 용어의 사용에서 나타나듯 개헌논의 자체에는 어느 정도 공감하고 있다고 할 수 있다. 그 이유는 1947년 5월 발효된 현재의 일본국헌법이 시대의 변화에 관계없이 지금까지 유지되어 왔고, 변화된 시대에는 맞지 않는 부분이 있다고 판단하기 때문이다.

자민당의 경우 창당 이후 개헌논의가 지속적으로 제기되었지만, 1980년대까지 자민당의 주류는 안보는 미국과의 동맹에 의존하면서 경제발전에 중점을 두는 이른바 '요시다 노선'을 선호했다. 따라서 이들은 헌법 9조의 개정에 대체로 부정적인 정치인들이었다. 하지만 1990년대부터 전후 세대인 이른바 신보수주의자들이 주요 세력으로 등장하게 되고, 탈냉전과 북한 핵·미사일 위기, 중국의 위협이 증가하게 되면서 보통국가화의 필요성에 대한 공감대가 형성되었다고 할 수 있다. 보통국가론의 대표적인 주창자인 오자와(小沢一郎)는 자위대의 군사력 강화와 UN의 주도의 평화유지 활동을 통해 국제적 기여를 확대해야 한다고 주장했다. 즉 일본의 경제적 위상에 부응하여 군사력을 강화하고 국제안보에 대한 기여를 강조하는 것이 보통국가론이라고 할 수 있다.[17] 이러한 보통국가론자들 중에는 현행 헌법을 유지하는 가운데 변화가 가능하다고 보는 자들과 개헌을 해야 가능하다고 보는 자들이 혼재되어 있다. 개헌론자인 아베 총리는 2006년 10월 외국 언론과의 인터뷰에서 '시대에 맞지 않는 조문으로 전형적인 것이 9조'라고 언급했다.[18] 즉 아베 개헌론의 핵심은 헌법 9조라고 할 수 있다.

헌법 9조에 대한 논란은 집단적 자위권의 행사 가능성과 연결되는데, 수십 년간 일본정부는 집단적 자위권의 행사를 위헌으로 보며 부정적 견해를 유지했다. 1969년 2월 당시 내각 법제국 장관이었던 다카쯔지 마사미(高辻正己)는 중의원 예산위원회에서 집단적 자위권에 대한 질의를 받고, 일본이 집단적 자위권을 보유하고는 있지만 이를 행사하는 것은 헌법 9조에 의해 제한된다는 취지의 답변을 했다. 즉 일본의 집단적 자위권이 1951년 9월의 샌프란시스코 강화조약과 1956년 12월의 유엔 가입을 통해 국제적으로 인정되고 있지만, 헌법 9조의 전쟁폐기와 교전권 부인 조항으로 인해 실제로 행사할 수는 없다는 것이다. 유엔헌장 51조는 "유엔 회원국에 대한 무력공격이 발생했을 경우, 안전보장이사회가 국제 평화와 안전을 유지하기 위해 필요한 조치를 취할 때까지, 고유의 개별적 또는 집단적 자위권을 침해할 수 없다"고 규정하고 있다.[19] 한편, 한국이나 중국은 일본의 집단적 자위권 용인과 보통국가화에 대한 부정적인 견해를 지속적으로 표출하면서, 최근 일본의 우경화와 개헌 시도가 군사대국화, 군국주의화하는 일본을 표상하는 것으로 인식하고 있다. 그렇다면 헌법 9조의 개정은 일본의 국가 전략에 있어서 어떤 의미를 갖는가? 사무엘스(Richard J. Samuels)의 국가노선 담론에 비추어 보면, 1980년대까지 일본의 보수 주류가 추구하는 전략은 '중견국 국제주의자'로서 통상국가를 추구하는 노선이었고, 1990년대 이후 특히 2000년대 들어서는 '보통국가론'자들이 일본 보수의 주류로 등장하여 개헌론을 주도하고 있다고 할 수 있다.

개헌을 정치 인생의 최고 목표로 삼고 있는 아베 총리는 2014년 7월에 각의를 통해 집단적 자위권 행사가 가능하도록 해석개헌을 단행했고, 2015년 7월과 9월에는 이를 뒷받침하기 위한 국가안전보장관련법(安保法案)들이 각각 중·참의원을 통

도표 9.1 국가노선 담론

무력 사용 허용	
신자주론자(Neoautonomists) 일본주의자들의 계승자 강병을 통한 자주 추구 (이시하라, 니시베, 나카니시, 고바야시)	**보통국가론자(Normal Nation-alists)** 대국 일본주의 계승자 강병을 통한 위신 추구 (고이즈미, 아베, 이시바, 오자와)
미국과 소원	**미국과 친밀**
평화주의자(Pacifists) 비무장 중립주의자들의 계승자 번영을 통한 자주 추구 (NGOs, 사회당, 공산당)	**중견국 국제주의자(Middle Power Internationalists)** 소국 일본주의 계승자 번영을 통한 위신 추구 (고노, 데라시마, 미야자와)
무력 사용 불가	

출처: Richard J. Samuels, *Securing Japan: Tokyo's Grand Strategy and the Future of East Asia* (New York: Cornell University Press, 2007), p. 112, Figure 5. The Discourse.

과했다. 이러한 과정들은 일본이 북한의 위협과 중국의 부상에 맞서 적극적으로 미일동맹 강화를 통한 안보 능력 강화를 추구하고 있음을 보여준다. 특히 일본에게 있어서 집단적 자위권의 용인은 미국과의 군사적 협력 범위를 일본과 아시아는 물론 글로벌 수준으로 확대할 수 있다는 것을 의미하며, 과거와 같이 미국 의존적인 안보동맹이 아니라 필요시 서로 도울 수 있는 상호 대등한 동맹관계로의 진전을 의미한다.

'보통국가론' 내에도 제시하는 군사력의 수준이나 미일동맹의 가치에 대해 다양한 의견들이 존재하고 있지만, 대체로 일본의 보통국가로의 전환이 헌법 9조에 대한 명문개헌 없이도 이미 상당히 이루어졌다고 평가할 수 있다. 그럼에도 불구하고 헌법 9조의 개정이 논의되고 있는 것은 현행 헌법 9조가 자위대의 활동에 여전히 많은 제약을 가하고 있다는 점과 해석개헌이 가지고 있는 불안정성 때문일 것이다. 아베 정권하의 자민당은 경제를 앞세웠던 지난 선거들와 달리 2017, 2019년의 중·참의원선거에서는 외교안보문제를 전면에 내세웠다. 2017년 중의원선거 공약집의 첫 항목은 "북한의 위협으로부터 국민을 지켜낸다"였으며, 2019년 참의원선거에서는 '강력한 외교·국방으로 국익 지키기'를 내세웠다. 이는 헌법 9조 개정의 당위성과 연결된다. 2020년 1월 연두기자회견에서 자신의 의지를 재확인했던 아베 총리는 같은 해 8월의 갑작스러운 사임 회견을 통해 헌법개정을 이루지 못하고 떠나게 되어 단장(斷腸)의 심정이라고 밝혔다.[20]

10장

외교안보

냉전의 전개와 한국전쟁의 발발은 일본의 재무장과 대외관계를 둘러싼 보수와 혁신세력 간의 갈등을 심화시켰으며, 보수와 혁신세력 내부에서도 이에 대한 논쟁이 계속되었다. 이러한 와중에 요시다 총리가 1951년 9월에 샌프란시스코 강화조약과 동시에 미일안보조약을 체결함으로써 전후 외교안보 전략의 핵심축이 미국과의 관계를 중심으로 이루어질 것임을 예고했다. 1952년 4월 주권을 회복한 일본은 1954년에는 육상·해상·항공자위대를 발족했다. 하지만 헌법 9조의 제약으로 일본이 군사력을 가진 정상국가로서 활동하는 것이 불가능한 상황이었으며, 경제 중심의 외교를 통해 주변국과의 관계를 형성해 나갔다. 일본은 1956년 10월에 소련과의 국교정상화를 이루었으며, 이를 계기로 12월에는 UN의 회원국으로 가입할 수 있었다. 1950년대 중반부터 이른바 배상외교(賠償外交)를 통해 버마(미얀마), 필리핀, 인도네시아 등 동아시아 국가들과 국교정상화를 이룬 일본은 1965년에는 한국과의 국교를 회복했고 1972년에는 중국과 국교를 정상화했다. 일본은 1960년대와 1970년대를 통해 세계 제2의 경제대국으로 성장하게 되었는데, 1982년에 취임한 나카소네 총리는 일본이 자신의 경제력에 걸맞은 국제적 역할과 기여를 해야 한다고 주장했다. 냉전의 종식과 탈냉전은 일본의 외교안보 방향에 대한 변화의 필요성을 제기했다. 1990년대 초반의 걸프전에서 다국적군에 참여하지 못한 일본에게 쏟아진 '수표외교'라는 비난은 보통국가로의 전환을 자극했으며, 1990년대 중반 북한의 핵·미사일 위협과 중국의 대만에 대한 미사일 위협은 위기의식을 강화했다. 특히 중국의 부상과 일본의 상대적 쇠퇴는 외교안보정책의 방향 설정에 주요 변수가 되었다. 일본은 미일동맹을 더욱 강화하는 한편 이를 활용하여 지역적, 국제적 영향력을 확대하기 위한 노력을 계속하고 있다.

1. 대외관계와 안보정책

1) 냉전기

1951년 9월에 맺은 미일안보조약은 일본의 외교안보 전략이 미일동맹을 중심으로 작동할 것임을 보여주는 사건이었다.

미국과의 단독 강화는 일본이 원하지 않는 전쟁에 휩쓸릴 수 있다는 우려를 자아내기도 했지만, 당시 총리였던 요시다는 안보를 미국에 의존하면서 경제성장을 우선시 하겠다는 의도를 가지고 있었다. 하지만 재군비에 대한 요시다의 소극적 태도와 친미적 성향에 대해 보수세력 내부에서도 비판이 제기되었으며 이들은 개헌과 군사력 강화를 주장했다. 요시다의 경쟁자였던 하토야마가 총리에 취임한 이후 1956년 10월에 소련과도 국교를 정상화함에 따라 미일관계에 갈등 요인으로 작동하기도 했지만, 미국 중심의 외교안보 노선은 변함없이 계속되었다.

일본정부는 1957년 5월에 각의 결정된 '국방기본방침(国防の基本方針)'을 통해 첫째, 국제연합 활동을 지지하고 국제 간의 협조를 도모하며 세계평화의 실현을 기한다. 둘째, 민생을 안정시키고 애국심을 고양시켜 국가의 안전을 보장하는 데 필요한 기반을 확립한다. 셋째, 국력과 국가 상황에 따라 자위를 위해 필요한 한도 내에서 효율적 방위력을 점진적으로 정비한다. 넷째, 외부로부터의 침략에 대해서는 장래 국제연합이 유효하게 이를 저지하는 기능을 다할 수 있을 때까지 미국과의 안전보장체제를 기조로 이에 대처한다는 방침을 내세웠다.[1] 한편, UN 가입을 통해 국제사회의 일원으로 인정받게 된 일본은 1957년 외교청서를 통해 첫째, UN중심, 둘째, 자유주의 국가들과의 협조, 셋째, 아시아의 일원으로서의 입장 견지라는 외교 3원칙을 제시했다. 이처럼 전후 일본의

외교안보 구상이 확립되어가는 가운데, 1954년 설립된 자위대가 위헌(헌법 9조) 논쟁에 휘말리게 되면서 전수방위(專守防衛)가 자위대의 행동원칙으로 규정되었다. 전수방위란 첫째, 공격받았을 때에만 대응할 수 있다. 둘째, 방어에 필요한 최소한의 대응만을 해야 한다. 셋째, 자위대의 역량은 방어에 필요한 최소한으로 제한되어야 한다는 의미를 담고 있다.[2] 냉전이 심화되는 상황에서 1960년의 미일안보조약 개정을 앞두고 혁신세력과 학생 및 시민단체의 강력한 반발이 있었다. 결국 미일안보조약 개정으로 기시 총리가 사임하게 되었지만 조약은 계속해서 효력을 발휘하게 되었다.

1964년에 중국이 핵 실험을 실시하자 핵무장론이 제기되기도 했지만, 일본사회에서 받아들여지기에는 거의 불가능한 주장이었다. 1967년 12월에는 당시 총리이던 사토 에이사쿠(佐藤栄作)가 국회 답변을 통해 "핵무기를 만들지도, 가지지도, 반입하지도 않는다"는 비핵 3원칙을 언급했다. 사토 총리는 그보다 조금 앞선 1967년 4월에는 국회에서 공산권 국가, UN결의에 의해 무기 등의 수출이 금지되어 있는 국가, 국제분쟁 당사국 및 그러한 우려가 있는 국가에 대해서는 무기를 수출하지 않는다고 발언했다. 이른바 무기수출 3원칙은 1976년에 더욱 강화되어 미키(三木武夫) 총리는 국회 답변을 통해 기존의 원칙에 더하여 나머지 지역에 대한 무기 수출도 삼가하고, 무기제조 관련 설비도 무기에 준해서 취급할 것임을 밝혔다.[3] 이러한 선언들은 일본이 평화국가 노선을 유지할 것임을 강조하는 것이었다. 또한 미키 내각은 1976년 11월에 각의 결정을 통해 방위비를 국민총생산(GNP)의 1% 이내로 제한하는 것을 공식화했다.

1976년 10월에 일본은 안보전략 구상을 담은 방위계획대강(防衛計画大綱)을 처음으로 책정했다. 대강은 특정한 침략사태를 염두에 두기보다는 전체적으로 균형을 맞추어 방위력을 정비하자는 '기반적 방위력 구상'을 수용했으며, 이를 위해 육상·해상·항공 자위대의 협력과 종합적 방위력 강화 방안을 제시했다.[4] 또한 핵 위협에 대해서는 미국의 핵 억지력에 의존한다. 그리고 재래식무기에 의한 한정적이고 소규모적인 침략에 대해서는 일본이 자력으로 대처하며, 그 이상의 대규모 침략에 대해서는 미국과의 협력을 통해 대처한다는 방침을 밝혔다. 한편, 후쿠다 다케오(福田赳夫) 총리는 1977년 8월 동남아시아를 순방하면서 일본의 대 동남아시아 외교원칙을 표명했다. 이를 후쿠다독트린이라고 하는데 그 내용은 첫째, 일본은 군사대국이 되지 않을 것이며, 둘째, 아세안(ASEAN)국가들과 마음과 마음이 통하는 관계를 구축하고, 셋째, 대등한 파트너 관계를 구축한다는 것이었다.[5] 평화헌법을 가지고 있는 일본이 군사대국이 되지 않을 것이라는 내용을 우선적으로 언급했다는 점이 의외일 수 있다. 하지만 제2차 세계대전에서의 경험과 함께 당시 일본이 비록 GNP 1%라는 제약을 통해 군사비 지출을 억제했지만, 절대적 금액에 있어서 아세안(ASEAN) 국가들에 비해 10배 이상의 군사비를 지출하는 것

이었기에 때문에 이를 우려하는 동남아시아 국가들의 시각과 연결된 것이었다.[6]

정부는 1977년에 5년 내에 원조를 배로 증가시킨다는 원조배증계획(援助倍増計画)을 발표했으며, 이후 동남아시아 국가들에 대한 경제 원조를 더욱 강화했다. 1970년대 말의 미·소 갈등 심화를 배경으로 1978년 11월에 미일방위협력지침(가이드라인)이 체결되었다. 이는 소련의 침공을 염두에 둔 것으로 자위대와 미군의 역할 분담 등을 내용으로 하고 있다. 1979년 12월 소련의 아프가니스탄 침공은 일본의 소련에 대한 위협 인식을 더욱 강화했다. 한편, 1978년 12월에 취임한 오히라(大平正芳) 총리의 주도로 총합안전보장(総合安全保障) 개념이 제시되었다. 종합안전보장(comprehensive security)이란 평화와 안전을 도모하는 데 있어서 안보문제를 광범위하게 해석하여 군사적 측면은 물론 비군사적 측면도 함께 고려해야 한다는 주장이다. 즉 군사적 위협뿐만 아니라 경제, 재해 등 국내적 위협 요인들도 안보 차원에서 종합적으로 고려되어야 하며, 이를 위해 일정 수준의 방위력 유지와 함께 비군사적 수단을 최대한 활용해야 한다는 것이다.

1982년 11월에 취임한 나카소네 야스히로(中曽根康弘) 총리는 '전후 정치 총결산'을 주장하며, 경제적 위상에 걸맞은 일본의 국제적 역할과 기여를 강조하는 '국제국가' 일본을 표방했다. 또한 한국과의 관계 개선 및 안보협력을 염두에 두고 전두환정부의 요청을 받아들여 경제협력 차관을 제공하기도 했다. 나카소네 총리는 1983년에 관방장관 담화를 통해 무기수출 3원칙에 예외를 두어 미국에 대해서는 무기기술 공여를 허용한다고 발표했으며, 미국 방문 시에는 일본이 태평양에서 미국의 불침항모(不沈航母)가 된다는 발언을 한 것으로 알려져 있다. 레이건 대통령과 친밀한 관계를 유지했던 나카소네 총리는 미일동맹 강화와 자주방위를 강조했으며, 1987년에 과거 미키 내각에서 결정했던 방위비 1% 규정을 철폐하기도 했다.

2) 탈냉전기

소련과 동유럽의 사회주의체제가 붕괴하고 냉전이 종식됨에 따라 기존의 미일동맹 중심 외교안보전략에 대한 재고와 함께 새로운 방향을 모색해야한다는 제안들이 있었다. 1990년 8월에 이라크의 쿠웨이트 침공으로 인해 벌어진 걸프전에서 미국의 군사적 기여 요구가 있었지만 일본은 헌법상의 제약 등으로 다국적군에 참여할 수 없었다. 대신 일본은 전비로 약 130억 달러를 부담했는데, 막대한 재정적 기여에도 불구하고 인적 기여를 하지 않았다는 이유로 오히려 수표외교(checkbook diplomacy)라는 비난을 받았다. 탈냉전 초기에 일어난 걸프전에서의 경험은 일본의 외교에 있어서 대참사로 받아들여졌으며, 일본이 국제사회에서 어떠한 방향으로 변화해야하는지를 보여준 사건이었다. 이후 국제적 역할 확대를 위한 방안이

모색되었는데, 1992년 6월에는 (제한된 조건하에) UN의 평화유지활동이나 인도적 구호 활동에 자위대를 파견할 수 있도록 하는 '국제평화협력법(PKO협력법)'이 국회에서 승인되었다. 탈냉전기의 새로운 외교안보전략 수립에 화두가 된 것은 오자와 이치로(小沢一郎)로 대표되는 보통국가(普通の国)론이다. 오자와를 비롯한 보통국가론자들은 경제대국 일본이 군사적 역할을 포함하여 더욱 적극적으로 국제적 공헌을 해야 한다고 주장한다. 한편, 탈냉전을 배경으로 북한과의 관계 개선을 모색한 결과 1991년 1월부터 북일 국교정상화를 위한 1차 교섭이 시작되었다. 협상은 1992년 11월까지 8차에 걸쳐 진행되었는데 결국 합의에 이르지 못했다. 당시 의제는 기본문제(한일병합의 합법성 등), 경제문제(청구권, 전후 보상 등), 국제문제(북한 핵개발 등), 기타 관심문제(일본인 배우자 등)였는데, 국제원자력기구(IAEA)에 의한 핵사찰문제와 일본인 납치(이은혜)문제로 결렬되었다.[7] 북한에 의한 일본인 납치문제가 1990년대 중후반에 언론 보도를 통해 널리 알려지게 되면서 국민들의 반북감정이 더욱 악화되었고 북일관계의 진전을 어렵게 만들었다.

  탈냉전이라고 하는 국제 환경의 변화와 함께 국내정치적으로도 큰 변화가 있었다. 1993년 7월 총선 이후 자민당의 장기 집권이 붕괴하고 비자민연립정부가 구성되었는데, 자민당의 집권 실패와 함께 주목할 만한 결과는 사회당의 참패였다. 사회당의 몰락은 일본 정당정치 보수화의 신호였다고 볼 수 있는데, 1990년대에는 이른바 '신보수주의'적인 전후 세대의 정치인들이 주요 세력으로 등장하게 되었다. 한편, 1993년 8월에는 당시 관방장관이던 고노 요헤이(河野洋平)가 일본군위안부문제에 대해 사과한 '고노담화'가 있었고, 1995년 8월에는 사회당 출신으로 자민당과의 연립정권 총리이던 무라야마 도미이치(村山富市)가 '무라야마담화'를 통해 식민지배와 침략에 대해 사과하는 등 전향적인 태도를 취했다. 하지만 이에 비판적인 젊은 보수 우파 의원들의 모임들이 결성되는 등, 보수세력의 반발이 오히려 확대되었다.

자민당 정권이 붕괴하고 일본신당 중심의 비(非)자민연립정권이 성립되면서 기존의 미일동맹 의존을 벗어나려는 새로운 안보전략 구상들이 제시되기도 했다. 하지만 1990년대 초·중반 북한의 핵 위협과 미사일 실험, 중국의 부상과 대만에 대한 군사적 위협 등은 일본이 미일동맹을 견지하고 보통국가 노선을 추구하는 데 결정적인 영향을 주었다. 1995년에는 1976년에 만들어진 '방위대강(防衛計画の大綱)'을 대체하여 탈냉전기의 방위전략을 담은 새로운 방위대강이 제시되었다. 여기에는 UN의 평화유지 활동에 대한 협력이 일본의 방위에도 중요하며 자위대의 역할 확대, 특히 한반도 및 일본 주변의 위협에 대처하는 것이 중요하다는 내용이 담겨있다.[8] 방위대강은 이후 2004년, 2010년, 2013년 등 수차례 개정되었다. 탈냉전으로 표류하던 미일관계는 1996년의 미일안전보장 공동선언과 1997년의 미일방위협력지침 개정 등을 통

해 다시 공고해졌다. 미국과 일본은 미일동맹이 아시아·태평양 지역의 안정에 중요하다는 점을 확인했고 평시와 전시 상황에서의 협력 내용 등을 구체화 했다.

2001년 4월에 취임한 고이즈미 총리는 미일동맹 강화에 더욱 적극적이었으며 이를 활용해 일본의 국제적 활동 범위를 넓혔다. 미국에서 9·11테러가 발생한 직후인 2001년 10월에는 '테러대책특별조치법'을 통과시켰으며 해당국의 동의를 얻어 자위대의 해외 지원 및 구호활동 등이 가능하도록 했다. 이어서 2003년에는 '이라크부흥지원특별조치법'을 제정했고 UN활동과 무관하게 자위대의 해외 지원이 가능하도록 했다. 2004년 12월에는 관방장관 담화를 통해 탄도미사일방위 협력에 있어서 미국과 공동 개발·생산하는 경우에는 무기수출 3원칙을 적용하지 않는다고 발표했다. 이러한 조치들은 미일동맹의 강화와 함께 자위대의 해외 활동 범위와 지역이 확대되고 있음을 의미한다.

한편, 고이즈미는 그동안 진전이 없었던 북한과의 국교정상화 협상을 재개했으며 2002년 9월에 방북하여 김정일과 정상회담을 진행했다. 당시 일본의 관심사는 납치문제와 핵문제였으며 북한은 경제협력에 관심을 두었는데, '평양선언'을 통해 국교정상화에 대한 공통의 인식을 표명했다.[9] 하지만 고이즈미의 9월 방북 당시 납치된 일본인들 중 일부가 이미 사망했다는 사실이 드러났으며, 고이즈미 총리가 2004년 5월에 재방북 했을 때 납치 피해자 가족들 중 일부만을 데리고 귀국하면서 국내 여론이 더욱 악화되었다. 이후 고이즈미정부는 납치문제 해결을 북일 수교의 전제 조건으로 삼을 수밖에 없게 되었고, 이에 따라 북일관계의 개선은 더욱 어려운 과제가 되었다.[10] 고이즈미에 이어 총리에 취임한 아베는 고이즈미 시기 악화된 동아시아 국가들과의 관계를 개선하고자 노력하기는 했지만, 보수 이념을 중시하고 수정주의적 역사관을 지닌 정치인이었기 때문에 중국, 한국과 같은 주변국들과의 관계 개선에 한계가 있었다고 할 수 있다. 가치관 외교를 내세운 아베 내각은 2006년 11월에 아소(麻生太郎) 외무대신이 자유와 번영의 호(arc of freedom and prosperity) 구상을 제시했다. 즉 자유, 민주주의, 인권과 같은 보편적 가치를 공유한 미국과 호주, 인도 및 유럽연합(EU) 국가 등과 협력하여 정치, 경제적 안정을 이루겠다는 것이다. 따라서 이는 권위주의 국가인 중국을 견제하겠다는 의도를 내포하고 있었다고 할 수 있다. 아베정부는 2007년 1월에 방위청을 방위성(防衛省)으로 승격시켰다. 자위대의 해외 활동 강화를 위한 노력도 계속 되었는데, 2009년에 소말리아 아덴만의 해적 소탕 활동에 참여한 것을 계기로 아프리카의 지부티(Djibouti)에 주둔하던 해상자위대가 2011년 7월에 군사기지 건설을 완공하여 이 지역의 거점으로 삼았다.

3) 민주당 정부의 외교안보정책

2009년 8월 중의원선거를 통해 정권교체에 성공한 민주당의 하토야마 총리는 '동아시아 공동체'를 강조하며 대 아시아 외교를 강화하겠다는 의지를 표명했다. 2009년 12월에는 오자와 간사장이 민주당 의원 143명이 포함된 대규모 방문단을 이끌고 중국을 방문하여 후진타오 주석을 만나기도 했다. 반면 미일관계에 있어서는 대등한 동맹관계를 내걸었는데, 후텐마 기지의 국외 이전 또는 오키나와 현외(県外) 이전 문제에 대한 신뢰 추락과 본인의 정치자금문제 등이 겹치면서 9개월 만에 사임하게 되었다. 이후 간 총리와 노다 총리가 차례로 집권했는데 이들은 하토야마와 달리 미일동맹을 강조했으며, 2010년 9월의 센카쿠열도 어선충돌 사건을 계기로 중국과는 더욱 대립적 관계를 형성하게 되었다. 미국의 오바마정부가 표방한 아시아로의 회귀(pivot to Asia), 아시아 재균형(rebalancing Asia) 전략은 중국과의 갈등을 더욱 심화하는 배경이 되었다.

민주당 정권은 2010년 12월에 2004년부터 지속되었던 기존의 방위계획대강을 대체하는 새로운 대강을 발표했다. 여기에는 기존의 기반적(基盤的) 방위력과 구별되는 동적(動的) 방위력 개념이 제시되어 있는데, 냉전시대에 만들어진 기반적 방위력 구상이 방위력의 존재에 의한 억지효과에 중점을 두었다면, 새로운 안보환경에서는 방위력의 운용(運用)이 중요하고, 억지의 신뢰성이 중요하기 때문에 동적 방위력 구상이 필요하다고 기술하고 있다.[11] 여기서 동적방위력이란 즉응성, 기동성, 유연성, 지속성 및 다목적성을 갖추고, 군사기술수준의 동향에 입각한 고도의 기술력과 정보능력에 의해 지탱되는 방위력이라고 규정하고 있다. 이에 대해 당시 기타자와(北澤俊美) 방위대신은 동적방위력 운용에서 있어서 첫째, 정보수집과 경계감시, 정찰활동과 같은 평상시 활동의 상시적, 전략적 실시. 둘째, 각종의 사태에 대한 신속하고 지속적인 대응. 셋째, 국제협력의 증대와 문제해결을 위한 다층적인 협력 추진을 세 가지 원칙으로 제시했다.[12] 민주당 정부는 일본 남서(南西)지역 방위태세의 강화와 도서지역 침략에 대한 대응 등에 관심을 쏟았는데 이는 중국의 위협을 염두에 둔 것이었다. 노다 내각은 2011년 12월에 관방장관 담화를 통해 전투기 등의 국제공동 개발·생산 참가, 유엔평화유지활동(PKO) 등 평화구축·인도적 목적에 있어서 장비품 공여를 무기수출 3원칙의 예외로 정했음을 발표했다.[13] 이와 같은 무기수출 3원칙의 완화는 비용 감축이나 기술 이전을 바라는 방위산업계의 요구를 반영한 것이었으며, 민주당의 안보정책 또한 자민당과의 연속선상에 있음을 보여주는 사례이다.[14]

4) 아베정부의 외교안보정책

2012년 말의 중의원선거에서 압승을 거두고 재집권하게 된 아베정부는 2013년 12월에 새롭게 설치된 국가안전보장회의를 통해 국가안전보장전략(国家安全保障戦略)을 제시했다.[15] 여기에는 일본의 국가안보전략 기본 이념으로 국제협조주의에 기초한 적극적 평화주의(積極的平和主義)의 입장에서 아시아태평양 지역의 평화와 안정을 실현하고 국제사회의 평화와 안정 및 번영을 확보하기 위해 적극적으로 기여한다고 서술하고 있다. 또한 일본의 국익으로는 평화와 안전, 경제발전(번영)과 함께 보편적 가치와 규칙에 기초한 국제질서의 유지·옹호를 내세웠다. 적극적 평화주의는 2013년 9월에 있었던 UN 총회 연설에서 제시한 개념으로, 아베 총리는 적극적 평화주의 입장에서 평화유지활동(PKO)을 포함한 UN의 집단안보 조치에 적극적으로 참여할 수 있도록 도모하겠다고 언급했다(proactive contribution to peace).[16] 한편, 참의원에 제출한 답변서에 의하면 적극적 평화주의(proactive pacifism)의 내용은 국제사회의 인권확대, 빈곤감소, 국제보건, 교육 등의 분야에서 활동을 강화하는 것을 포함하고 있다.[17] 즉 아베 총리가 제시하고 있는 적극적 평화주의란 국제적 차원에서 인간안보 또는 비전통적인 안보 분야는 물론이고 전통적(군사적) 안보 분야에서도 적극적인 역할을 하겠다는 의지를 담고 있다고 할 수 있다. 적극적(proactive)이라는 표현은 일본의 전통적인 대외정책을 규정하는 반응 국가(reactive state)라는 개념과 대비된다는 점이 흥미롭다.

아베정부는 또한 민주당 시절 만들어진 방위계획대강을 대체하기 위해 2013년 12월에 새로운 방위계획대강을 제정했다.[18] 여기에는 평시도 전시도 아닌 그레이존(grey zone) 사태에 대해 여러 번 언급하고 있으며, 북한의 핵·미사일 위협, 중국의 공세적인 군사 행동에 대한 우려를 담고 있다. 대강은 또한 통합기동방위력(統合機動防衛力) 구축을 강조하고 있으며, 미일동맹이 일본과 아시아태평양은 물론 전 세계의 안정과 번영을 위한 공공재(公共財)로 기능하고 있다고 기술하고 있다.

일본의 군사안보 능력 및 미일동맹 강화를 위한 아베정부의 노력이 계속되었는데, 2014년 4월에는 방위장비의 수출과 국제공동개발에 관한 방위장비이전 3원칙(防衛裝備移轉三原則)이 각의 결정되었다. 이는 무기수출 3원칙을 사실상 폐기한다는 것을 의미한다. 같은 해 7월에는 제한적 조건하에서 집단적 자위권을 용인할 수 있도록 하는 안이 각의 결정 되었으며, 후속 조치로 2015년 9월에는 11개의 안보법안이 통과되었다. 법안들은 자위대 및 UN 평화유지활동 등에 관한 것이었다. 일본정부는 오랫동안 헌법 9조에 의해 집단적 자위권의 행사가 제약 받는 것으로 해석했었는데, 2014년 7월의 각의 결정을 활용한 '해석개헌'을 통해 미일동맹을 통한 국제적 역할 확대를 가능하게 만들었다. 2015년 4월에는 1997년 이후 유지되던 기존의 미일방위협력지침(가이드라인)을 개정하여 미일동맹이 지역 및 글로벌 차원에서 적극적으로 작동할 수 있도록 했다. 또한 2015년 10월에는 경제적 측면에서의 동맹 강화를 위해 환태평양경제동반자협정(TPP)이 타결되었다. 이는 수출 증가와 고용확대 등의 경제적 목적 외에도 미일동맹 강화 및 중국 견제를 염두에 둔 것이었다. 다만 2017년 1월 트럼프 대통령의 취임 후 미국이 협정에서 탈퇴함에 따라, 일본이 주도하는 포괄적·점진적 환태평양경제협정(Comprehensive and Progressive Agreement for Trans-Pacific Partnership)이 2018년 12월에 발효되었다.

2000년대 중반부터 중국의 위협에 대한 우려가 증대되면서 가치관 외교와 '자유와 번영의 호'라는 전략을 내세웠던 아베 총리는 또한 일본과 미국, 호주, 인도를 연결하여 중국을 견제하고자 하는 '안보 다이아몬드' 구상을 제시했다. 2012년 12월에 기고문(Asia's Democratic Security Diamond)을 통해 아베 총리는 남중국해가 베이징의 호수(Lake Beijing)가 되어가고 있다는 표현을 인용하면서, 중국의 영향력 확대에 대한 우려를 표명했고 태평양과 인도양에서의 평화와 안정, 항행의 자유는 불가분의 관계라고 주장했다.[19] 이는 2016년 8월에 케냐에서 열린 아프리카개발회의(Tokyo International Conference on African Development)에서 제시한 자유롭고 열린 인도태평양(Free and Open Indo-Pacific) 구상으로 연결된다. 미국의 트럼프 대통령 또한 2017년 11월 베트남에서 열린 APEC 회의에서 이를 언급했으며, 중국의 부상에 대한 대응전략이자 새로운 지역전략 개념으로 진화하는 중이다. 하지만 일본의 이러한 구상이 중국에 대한 견제만을 강조하는 것은 아니며 경제적 협력과 공생 또한 염두에 두고 있다고 할 수 있다.

한편, 2010년 센카쿠열도 어선 충돌 사건 이후 일본은 이 지역에서의 중국의 공세적 행동을 더욱 우려하게 되었다. 그 결과 2010년에 작성한 방위대강에는 도서(島嶼)지역의 침략에 대한 대응 방안이 이전보다 더욱 구체적으로 제시되었으며, 2011년의 방위백서에도 미일공동통합 훈련을 비롯하여 도서방위에 대한 훈련 방안을 자세하게 기술했다.[20] 이러한 노력은 아베 정권에서도 계속되어 2018년 3월에는 육상자위대 소속으로 해병대와 유사한 수륙기동단(水陸機動団)이 창설되었다.[21]

아베 총리는 처음 집권했던 2006~2007년에 국회에서 행한 소신표명연설(所信表明演説)에서 '주장하는 외교'를 내세우며 세계와 아시아를 위한 미일동맹, 아시아 국가들과의 연대 강화를 강조했고, 세계의 평화와 안정 없이 일본의 안전과 번영도 없다고 언급했다.[22] 또한 2차 아베 내각이 발족한 이후 2013년 1월의 국회 소신표명연설에서는 '지구의(地球儀)를 부감(俯瞰)하는 외교'를 내세웠다. 이는 글로벌 차원의 외교를 의미하는 것으로 2019년 10월에 있었던 소신표명연설에서는 지구의를 부감하는 외교의 내용으로 미일동맹을 기축으로 영국, 프랑스, 호주, 인도 등 기본적 가치를 공유하는 국가들과 자유롭고 열린 인도태평양을 실현하겠다고 언급했으며, 2020년 봄에 예정되었던 시진핑 주석의 방일을 계기로 중일관계를 신시대를 열겠다고 강조했다.[23] 이처럼 아베 총리는 일본의 국제적 기여 확대와 위상 제고, 양자관계를 넘어선 글로벌 외교와 전략을 강조하고 있음을 알 수 있다. 아베 총리는 2013년 1월의 동남아시아(베트남·태국·인도네시아) 방문과 2월의 미국 방문 이후 2020년 1월까지 총 81개국 및 지역을 방문했다.[24]

2. 경제외교

1) 원조외교[25]

샌프란시스코 강화조약 발효 후 주권을 회복한 일본으로서는 아시아 주변국들과의 관계 개선이 필수적이었다. 일본은 전쟁 시의 피해 보상을 위한 배상외교(賠償外交)를 통해 동아시아 국가들과의 국교정상화에 나섰고, 1954년에는 아시아 국가들의 생활수준 향상을 목표로 하는 콜롬보계획(Colombo Plan)에 가입했다. 일본의 초기 원조는 현금 제공보다는 일본인 기술자에 의한 용역, 기계나 발전소 등을 공여하는 방식이었으므로 일본의 경제성장에도 도움이 될 수 있었다.[26] 일본이 본격적으로 공적개발원조(ODA: Official Development Assistance) 활동에 집중하게 된 것은 1970년대 중후반부터라고 할 수 있다. 1960년대 일본은 동남아시아 지역에서의 자원 확보와 생산기지 건설을 위한 투자에 집중했고, 수출 또한 급증했다. 하지만 이러한 과정이 일본의 경제적 침략으로 인식되면서 일본과 일본인에 대한 부정적 인식이 늘어났으며, 1972년 말 태국에서는 일본 제품에 대한 불매운동이 벌어지기도 했다. 특히 다나카 총리가 1974년 1월에 인도네시아를 방문했을 때에는 현지에서의 강력한 반일 시위를 목격하게 되었다. 이를 배경으로 후쿠다정부는 1978년에 3년 안에 원조액을 두 배로 늘리겠다는 목표를 공표했으며 ODA 예산을 대폭 증가시켜 동남아시아를 중심으로 적극적인 원조외교(aid diplomacy)에 나섰다. 그 결과 1990년대에는 약 10여 년간 일본이 세계 최대 공여국의 위치를 차지하기도 했지만 ODA 지출액은 경기침체와 국내의 비판 여론 등을 배경으로 2000년도 이후 대체로 감소하는 추세를 보여주었다. 하지만 여전히 주요 공여국으로서의 위치를 차지하고 있다.

일본의 원조외교 전개 과정은 외무성의 2014년도 ODA 백서(2014年版 政府開発援助 白書)의 '원조 60주년의 성과와 지향점'에 잘 정리되어 있다.[27] 이에 따르면 1950년대부터 1960년대까지는 배상과 경제협력을 통해 아시아 국가들과의 관계를 개선하는 한편, 수출시장의 확대를 통해 일본경제의 부흥을 도모하며 ODA를 시작한 시기이다. 1960년대부터 1980년대까지는 일본이 경제력 상승을 바탕으로 ODA를 양적으로 확대하면서 협력의 방식이나 대상 지역을 다양화 한 시기라고 할 수 있다. 일본은 1989년에 미국을 제치고 세계 최대 ODA 공여국이 되었는데, ODA의 양적 확대와 국내 비판 여론의 증가 등을 배경으로 ODA정책을 체계화, 명문화할 필요성을 느꼈다. 이를 위해 1992년에는 정부의 공적개발원조(ODA)대강을 책정했는데 첫째, 인도적 고려, 둘째, 상호의존 관계의 인식, 셋째, 환경의 보전, 넷째, 개발도상국의 부상을 위한 자조적 노력의 지원을 원칙으로 내세웠다.[28] 이러한 ODA 이념 책정의 배경에는 또한 기존의 원조외교 행태에 대한 국제적 비판이 자리 잡고 있다. 과거 일본의 원조외교는 자원의 안정적 공급원과 수출시장 확보 수단으로 이용되면서 아시아에 편중된 지원 행태를 나타냈다. 또한 유상원조의 비율이 높고 구속성(tied) 원조를 통해 경제 인프라 건설 등에 집중하면서 일본 민간기업들의 이익에 기여하도록 집행되었다는 비판을 받았다. 즉 인도주의적 목적이나 최빈국을 우선시하지 않고 자국의 경제적, 외교적 이익에 중점을 두었다는 지적이 많았다. 하지만 1990년대에 들어서 일본은 ODA의 지역 배분은 물론 지원방식이나 분야를 다양화 하면서 국제 규범을 상당히 수용했다고 할 수 있다. 아시아 편중 현상이 완화되어 중동이나 아프리카 지역 국가들에 대한 지원이 증가했고 비구속식(untied) 차관이 주가 되었으며, 지원 분야의 경우도 환경, 빈곤감소와 교육, 보건위생 분야에 중점을 두게 되었다. 지난 수십 년간의 일본의 ODA는 첫째, 미국의 외교정책에 대한 협조, 둘째, 일본의 경제성장에 활용, 셋째, 일본의 번영과 평화에 대한 기여, 넷째, 인도주의, 다섯째, 상대국의 요청에 대한 대응이라는 다섯 가지 원칙을 기초로 수행되었다고 할 수 있다.[29]

일본의 ODA 지출액은 2000년도에 역대 최대 금액인 135억 800만 달러를 기록한 이후 대체로 감소 추세를 보이다가 2000년대 중반 이후에는 대체로 100~110억 달러 수준의 금액을 지출하고 있다. 2000년대에 들어 일본의 ODA정책이 과거와 같이 경제적, 외교적 이익을 중시하는 경향이 강화되었다는 지적이 있다. 2003년에 개정된 신ODA대강은 일본 ODA의 목적이 국제사회의 평화와 발전에 공헌하는 동시에 일본의 안전과 번영을 확보하는 데 이바지하는 것이라고 명시하고 있다.[30]

신ODA대강은 평화구축과 함께 '인간안보를 강조했다. 인간안보란 1994년 유엔개발계획(UNDP)의 '인간개발보고서(Human Development Report)'에서 제시된 개념으로, 일본에서는 1995년 무라야마 총리가 국회연설을 통해 정책 개념으로 언급했으며 당시 외무대신이던 오부치 전 총리가 일본 ODA의 주요 정책 방향으로 이를 강조했다.[31] 인간안보는 '공포로부터의 자유(freedom from fear)'와 '결핍으로부터의 자유(freedom from want)'라는 두 가지 개념으로 이해되는데, 일본은 후자의 입장으로 빈곤과 기아, 보건 및 의료, 교육 분야에 더욱 관심을 두었다. 특히 오부치 총리는 1998년 12월에 UN에 '인간안보기금'을 설치하겠다고 제안했으며 1999년 3월 인간안보기금으로 5억 엔을 제공한 이후 지속적으로 기여하고 있다.[32] 이러한 움직임은 군사적 행동이 제한되어 있는 일본이 비군사적, 비전통적 방식으로 국제적 기여를 강화하고 위상을 높일 수밖에 없는 현실이 반영되어 있다고 할 수 있다. 한편, 고이즈미 총리가 집권하게 되면서 경제회복을 위한 조치의 하나로 ODA 예산 삭감이 이루어졌는데, 일본 국민들의 원조피로(aid fatigue)가 증가하면서 예산 삭감을 지지하는 사람들이 더욱 늘어났다.[33] 신ODA대강은 이를 배경으로 국익을 강조하는 측면이 강화되었다. 2005년에 일본은 2008년 베이징 올림픽 이후 대 중국 엔차관 협력을 종결하겠다는 방침을 중국에 통보했는데, 이는 대 중국 원조에 대한 비판을 수용한 것이었다.

2009년 8월 민주당이 집권한 이후에도 기존의 ODA정책 기조에는 큰 변화가 없었다. 하지만 ODA대강의 개정이 필요하다고 인식했고, 이를 위해 2010년 6월 외무성은 '열린 국익의 증진(開かれた国益の増進)'이라는 보고서를 발표했다.[34] 보고서에는 국제적 차원에서 기후변화나 테러와 같은 지구적 규모의 문제 증가와 자원과 시장 확보를 위한 경쟁의 격화, 국내적 차원에서 경제 및 재정 상황의 악화와 ODA에 대한 국민들의 지지 하락으로 ODA대강의 개정이 필요하다는 주장이 담겨있다.

2010년 센카쿠열도 충돌사건 이후 중일갈등의 심화는 일본의 대 동남아시아 원조를 더욱 강화하는 계기가 되었다. 동남아시아 국가들에 대한 일본의 양자 간 ODA는 1990년대 후반부터 감소하는 추세였지만 2000대 후반부터는 다시 증가하게 되었다. 즉 외교안보적 이익이 ODA정책에 영향을 준 것으로 볼 수 있다. 이러한 변화를 반영하듯 2013년 12월에 각의 결정된 '국가안전보장전략'은 ODA를 안보 전략에 활용하도록 제안했다. 2014년 기시다(岸田文雄) 외무상은 일본의 ODA 60주년을 맞아 정책 개편이 필요함을 강조했고 2015년 2월에는 개발협력대강(開発協力大綱)이 각의 결정되었다. 기존의 ODA대강과 다른 명칭에는 ODA를 폭넓게 정의하고 다른 국가들과의 협력을 용이하게 하려는 의도가 담겨 있다.[35] 새로운 대강에는 아베 정권의 적극적 평화주의가 반영되어 있으며 평화유지활동(PKO)과 연계할 수 있도록 했다. 또한 비군사 분야에서 다른 나라의 군(軍)을 지원할 수 있고, 민간투자와 연계한다는 점 등이 특징적이다.[36] 일본은 ODA정책은 자국의 경제적, 외교적 이익과의 연계라는 속성을 유지하고 있지만 동시에 국제규범을 상당 부분 수용하면서 발전해 왔다고 할 수 있다. 하지만 최근 일본의 ODA정책은 경제적, 외교적 이익의 측면이 강화되었고 지역으로서 동남아시아가 더욱 중시되고 있다.

2) 동아시아 경제협력

패전 후의 헌법적 제약으로 군사·안보 분야에서 적극적인 참여와 협력이 어렵게 된 일본으로서는 급속한 경제성장을 배경으로 경제력을 활용한 대외관계에 집중할 수밖에 없었다. 특히 동남아시아 국가들과의 관계가 중심이 되었는데, 이 지역에 대한 일본 기업들의 적극적 진출과 성장이 일본에 대한 거부감과 갈등의 원인이 되기도 했다. 한편, 동아시아 지역에서 일본 주도의 경제협력 및 분업구조를 설명하기 위해 안행형모델(flying geese model)이 제시되기도 했는데, 이는 브이(V)자 모양으로 날아다니는 기러기떼처럼 일본이 선도하고 다른 아시아 국가들이 이를 따르는 기술발전, 산업발전 패턴을 의미한다. 이처럼 안보 분야에서의 미국에 대한 절대적 의존과 달리, 경제적으로는 세계 제2위의 대국으로 부상한 일본은 미국경제의 상대적 약화를 배경으로 동아시아 지역에서 다자주의(multilateralism)를 강화하려는 노력을 보여기도 했다. 즉 냉전기 미국이 이 지역에서 수행한 바큇살 전략(hub and spoke strategy)에 따라 미국과의 양자관계가 중심이던 동아시아 지역에서 경제관계 만큼은 다자주의적 움직임이 상대적으로 많았다. 하지만 지역경제협력체 형성을 주도하려는 일본의 노력들은 대체로 미국을 포함하는 방식으로 추진되었다.

일본이 구체적인 지역경제공동체 구상을 제시한 것은 1978년 오히라(大平正芳) 총리가 제안한 환태평양연대구상(環太平洋連帶構想)이 출발점이라고 할 수 있다. 이 구상은 아시아 국가들은 물론 미국, 캐나다, 호주, 뉴질랜드 등을 포함한 경제협력체 구성을 목표로 하는 것이었다. 이후 일본이 적극적인 역할을 통해 성과를 거둔 것은 호주와의 협력을 통해 1989년 11월에 설립한 아시아태평양경제협력체(APEC: Asia-Pacific Economic Cooperation)이다. 탈냉전기에 아시아 지역에 대한 영향력을 지속하고자 하는 미국의 의도는 APEC의 설립에 우호적인 배경이 되었다. 탈냉전기의 미일동맹을 통해서도 언급되는 '아시아태평양'은 당시 일본이 군사·경제적 이익을 구상하는 데 있어서 기본적인 지역 개념이었다고 할 수 있다. 따라서 일본은 대체로 1990년대 중반까지 동아시아 중심의 지역주의(regionalism)에 대해서는 소극적 입장을 보여주었다.[37] 1992년에는 말레이시아의 마하티르 총리가 일본이 주도하는 동아시아경제협의체(EAEC: East Asia Economic Caucus)를 제안하기도 했지만 미국의 반대는 물론 일본도 거부하는 입장을 나타냈다. 일본의 입장을 적극적으로 변화시킨 것은 1997년의 동아시아 금융위기이다. 1980년대 중반 이후 동남아시아 지역에서 생산 네트워크를 확대해온 일본에게 이들 지역 국가들의 위기는 현지의 일본 기업, 이들에게 투자한 국내 금융기관의 위기로 이어질 수 있는 것이었다.[38] 또한 국제통화기금(IMF: International Monetary Fund)의 대응에 대한 불만과 미국을 비롯한 서구 국가들의 소극적 반응은 일본 및 다수의 동아시아 국가들에게 아시아 정체성을 인식하는 계기가 되었다.[39] 한편, 중국의 부상과 동아시아 경제협력에 대한 적극적 태도도 이를 견제하기 위한 일본의 움직임으로 이어졌다.

1997년 7월 태국 바트화의 폭락으로 시작된 금융위기 직후 일본은 미국이 제외된 아시아통화기금(AMF: Asia Monetary Fund) 설립을 제안했지만, 미국의 반대와 아시아 국가들의 소극적 태도로 무산되었다. 일본은 1998년 10월에는 아시아 국가들에 대한 독자적인 금융지원 계획인 신미야자와구상(新宮沢構想)을 발표하는 등 동아시아 지역의 경제공동체 형성을 위한 노력을 계속했으며, 2000년 5월에 치앙마이 이니셔티브(Chiang Mai Initiative)로 결실을 맺게 되었다. 치앙마이 이니셔티브는 당시 아세안+3(APT: ASEAN Plus Three) 재무장관 회의에서 통화스와프(currency swap) 협정에 합의한 이후 2009년에는 공동기금 창설에 합의하는 등 상대적으로 제도화 수준이 높은 지역금융협력체제로 발전했다. 하지만 이와 같은 동아시아 중심의 배타적 공동체에 대한 관심은, 중국의 경제적 위상 강화를 배경으로 미국과 연계된 '아시아태평양' 지역에 대한 관심으로 전환되었다.[40] 이처럼 일본의 동아시아 협력 구상이 1997년 동아시아 금융위기를 계기로 배타적 성향을 보인적은 있지만, 2000년대 자민당 정부의 동아시아 구상은 대체로 열린 지역주의의 추구라는 특징을 보인다.[41] 즉 아세안 중심의 동아시아 협력을 추진했지만 한중일 3국은 물론 호주나 뉴질랜드 등의 참여를 추구한 것이다.

동아시아 지역공동체의 멤버십(membership)문제는 일본과 중국의 입장 차이를 잘 보여주고 있다. 2004년 아세안+3 회담에서 동아시아정상회의(EAS: East Asia Summit) 설립이 합의되었다. 당시 일본은 APT 13개국을 회원으로 제한하려는 중국에 대해 회원국의 확대를 강하게 주장했으며 2005년 12월 개최된 회의에는 결국 호주, 인도, 뉴질랜드(ASEAN+6)가 추가되었다. 이는 중국의 주도권을 우려하는 일본의 입장을 보여주는 것이었다. 2011년에는 러시아와 미국이 동아시아정상회의의 회원국이 되었다.

중국에 대한 일본의 견제는 또한 지역공동체 구성에 있어서 경제 이외의 요인들을 강조하는 것으로 나타났다. 2006년 아베정부가 강조한 가치관 외교와 '자유와 번영의 호' 구상은 중국 배제적인 성격을 띠고 있었으며, 2009년 취임한 오바마정부의 아시아 중시 정책은 일본과 중국 간의 협력이 필수적인 동아시아 지역공동체의 실현을 더욱 어렵게 만들었다. 2009년 9월에 취임한 민주당의 하토야마 총리가 동아시아공동체를 강조하기도 했지만 곧 사임하게 되었고, 간 총리 취임 후인 2010년 9월에는 센카쿠 해역에서 중국 어선 충돌 사건이 발생했다. 한편, 간정부는 2010년 10월부터 미국이 주도하는 환태평양경제동반자협정(TPP: Trans-Pacific Partnership) 참여를 논의하기 시작했는데, TPP는 아시아태평양지역에서 중국을 경제적 영향력을 견제하기 위해 미국이 주도하는 자유무역협정이었다. 이러한 움직임에 대항하여 중국은 역내포괄적경제동반자협정(RCEP: Regional Comprehensive Economic Partnership)을 타결하는 데 주력했다. 한편, 2012년 자민당의 아베 총리가 재집권한 이후에는 기존의 '아시아태평양'을 대체하여 '인도태평양(Indo-Pacific)'이 일본의 지역공동체 구상의 중심 개념이 되었다.

11장

미일동맹과 중일관계

일본의 대외관계에 있어 가장 중요한 두 나라를 꼽는다면, 미국과 중국이 될 것이다. 전후 냉전이 시작되면서 적대국에서 동맹국으로 전환된 일본과 미국의 관계는 탈냉전 초기의 흔들림 이후 1990년대 중반부터 다시 강화되기 시작했으며, 중국의 부상과 북한의 미사일·핵개발이 최대 위협으로 인식되면서 더욱 공고해졌다. 또한 일본의 외교안보정책이 국제적 역할 확대와 위상 강화로 전환되면서 미일동맹의 유용성이 더욱 증가했다. 한편, 일본과 중국은 1972년의 국교정상화 이후 대체로 우호적인 관계를 유지했으며, 비록 역사문제와 영토문제 등이 불거졌지만 경제적 상호 이익을 바탕으로 정치적 갈등과 경제적 협력이 공존하는 상황이 한동안 지속되었다. '정냉경열(政冷経熱)'로 표현되던 양국관계는 2010년의 센카쿠열도에서의 중국어선 충돌 사건 이후 급격히 악화되었고 갈등 상황이 장기화되었다. 하지만 2018년 10월 아베 총리의 중국 방문 이후 양국 정상 간의 만남이 빈번해지면서 개선의 여지를 남겼다.

1. 미일동맹

1) 태평양전쟁 이전의 미일관계

미국의 페리(Matthew C. Perry) 제독은 1853년 6월 현재의 도쿄만에 접근하여 일본의 개항을 요구했다. 이후 1854년 1월에 군함 7척을 이끌고 돌아온 페리는 막부와 담판을 요구했고, 결국 3월 31일에 일미화친조약(가나가와조약)이 체결되었다. 굴욕적인 개항에 대한 비판은 막부 통치의 종식과 메이지유신으로 이어졌으며, 근대적 국가를 수립한 일본은 서구식 제도를 도입하며 아시아의 강대국으로 성장하기 시작했다. 1894~1895년의 청일전쟁에서 일본이 승리한 이후 만주 지역을 둘러싼 러시아와의 갈등이 심화되었고, 이에 대한 대응책으로 1902년에 영국과 동맹을 맺었다. 일본은 점차 제국주의 성향을 드러냈고 1905년에는 일본의 가쓰라(桂太郎) 총리와 미국의 태프트(William Howard Taft) 육군 장관이 미국의 필리핀 지배와 일본의 조선 지배를 서로 용인하는 밀약을 맺었다(가쓰라-태프트 밀약). 하지만 남만주 지역에서는 철도 이권을 둘러싸고 양국이 서로 대립하기도 했다. 일본은 제1차 세계대전(1914~1918)에 연합국의 일원으로 참여했으며, 전후에는 승전국의 지위와 함께 강대국 대열에 합류하게 되었다. 전쟁이 끝났음에도 미국과 일본 및 영국의 해군력 강화를 위한 군비 경쟁이 계속됨에 따라 각국은 재정적 어려움을 겪게 되었다. 이를 타개하기 위한 미국의 제안으로 1921년 11월부터 1922년 2월까지 워싱턴 군축회의가 열렸고, 미국, 영국, 일본, 프랑스, 이탈리아는 해군력(주력함의 보유 비율)을 각각 5:5:3:1.67:1.67로 유지하기로 결정했다. 군축회의의 배경에는 일본의 팽창을 억제하려는 의도도 담겨 있었는데, 타협은 했지만 원하던 수준보다 해군력을 축소하게 된 일본으로서는 만족스러운 것은 아니었다. 한편, 19세기 말 20세기 초부터 시작된 유럽의 황색 인종에 대한 경계심(yellow peril)이 미국 내에서도 확산되었고, 1924년의 이민법(Immigration Act)으로 인해 아시아 이민자들의 상당수를 차지하던 일본인들의 미국 이민이 금지되기도 했다. 1931년 만주사변이 일어나자 미국은 일본에 전쟁 중단을 촉구했으며 1937년 중일전쟁이 시작된 이후 일본의 세력 확대를 저지하고자 노력했다. 특히 일본이 동남아시아 지역에서 영향력을 확장하자 1941년 영국, 네덜란드 등과 함께 대일 경제제재 및 석유수출 금지 조치를 취했다. 석유수입의 상당 부분을 미국에 의존하고 있던 일본은 같은 해 12월 7일에 진주만을 공습했다.

2) 전후의 미일동맹체제

점령 당국은 일본의 비군사화(demilitarization)정책을 추진했고 헌법 9조를 통해 군대를 보유할 수 없도록 했다. 하지만 미국의 정책은 냉전의 형성과 함께 변화하게 되었다. 1947년 미국은 트루만독트린을 통해 경제적, 군사적 원조를 통해 공산주의 세력의 확대를 저지하겠다는 의지를 밝혔고, 팽창하던 소련과의 갈등은 더욱 심화되었다. 한편, 1949년 10월에는 중화인민공화국이 수립되어 중국이 공산화되었으며 1950년 6월에는 한국전쟁이 발발했다. 냉전이 시작되면서 미국의 일본에 대한 정책이 변화되었는데, 유럽에서의 마샬플랜(Marshall Plan)과 마찬가지로 일본의 경제 부흥이 주요 목표가 되었고 일본의 재무장이 논의되었다. 미국은 일본에 재군비를 요구했지만 일본은 부정적 입장을 견지했으며 제한적 재군비 안을 제시했다. 맥아더 총사령관은 한국전쟁으로 인한 주일 미군의 한반도 파병에 따른 공백을 메우기 위해 7만 5,000명 규모의 경찰예비대 창설과 해상보안청 인원의 8,000명 증원을 요구했다. 그 결과 1950년 8월에 경찰예비대가 창설되었으며 해상보안청의 증원이 있었다. 이들은 1954년 7월에 설립된 육상·해상 자위대의 모태라고 할 수 있다.

1951년 9월 8일 샌프란시스코 강화조약이 조인되던 날, 미국과 일본은 미일안보조약에 서명했다. 당시 일본 국내에는 미국과의 단독강화(単独講和)론과 소련을 포함해야 한다는 전면강화(全面講和)론이 대립되어 있었는데, 요시다는 미국과의 단독강화를 우선적으로 선택했다. 미일안보조약의 핵심 내용은 일본이 미국의 군대 주둔을 허용하고 미국이 이를 수락하며, 일본이 무력 공격을 받을 경우 미군이 도와준다는 것이다. 미일안보조약에 대해 내란에 대한 개입이나 형사재판권문제와 같이 일본의 주권을 침해하는 요소가 있다는 점, 유사시 일본이 미국에 기여하기는 어려운 비대칭적인 조약이라는 등의 비판이 있었다. 또한 동맹의 관점에서 평가했을 때 조약에는 공통의 위협인식이나 군사적 운용 방식 등에 대한 규정이 부족했다.[1] 즉 미국과 달리 일본은 소련의 위협이 심각하다고 인식하지 않았으며, 군사적인 충돌이 발생했을 경우에 일본정부와의 협의문제나 자위대와의 관계 등에 대한 구체적 조항이 없었다. 사회당과 같은 혁신세력은 비무장 중립을 주장하고 군사기지에 반대했다. 특히 냉전이 심화되면서 일본이 미국과의 동맹관계로 인해 전쟁에 말려들 수 있다는 우려 때문에 미일안보조약은 강한 반대에 부딪혔다.

안보조약을 갱신을 앞두고 1959년부터 혁신세력과 노조, 학생 및 시민단체의 참여로 시작된 안보투쟁은 1960년 1월 새로운 조약이 조인되자 더욱 격렬해졌다. 개정된 조약은 이전 조약과 기본적으로는 유사하지만 일본 내의 미군이 공격받는 상황에서 공동 대처할 수 있다는 점과 사전협의를 규정하는 등 상호성을 강화한 내용을 담았다.[2] 당시 양국 협의를 위해 미일안보조약협의위원회(日米安全保障協議委員会)가 설치되었는데, 1990년부터는 장관급회의로 격상되어 현재에는 일본의 외무장관과 방위장관, 미국의 국무장관과 국방장관이 참여하는 2+2회의로 진행되고 있다. 안보투쟁은 국회 비준을 앞 둔 1960년 5~6월에 정점에 달했는데, 시위대가 국회 구내에 진입하고 여학생이 사망하는 사태가 있었다. 조약은 승인되었지만 기시 총리는 7월에 사임하게 되었다. 미일안보조약 연장을 반대하는 안보투쟁(安保鬪爭)으로 극심한 혼란을 겪은 후 취임한 이케다(池田勇人) 총리는 헌법개정을 포함한 안보 관련문제의 정치적 쟁점화를 피하고자 했으며, 소득배증계획을 통해 경제성장을 강조했다. 이후의 자민당 총리들은 경제성장에 집중하고 안보는 미국과의 동맹에 의지한다는 이른바 요시다 노선에 충실했다. 미일동맹을 근간으로 하는 요시다 노선은 이후 일본이 경제대국으로 성장함에 따라 대체로 긍정적으로 평가 받지만, 일본의 외교안보정책에 부정적인 영향도 미쳤다. 일본의 대미 추종 노선은 주체적인 외교안보정책의 수립을 어렵게 만들었으며, 일국평화주의에 대한 집착으로 국제사회의 요구에 부응하지 못했다.[3]

  미일안보조약의 연장을 앞둔 1969년 11월 사토 총리와 닉슨 대통령의 정상회담이 있었고, 회담 이후 발표된 미일공동성명을 통해 양국이 오키나와의 반환에 합의했음을 선언했다. 오키나와 지역에서는 1952년 4월의 샌프란시스코 강화조약 발효 후에도 미국이 시정권(施政權)을 행사했는데, 미군 범죄에 대한 오키나와 주민들의 저항이 빈번했고 일본정부의 요청과 미일안보조약의 연장 등이 고려된 결과였다. 1972년 5월에 오키나와가 일본으로 복귀되었다. 하지만 미군 기지는 계속해서 유지되고 있는데, 일본 내 미군 전용시설의 70%가 오키나와 현에 집중되어 있으며, 오키나와현 인구의 90% 이상이 거주하는 오키나와 본섬(沖縄本島)의 약 15%에 해당하는 면적을 미군 기지가 점유하고 있다.[4] 이로 인해 오키나와 현민(県民)들과 주둔 미군과의 갈등, 중앙정부와의 갈등이 계속되고 있다.

1969년 중소 국경분쟁 이후 미중 간의 관계개선 노력은 미일동맹에 대한 일본의 인식을 새롭게 했다. 1971년 7월에 키신저(Henry Kissinger)가 자신의 중국 비밀방문과 닉슨 대통령의 방중 계획을 발표하자 일본은 큰 충격을 받았는데, 미국의 은밀한 대중 접근은 일본으로 하여금 동맹국으로부터 버림받을 수 있다는 우려를 일으키는 사건이었다. 일본의 다나카 총리는 중국과의 수교를 서둘렀으며 1972년 9월에 일중공동성명(日中共同声明)이 발표되었다. 이처럼 1970년대까지의 미일동맹은 여전히 결속력이 약하고 취약했던 것으로 평가할 수 있다. 앞서 언급하고 있듯이 여전히 상호성이 결여된 비대칭적 동맹이었으며 동맹으로서 공동의 위협 인식이 부재했다고 할 수 있다. 즉 유사시 일본의 역할이나 사전 협의 체계에 대한 규정이 미비했으며 일본은 미국과 달리 소련이나 중국을 큰 위협으로 간주하지 않았다. 하지만 1970년대 말부터 '신냉전' 상황이 전개되면서 미일동맹이 강화되기 시작했다. 일본은 1976년에 안보정책의 기본 지침인 방위계획대강(防衛計画の大綱)을 책정했는데, 여기에는 평시의 충분한 경계와 한정적이고 소규모적인 침략에 대처할 수 있는 무력 수준에 이를 때까지, 방위 능력을 점진적으로 개선한다는 원칙이 포함되었다.[5] 미국은 일본의 경제적 성장과 함께 더 많은 방위비를 지출할 것을 요구했는데, 1978년에는 미일방위협력지침(가이드라인)을 체결하여 일본의 군사적 역할을 확대하고 미군의 주둔 경비(在日米軍駐留経費)를 분담하기 시작했다. 1979년 12월 소련의 아프가니스탄 침공으로 일본의 소련에 대한 위협 인식이 확대되었다.

레이건(Ronald Reagan)정부 초기 국방장관 와인버거(Caspar Weinberger)는 일본 외무상에게 괌과 필리핀 일부 해역에서의 방위분담을 요청했다. 스즈키 젠코(鈴木善幸) 총리는 1981년 5월의 방미 연설을 통해 이에 호응했으며, 미일공동훈련이 적극적으로 실시되기 시작했다.[6] 1982년 취임한 나카소네 야스히로(中曽根康弘) 총리는 일본의 경제적 위상에 걸맞은 대외적 역할을 강조하는 '국제국가'를 내세우는 한편, 미일동맹 강화를 토대로 한 자주방위노선을 주장했다. 1983년 미국을 방문한 나카소네 총리는 소련의 폭격기 공격 위협에 맞서고 미국을 지원하기 위해, 일본은 태평양에서 불침항모(不沈空母, unsinkable aircraft carrier)가 된다는 발언을 했다. 반면 1960년대 후반부터 제기된 대일 무역적자문제가 심화되면서 1980년대에는 양국 간의 경제 갈등이 부각되었다. 1985

년에는 미국의 주도로 무역불균형문제를 해소하기 위해 엔화의 통화 가치를 높이려는 플라자합의(Plaza Accord)가 있었다. 한편, 일본 기업의 적극적 미국 진출과 일본 상품의 시장 잠식은 미국에서는 일본 때리기(Japan-bashing) 분위기로 이어졌으며, 일본에 대한 부정적 이미지가 다수의 헐리우드 영화나 소설에 투영되었다. 1989년에 있었던 소니(Sony)의 콜럼비아 영화사(Columbia Pictures) 매입과 미쯔비시(三菱) 그룹의 록펠러 센터(Rockefeller Center) 매입은 미국인들에게 일본에 대한 경계심을 고조시키는 상징적인 사건이었다. 일본 내에서는 반미 감정이 증가했는데, 강경 보수파 인사인 이시하라 신타로(石原愼太郞)는 1989년 출간된 저서 『NO라고 말할 수 있는 일본』을 통해 대미 자주성 회복을 주장하기도 했다.

3) 탈냉전과 미일동맹

냉전이 종식되고 소련의 위협이 사라지면서 미일동맹의 존립 기반이 약화되었으며, 미일동맹의 실효성에 대한 의문이 제기되기도 했다. 국내적으로도 1993년 7월 자민당의 총선 패배로 비자민연립정권이 구성되면서 미일동맹의 미래에 대한 전망이 불투명해졌다. 1994년 8월 내각에 제출된 히구치 보고서(樋口レポート)에는 다자안보의 중요성과 유엔평화유지활동에 대한 기여를 강조하고 일본이 능동적인 질서형성자가

되어야 한다는 주장이 담겼다.[7] 일본 안보정책의 전환이 필요함을 강조한 히구치 보고서는 미일안보협력의 중요성을 부인하지는 않았지만, 미일동맹의 약화 가능성을 보여주는 것이었다. 미국 내에서는 일본을 포함한 동아시아 주둔 미군 병력의 감축안이 제시되었고, 일본정부에 대한 미군 주둔 비용 분담금의 증액 요구가 있었다. 한편, 1995년 9월 오키나와에서 벌어진 미군 성범죄사건은 반미 여론을 증폭시켰다. 이처럼 미일동맹이 흔들리는 가운데, 미일동맹의 강화를 주장하는 목소리들이 일본과 미국에서 제기되었다. 정치학자 기타오카 신이치(北岡伸一)는 1991년의 저서에서 일본의 자주방위론을 비판하면서 미일동맹이 일본의 국익에 부합하며, 이를 지구적 의의를 갖는 동맹으로 강화해야 한다고 강조했으며, 저명한 언론인인 후나바시 요이치(船橋洋一)도 1997년의 저서를 통해 미일동맹이 아시아태평양 지역의 공공재로서 재정의 되어야 한다고 주장했다.[8] 미국의 경우 1995년 2월 공표된 동아시아 전략 보고서(Nye 보고서)는 아시아태평양 지역에서의 미국의 이익을 재확인하면서 이 지역 안보의 핵심으로 미일관계가 제일 중요하다고 강조했다.[9] 한편, 1993년 북한의 미사일 실험과 1차 북핵위기, 1995년 중국의 핵실험, 1996년 중국의 대만에 대한 미사일 위협 등 일련의 사건들은 일본으로 하여금 북한과 중국을 새로운 위협으로 인식하도록 했다.

1996년 1월 총리로 선출된 하시모토(橋本龍太郎)는 미일동맹을 과거의 영일동맹과 비교하면서, 일본이 세계의 리더(leader) 국가와 우호적이던 시대에 안정과 평화를 성취할 수 있었다고 평가했다.[10] 하시모토 총리와 클린턴 대통령은 1996년 4월에 미일안전보장 공동선언을 통해 미일동맹이 동북아를 넘어 아시아·태평양 지역 안정의 기초임을 확인했고, 선언 당시의 병력 수준인 약 10만 명을 유지하겠다고 발표했다. 후속 조치로 1997년 9월에는 미일방위협력지침이 개정되었다(신가이드라인). 신가이드라인은 평시의 협력, 일본에 대한 무력공격 시의 대처행동, 일본의 평화와 안전에 영향을 미치는 주변사태(周辺事態)에서의 협력이라는 세 가지 상황에서의 지침을 제공하고 있다.[11] 특히 주변사태 지침을 구체화하기 위해 1999년 5월 주변사태법을 제정했는데, 미군에 대한 후방지원활동을 합법화 하고 일본 영토 밖에서의 활동이 가능하도록 하는 것이었다. 이러한 과정을 통해 일본과 미국과의 동맹은 더욱 공고해졌으며 '재정의(再定義)'되었다고 할 수 있다.

2000년 10월에 미일관계의 발전 방향을 제언한 아미티지(Armitage) 보고서는 미일동맹이 미국의 글로벌 전략의 핵심이라고 규정했다. 특히 일본의 책임 분담(burden-sharing)과 국제사회에서의 적극적 역할을 촉구하면서, 일본의 집단적 자위권(right of collective self-defense) 행사에 대한 제약이 동맹국으로서의 협력을 제한하고 있다고 지적했다.[12] 이에 호응하여 고이즈미(小泉純一郞) 총리는 일본을 위해 싸우는 미군과 공동으로 행동하기 위해서는 헌법개정을 통해 집단적 자위권을 행사할 수 있도록 해야 한다고 주장하기도 했다.[13] 고이즈미 총리의 등장과 2001년의 9·11테러를 계기로 미일동맹이 더욱 강화되었다. 일본정부는 테러대책특별조치법을 제정했으며 2003년에는 이라크지원특별조치법을 통과시키는 한편, 인도적 복구 지원을 명목으로 2004년 1월에는 육상자위대를 이라크에 파견했다. 고이즈미나 아베와 같은 보통국가론자들이 일본정치의 주류로 등장함에 따라 미일동맹은 더욱 강화되었고, 그들의 관점에서 일본의 군사적, 안보적 이익을 최대화 할 수 있는 기회로 활용되었다.

2009년 1월 취임한 오바마 대통령의 아시아로의 회귀(pivot to Asia), 아시아 재균형(rebalancing Asia) 전략은 국제적 역할 및 영향력 확대를 추구하는 일본의 전략과 합치되는 것이었다. 반면 2009년 9월 취임한 민주당의 하토야마 유키오(鳩山由紀夫) 총리는 '동아시아 공동체 구상'을 발표하며 미국에 대한 지나친 의존을 비판하고 대등한 관계를 강조했다. 오키나와의 후텐마(普天間) 기지를 현외(県外) 또는 국외로 이전하겠다는 공약을 내세웠던 하토야마 총리는 이를 반대하는 미국과의 갈등으로 약속을 지키지 못했고, 본인의 정치자금 문제가 불거지는 등의 어려움을 겪으며 9개월 만에 사임했다. '동아시아 공동체 구상'을 통해 기존의 미일동맹 중심의 안보체제를 변화시키려던 하토야마의 실패는, 일본의 안보체제에 있어서 미일동맹이란 개인적 정치 리더십이 영향을 미치기 어러운 구조화된 현상임을 보여주는 것이라고 할 수 있다.[14] 민주당의 후임 총리들인 간(菅直人)과 노다(野田佳彦)는 하토야마와 달리 미일동맹을 중시하는 성향을 보여주었다. 2010년 9월 센카쿠 해역에서 벌어진 중국 어선과 일본 순시선의 충돌 사건은 일본이 중국의 위협을 직접적으로 느끼고 미일동맹 강화의 필요성을 재확인하는 데 영향을 준 사건이었다. 또한 2011년 3월 11일 동일본 대지진이 발생한 이후 미군의 재해복구 지원 활동인 도모다치 작전(Operation Tomodachi)은 공고한 양국관계를 확인 할 수 있는 계기가 되었다.

1990년대 중반부터 시작된 북한의 미사일·핵위협과 중국의 부상으로 인한 위협의 증대, 미국의 동아시아 지역에서의 상대적 쇠퇴는 미일동맹의 강화에 영향을 준 가장 큰 변수라고 할 수 있다. 또한 독자적 군사안보 역량 강화와 국제적 역할 확대를 모색하고 있는 일본의 의지가 합치되면서 양국관계는 더욱 심화되고 있다. 2000년의 아미티지 보고서 이후에도 미국의 정책보고서들은 일본의 집단적 자위권문제를 여러 차례 언급했는데, 2012년의 아미티지-나이(Armitage-Nye) 보고서에서도 일본의 집단적 자위권 행사에 대한 제약이 동맹의 장애물임이 다시 강조되었다.[15] 아베 정권은 2014년 7월 1일 '신3요건'하에 집단적 자위권의 행사가 가능하다는 해석개헌을 단행했다. 이는 일본의 무력행사가 가능한 범위를 넓히는 동시에 '피 흘릴 수 있는 일본'으로 변모하여 동맹국인 미국과 좀 더 대등한 수준에서의 협력이 가능하도록 한 것이다.[16] 이후 2015년 4월 27일에는 미일 양국이 18년 만에 미일방위협력지침을 개정했다. 새로운 방위협력지침 하에 미일동맹은 글로벌 차원에서 작동할 수 있게 되었으며, 우주와 사이버 공간에서의 협력에 대한 내용도 담고 있다.

미일 협력관계는 경제 분야에서도 강화되었다. 2008년에 미국은 뉴질랜드·싱가포르·칠레·브루나이 4개국이 시작한 소규모 경제협력체인 환태평양경제동반자협정(TPP: Trans-Pacific Partnership)에 가입했는데, 이는 아시아태평양 지역에서 미국의 경제적 이익을 지키고 중국의 영향력을 견제하려는 목적이었다. 일본은 민주당의 간 총리 시기인 2010년 10월부터 본격적으로 TPP 참여를 논의하기 시작했다. 자

표 11.1 미일방위협력지침의 변화

	1978년	1997년	2015년
제정·개정 이유	미국과 일본의 방위협력 구조와 역할 규정	냉전 이후 안보 환경 변화, 북한 핵위협	미국의 군비축소와 일본의 역할 확대, 중국의 부상
주된 위협	소련	북한	중국, 북한
특징	일본에 대한 무력공격 상정	일본에 대한 무력공격과 주변 유사사태 상정	일본에 대한 무력공격은 물론 동맹국 공격에 대응
자위대 활동범위	주로 일본 유사사태에 한정	일본 주변의 유사사태로 확대, 한반도 포함	전 세계

출처: 『동아일보』, 2015년 4월 28일.

민당은 당시 소극적 입장을 견지했지만, 아베 총리 취임 후인 2013년 3월에 TPP 참여를 공식 선언했으며 2015년 10월에 협상이 타결되었다. 당시 자민당 정부가 전통적인 지지 기반인 농업분야 등의 반대에도 무릅쓰고 TPP에 참여하게 된 배경에는 수출 증가와 고용 확대 등의 경제적 고려 외에도 미국과의 동맹 강화와 중국의 영향력 견제라는 목적이 포함되어 있었다. 하지만 트럼프 대통령의 당선으로 상황이 급변하게 되었다. 2017년 1월 트럼프 대통령이 미국의 TPP 탈퇴를 표명함에 따라 TPP 협정이 위기를 맞았지만, 일본은 미국이 제외된 포괄적·점진적 환태평양경제동반자협정(CPTPP: Comprehensive and Progressive Agreement for Trans-Pacific Partnership)을 주도하여 호주, 캐나다, 멕시코, 싱가포르, 베트남 등 10개국과 함께 협정에 서명했으며 2018년 12월에 발효되었다.

4) 미일동맹과 인도태평양 구상

가치관 외교를 표방했던 아베 총리의 첫 집권기이던 2006년 11월에 당시 외무대신이던 아소 다로는 일본과 미국, 호주, 인도를 연결하는 '자유와 번영의 호(弧)'라는 개념을 제시했다.[17] 이 개념은 이후 '안보 다이아몬드' 구상으로 이어지는데, 남중국해로부터 남인도양까지 동남아시아·중동·아프리카의 연안 국가들과 안보·경제적 전략관계를 구축하려는 중국의 이른바 '진주목걸이'에 대비되는 전략 구상으로, 일본, 미국(하와이), 호주, 인도를 연결하여 중국을 견제하려는 의도를 담고 있다. 2012년 12월 발표된 기고문(Asia's Democratic Security Diamond)에서 아베 총리는 "태평양에서의 평화와 안정, 항행의 자유는 인도양에서의 평화와 안정, 항행의 자유와 불가분의 관계"라고 기술했다.[19] 한편, 인도태평양은 인도에서 먼저 제안된 개념을 아베 총리가 2007년 8월에 있었던 인도(India) 의회 연설에서 사용하면서 일본의 새로운 지역전략 개념으로 등장하게 되었다고 할 수 있다. 이후 2016년 8월에 케냐에서 열린 아프리카개발회의(Tokyo International Conference on African Development)에서 아베 총리가 기조연설을 통해 '자유롭고 열린 인도태평양(Free and Open Indo-Pacific)' 구상을 제시함에 따라 '인도태평양'이 다시 주목받게 되었다.[19]

2017년 1월 취임한 미국의 트럼프 대통령은 2월 10일 아베 총리와의 공동성명을 통해 미일동맹은 아시아태평양 지역의 평화, 번영, 자유의 초석으로 일본이 더 많은 역할을 하게 될 것이며, 미일안보조약이 센카쿠열도에 적용된다는 점을 확인했다.[20] 또한 트럼프는 2017년 11월에 베트남에서 열린 APEC회의(CEO Summit)에 참석하여 인도태평양(Free Indo-Pacific)이라는 용어를 사용했으며,[21] 이후 트럼프가 제시한 인도태평양 구상은 2018년 7월 폼페이오(Pompeo) 미 국무장관의 '인도태평양 경제비전'과 2019년 6월의 새너핸

(Shanahan) 미 국방장관 대행의 '인도태평양 전략'을 통해 좀 더 구체화되었는데, 이러한 지역개념의 확산은 중국을 의식한 일본, 호주, 인도가 추구한 정책에 미국이 응답한 것이라고 할 수 있다.[22] 따라서 중국 견제가 관련국들의 공통적인 관심인 것으로 보이지만, 아직 진행 중인 전략 구상으로서 각 국의 중국 인식이나 전략적 대응 방식에 차이가 있다는 점을 고려하면 단순히 반(反)중국 정책의 산물로만 판단하기에는 무리가 있다.[23] 특히 트럼프에 의한 미중 무역전쟁과 상대국에 대한 일방적인 미국 우선주의 경제정책들은 미일 간의 갈등 요인으로 일본의 대중국 정책에도 영향을 미칠 수 있을 것이다. 하지만 아베정부 들어 더욱 공고화된 미일관계는 앞으로도 계속 될 것으로 보인다.

2. 중일관계

중화질서의 외부에 위치해 있던 일본은 1895년 청일전쟁에서 승리를 거둠으로써 동아시아 지역에서의 중화질서의 몰락과 일본 제국주의 시대의 시작을 알렸다. 일본은 1931년 만주사변을 일으킨 후 1932년에 만주국을 설립했으며 1937년부터는 중국 침략을 본격화했다. 같은 해 12월 중국인 20만 명 또는 30만 명 이상이 살해된 것으로 알려진 난징(南京) 대학살이 발생했다. 이 사건은 이후 중일 간의 가장 큰 역사적 쟁점이 되었는데 일본은 사망자 수나 범죄 행위가 과장된 것이라고 주장하고 있다. 전후 일본은 1952년 4월 중화민국(대만)과 평화조약을 체결하고 대표성을 가진 국가로 승인했지만 중화인민공화국(중국)과의 관계를 완전히 단절하지는 않았다. 중국 또한 일본과의 관계 개선에 관심을 두었기 때문에, 일본은 '정경분리(政經分離)'의 원칙에 입각하여 민간 경제 교류를 중심으로 양국관계를 지속했다. 이케다 총리는 1962년에 국회 발언을 통해 중국에 두 개의 정부가 존재하는 것이 현실임을 인정하면서, 중화인민공화국과 정부 간 무역협정을 맺는 것은 불가능하지만 중국과의 무역이 더욱 확대되기를 희망한다고 말했다.[24] 1970년대 초반 미중관계의 변화를 배경으로 일본은 1972년 9월에 대만과 단교하고 중국과의 관계를 정상화했다.

1) 중일국교정상화와 양국관계의 전개

1969년의 닉슨독트린 발표 이후 미중관계에 진전이 있었는데, 1971년 7월에 미국은 닉슨 대통령의 방중 계획을 공표했다. 미국이 자신을 배제하고 중국과 관계 정상화에 나섰다는 점에 충격을 받은 일본은 중국과의 국교수립을 서둘렀으며 1972년 9월에 다나카 총리와 저우언라이(周恩來) 총리의 회담을 통해 결실을 맺었다. 당시 중국은 복교(復交) 3원칙을 제시했는데 일본은 이를 받아들였다. 3원칙은 첫째, 중화인민공화국 정부가 중국을 대표하는 유일한 합법 정부이다. 둘째,

대만은 중국의 불가분의 영토이다. 셋째, 대만과의 일화평화조약(日華平和条約)은 불법무효로 폐기되어야 한다는 것이었다. 합의 내용 중에는 중국의 대일 전쟁배상(戰爭賠償)청구권 포기 선언이 있었는데, 과거 중화민국(대만)도 일본과 수교할 때 배상금을 포기했었다. 1978년 8월에는 후쿠다 총리와 덩샤오핑(鄧小平) 부총리의 입회하에 일중평화우호조약이 체결되었다. 당시 미국은 물론 일본과 중국 모두 소련의 위협을 견제할 필요가 있었다는 점이 관계 개선에 긍정적으로 작용했다. 일본은 중국에 배상금을 지불하지는 않았지만, 대신 상당한 수준의 공적개발원조(ODA) 자금을 제공하고 기술을 이전했다. 일본의 대 중국 엔(円)차관 협력은 2007년 말까지 계속되었다. 1982년 방일한 자오쯔양(趙紫陽) 총리는 향후 중일관계의 3원칙으로 평화우호, 평등호혜, 장기안정을 제시했으며, 1983년에는 방일한 후야오방(胡耀邦) 총서기에게 나카소네 총리가 기존의 3원칙에 더해 '상호신뢰'를 추가하고 '일중우호21세기위원회'의 설립하자고 제안하여 합의했다.[25]

국교정상화 이후에는 양국 간의 우호적인 관계가 계속되었는데 1989년 천안문 사태로 서구 국가들이 중국을 강력하게 비난하고 제재를 가할 때도 일본은 상대적으로 온건하게 대응했다. 1980년대와 1990년대의 양국관계는 경제적 상호협력을 중심으로 발전했다. 경제 교류는 점차 증가하여 1990년대 중반 중국은 일본에게 제2의 무역상대국이 되었고, 중국에게는 일본이 제1의 무역상대국이 되었다.[26] 하지만 1980년대부터 중일 간의 갈등도 나타나기 시작했는데, 1982년 일본의 중국 '침략'을 '진출'로 기술했다는 역사교과서문제와 1985년 나카소네 총리의 야스쿠니신사 참배 등이 발단이 되었다. 특히 1996년 중국의 대만에 대한 미사일 위협은 일본이 중국에 대해 재인식하는 계기가 되었다. 중국은 경제성장을 배경으로 군사력 강화에도 힘을 쏟았고, 1990년대 중반부터 미국을 중심으로 '중국위협론'이 등장하기 시작하면서 일본의 대중 인식에 영향을 미쳤다. 반면 중국의 입장에서는 자국의 성장에 따른 입지 재설정과 1990년대 중반 시작된 일본정치의 보수화, 보통국가론, 미일동맹 강화 움직임 등에 대응해야 할 필요를 느끼기 시작했을 것이다.

2000년대 들어 중국과의 경제적 상호의존이 증가함에도 불구하고 정치적 갈등이 늘어남에 따라 이른바 정냉경열(政冷經熱) 현상이 심화되었다. 이러한 변화의 원인으로 탈냉전에 따른 국제정세의 변화, 중국의 부상과 일본의 상대적 쇠퇴, 양국 내의 민족주의 증대 등을 꼽을 수 있다.[27] 중국정부는 2001년에 취임한 고이즈미 총리가 야스쿠니신사 참배를 실행함에 따라 강경한 반응을 보였고, 2005년 4월에는 중국 내 주요 도시에서 일본의 역사 왜곡문제나 유엔 안보리 상임이사국 진출에 반대하는 민간 차원의 대규모 반일시위가 일어나기도 했다. 한편, 중국에서는 2002년 후진타오 총서기의 취임 직후, 과거사문제를 덮고 일본과의 우호적인 관계를 강화하자는 이른바 '대일 신(新)사고'가 등장하기도 했지만 대중들의 강한 반발에 부딪혔다.[28] 양국관계가 냉각되는 가운데 일본은 2005년도 방위백서에 중국의 위협을 명시했다.[29]

고이즈미가 퇴임하게 되자 소원해진 중일관계를 개선하기 위한 움직임이 있었다. 2006년에 재계 지도자들은 중국과의 관계 개선을 강력하게 요구했으며,[30] 2006년 9월에 취임한 아베 총리는 첫 방문지로 중국을 택했다. 2007년에는 중국 원자바오(溫家寶) 총리의 방일과 일본 후쿠다 야스오(福田赳夫) 총리의 방중이 있었다. 2008년 5월 후진타오(胡錦濤) 주석의 일본 방문을 계기로 양국은 전략적 호혜관계의 포괄적 추진을 위한 공동성명을 발표했고, 2008년 6월에는 동중국해에서의 석유와 천연가스 공동개발에 잠정 합의했다. 앞서 언급한대로 때때로 양국 간의 정치적 갈등이 발생하긴 했지만 경제관계는 더욱 긴밀해졌다. 1972년 11억 달러였던 중일 간의 무역액은 2007년에 2,367억 달러로 급증했다.[31]

2) 중일관계의 악화와 관계 개선 모색

동아시아공동체를 내세우고 대등한 미일관계를 주장하는 하토야마정부가 출범하면서 중국에서는 중일관계 개선에 대한 기대가 높아졌다. 2009년 12월에는 민주당 간사장인 오자와가 민주당 의원 143명을 포함한 630여 명을 이끌고 중국을 방문하기도 했다. 하지만 하토야마 총리는 집권 9개월만인 2010년 6월에 물러나게 되었고, 상대적으로 미일동맹을 중시하는 간 내각이 성립되었다. 2010년 9월 센카쿠열도에서 발생한 중국어선과 일본 해상보안청 소속 순시선 충돌사건은 잠복해있던 양국 간의 갈등을 첨예하게 드러낸 사건이라고 할 수 있다.

센카쿠열도문제는 일중수교 당시의 미해결 과제로 중국 외교부는 1971년 12월 성명을 통해 센카쿠 영유권문제를 제기했지만, 1972년 중일 국교정상화 과정에서 현상 유지에 동의했다. 또한 1978년 평화우호조약 체결 시에도 쟁점이 되었지만, 다음 세대에서 해결하도록 하자는 덩샤오핑(鄧小平)의 제안에 따라 원만하게 처리되었다. 하지만 중국은 1992년의 영해법에 센카쿠(댜오위다오)가 중국의 영토임을 명시했다. 센카쿠열도를 포함한 동중국해는 특히 해상교통로로서 경제안보 및 군사전략적으로 매우 중요한 곳이며, 석유, 천연가스 및 어업 자원이 풍부한 곳이다. 동중국해에서 양국 갈등이 본격화 한 것은 2004년 양국의 배타적 경제수역(EEZ) 경계 부근의 중간수역에서 중국이 천연가스 자원을 개발하면서부터이다.[32] 2008년에 동중국해에서의 자원 공동개발에 대한 합의가 이루어지기도 했지만, 2010년 9월 일본의 해상보안청 순시선과 중국어선이 충돌한 사건은 양국관계를 결정적으로 악화시켰다. 당시 일본은 중국인 선장을 구금했는데, 이에 대해 중국은 희토류의 대일 수출 금지로 대응했다. 중국의 압박으로 민주당 정부가 중국인 선장을 처벌 없이 석방하게 되자 일본 국민들은 이를 굴욕적인 외교라고 강하게 비판했다. 홍

미롭게도 센카쿠열도 갈등이 심화된 2010년에 중국은 GDP를 기준으로 일본을 제치고 세계 2위의 경제대국이 되었다. 한편, 일본의 전체 무역액 중 중국이 차지하는 비율은 1990년 3.5%에서 2011년 20.6%로 상승한 반면, 중국의 무역에서 일본이 차지하는 비율은 1985년 27.2%에서 2011년 9.5%로 감소했다.[33] 이러한 비대칭적 상호의존 관계는 일본보다는 중국이 더욱 강경한 자세를 취할 수 있음을 보여준다.

센카쿠 충돌로 양국 간의 갈등이 심화되는 가운데 2012년 4월 도쿄도지사인 이시하라(石原慎太郞)의 센카쿠열도 매입 발언이 있었고, 같은 해 9월 노다(野田佳彦) 정권은 국유화를 완료했다. 겐바(玄葉光一郞) 외무상은 2012년 11월 20일의 뉴욕타임즈 기고를 통해 중국의 해양활동(maritime activities)이 아시아태평양 지역 국가들의 우려를 낳고 있다고 비판하면서, 중일관계가 중대한 전환점에 있다고 지적했다.[34] 한편, 중국의 인민일보는 2012년 1월의 기사를 통해 센카쿠열도가 중국의 핵심이익(core interests)이라고 언급하기도 했는데,[35] 공식적인 정부 차원으로는 중국 외교부가 2013년 4월 26일에 센카쿠열도는 중국의 영토주권에 관한 문제로 핵심이익(核心利益)임을 공표했다.[36] 핵심이익이란 타협의 여지가 없고 무력행사도 주저하지 않을 만큼 근본적인 이익임을 의미한다.

최근 아베 정권의 집단적 자위권 용인과 군사력 강화 움직임은 일본 스스로의 전략적 필요 때문이기도 하지만 중국의 부상과 군사대국화에 대한 대응이라고 할 수 있다. 일본은 2013년 3월 환태평양경제동반자협정(TPP) 참여를 선언하며 경제 분야를 포함하여 미일동맹을 포괄적으로 강화하겠다는 의지를 표명했다. 또한 2013년 12월 공표된 국가안전보장전략(国家安全保障戦略)을 통해서 북한과 중국의 위협을 아시아태평양 지역의 안보과제로 꼽았으며, 특히 중국이 동중국해와 남중국해에서 기존의 국제질서와 다른 독자적 주장에 기초하여 힘에 의한 현상변경을 시도하고 있다고 기술했다.[37] 2012년 말에 미국, 호주, 인도를 연결하여 중국을 견제하는 '안보 다이아몬드' 구상을 표명했던 아베 총리는 2016년 8월에는 '자유롭고 열린 인도태평양' 구상을 제시했으며, 2017년 11월에 베트남에서 열린 APEC회의에서 트럼프 대통령이 이를 언급한 이후 더욱 주목받게 되었다.

일본과 중국은 역사문제, 영토분쟁, 군비경쟁, 대만문제 등으로 갈등을 빚고 있지만, 동시에 경제나 환경, 기술, 안보 분야에서 협력의 필요성을 공감하고 있다. 특히 트럼프 행정부의 통상압박과 미중 무역전쟁은 경제협력에 대한 양국의 관심을 고조시켰다. 2018년 1월 아베 총리는 일중평화우호조약 체결 40주년을 맞아 양국관계를 개선하고 싶다는 의지를 표명했다. 아베 총리는 2018년 10월 중국을 공식 방문했는데, 이는 7년만의 양국 정상회담이었다. 양국은 제3국의 인프라사업 공동 진출, 통화스와프 협력, 역내포괄적경제동반자협정(RCEP) 가속화 등에 합의했다. 2019년 6월에는 오사카 G20회의에 참석한 시진핑 주석과 아베총리의 정상회담이 있었으며, 12월의 한중일 정상회담을 계기로 아베 총리는 1년 2개월 만에 다시 중국을 방문했다. 2020년 4월로 예정되어 있던 시진핑의 방일을 기회로 양국관계가 더욱 개선될 것으로 기대되었지만, 코로나 바이러스 사태로 인해 연기되었다.

12장

한일관계

한국과 일본의 관계는 '가깝고도 먼 나라'라는 표현으로 대표된다. 이는 아마도 지리적인 인접성에도 불구하고 심리적으로 친밀하지 않다거나 서로를 잘 알지 못하고 있기 때문일 것이다. 역사적으로 양국 간의 관계가 그리 우호적이지는 않았는데, 이는 서로에 대한 인식과 연결된다. 임진왜란이나 일본 제국주의에 의한 식민지 경험과 같이 부정적 역사에 대한 기억이 한국인의 일본 인식의 중심에 자리 잡고 있다면, 상당수 일본인들의 한국에 대한 인식의 저변에는 자신들에게 지배받던 열등한 나라, 권위주의와 같은 저발전 정치체제와 일본의 경제적 도움을 받던 개발도상국으로서의 대한민국이 자리 잡고 있을 것이다. 하지만 상대국에 대한 부정적 인식은 인적·물적 교류와 협력의 기회가 늘어나면서 점차 긍정적으로 변화했으며, 일부 갈등에도 불구하고 서로에 대한 이해의 폭이 더욱 넓어지는 추세였다고 할 수 있다.

1965년 한일국교정상화가 이루어졌다. 한국과 일본은 냉전 상황에서 미국을 중심으로 하는 안보협력이 필요했으며, 경제적 이익을 위한 관계 개선을 도모했다. 이후 양국은 협력과 갈등을 반복적으로 되풀이하는 관계를 유지했지만 대체로 큰 충돌 없이 상호관계가 지속되었다. 하지만 2000년대 이후, 특히 이명박정부 시기부터 양국 간의 갈등이 급격히 심화되었는데, 그 핵심에는 역사문제와 영토문제를 둘러싼 입장차와 반일·혐한 정서가 자리 잡고 있다. 특히 문재인정부 출범 이후 일본군위안부문제와 강제징용 피해자문제에 대한 양국의 입장차가 극명하게 대비되면서 한일관계는 교착 상태에 빠졌다. 그럼에도 한편에는 북한의 위협과 중국의 부상, 경제적 어려움 등에 대응하기 위해 양국 간의 협력이 더욱 필요하다는 목소리 또한 공존하고 있다.

1. 한일관계의 전개

1) 한일국교정상화

한일국교정상화를 위한 논의는 1951년 10월 20일부터 시작되었다. 당시 한일회담을 위한 제1차 예비회담이 연합군총사령부(Supreme Commander for the Allied Powers) 회의실에서 열렸다.[1] 한국과 일본의 정식 회담은 1952년 2월 15일에 시작되었고 이후 국교정상화를 위한 회담이 몇 차례 개최되었다. 하지만 한국의 대일청구권만 있는 것이 아니라 일본도 식민지 시대 일본의 투자와 일본인 재산 등에 대해 한국에 청구할 수 있다는 일본의 역(逆)청구권 주장, 일본의 식민 지배가 한국에 유익했다는 발언 등으로 1953년 10월 회담이 중단되었다. 1957년 12월에 협상이 재개되었지만 성과를 거두지 못했고, 1960년 4·19혁명으로 이승만정부가 몰락함에 따라 계속 진행하기가 어렵게 되었다. 반일을 내세운 이승만정부와 점령 하에서 자주권을 회복하지 못한 일본정부가 서둘러 국교정상화를 시도했다는 것은 한국전쟁과 냉전의 심화 및 미국의 동아시아 정책이라는 차원에서 이해할 수 있을 것이다.

박정희정부의 등장과 함께 한일회담이 재개되었다. 미국의 군사원조 및 경제원조가 줄어드는 상황에서, 박정희정부는 안보는 물론 경제 개발의 관점에서 일본과의 조속한 국교정상화가 필요하다고 판단했다. 일본의 보수 정치엘리트들 또한 자본주의, 반공주의 국가인 한국과의 관계의 중요성을 인식했다. 1962년 11월 한국의 중앙정보부장 김종필과 일본의 오히라 마사요시(大平正芳) 외무상이 만나 가장 큰 쟁점이던 청구권문제에 대해 타협했으며, 이후 이승만 라인(평화선)문제 등이 논의되었다. 1964년부터 한일협상 반대 운동이 늘어났으며 정부는 같은 해 6월 3일 학생들을 중심으로 대규모 시위(6·3 한일협정반대운동)가 발생하자 계엄령을 선포했다.

1965년 6월 22일 '한일기본조약'과 '한일어업협정' 등 관련 협정들이 조인되었다. 하지만 양국 정부가 조약의 문구들 중 일부를 모호하게 서술한 채로 합의함에 따라 갈등의 여지를 남겼다고 할 수 있다. 예를 들어, 한일기본조약 2조는 "1910년 8월 22일 및 그 이전에 대한제국과 대일본제국 간에 체결된 모든 조약 및 협정이 이미 무효임을(already null and void) 확인한다"라고 서술하고 있다. 여기서 '이미'의 시점이 불분명한데 일본은 식민 지배가 끝나고 조약이 체결되는 현재적 시점을 의미하는 것이라고 해석하고, 한국은 1910년 한일병합 자체가 무효임을 확인하는 것이라고 해석한다. 청구권과 관련해서도 논쟁거리가 남아있다. '재산 및 청구권에 관한 문제의 해결 및 경제협력에 관한 협정'의 2조 1항에는 "양 체약국은 양 체약국 및 그 국민(법인을 포함함)의 재산, 권리 및 이익과 양 체약국 및 그 국민 간의 청구권에 관한 문제가 1951년 9월 8일에 샌프란시스코에서 서명된 일본국과의 평화조약 제4조 (a)에 규정된 것을 포함하여 완전히 그리고 최종적으로 해결된 것이 된다는 것을 확인한다"고 되어 있다. 일본은 "완전히 그리고 최종적으로"라는 문구를 근거로 청구권문제가 끝난 것으로 해석하고 있다. 하지만 이 조항이 당시에 확인되지 않은 모든 종류의 개인청구권을 포함하는 것인지, 개인청구권문제를 국가 간 조약으로 해결할 수 있는지 등의 문제가 남아있다.[2]

  독도문제 또한 국교정상화 과정에서 주요 쟁점 중 하나였다. 1952년 1월 18일에 한국의 대통령령으로 '인접해양에 대한 주권에 관한 대통령의 선언'을 공표하면서 독도를 포함한 이승만 라인(평화선)이 선포되었다. 평화선은 점령기에 일본의 어로제한 구역을 설정한 이른바 '맥아더 라인'이 1952년 4월 샌프란시스코 평화조약의 발효로 폐지될 상황에서 한국정부가 어민과 어업을 보호하려는 의도로 구상되었으며, 이를 검토하는 과정에서 주권선언으로 변경되었다.[3] 일본정부가 이승만 라인에 대해 영토침략이라고 항의하면서 독도문제가 양국 간의 공식적인 외교문제로 쟁점화 되었다고 할 수 있다. 이후 한국정부는 독도 근해를 침범하여 조업하는 일본 어선들을 다수 나포하기도 했다.

협상과정에서 독도 영유권문제를 제기하는 일본에 대해 한국정부는 독도문제가 한일회담의 협상 주제가 아니라고 주장하며 맞섰다. 결국 양국은 '분쟁 해결에 관한 교환공문'이라는 형태로 독도문제를 매듭지었는데, "달리 규정이 있는 경우를 제외하고, 양국 간의 분쟁은 우선 외교상의 경로를 통하여 해결하기로 하며, 이에 의하여 해결할 수 없을 경우에는 양국 정부가 합의하는 절차에 따라, 조정에 의해 해결을 도모하기로 한다"는 내용을 담고 있다.[4] 이 규정은 독도문제를 명확하게 담고 있지 않다. 하지만 당시 양국이 "앞으로 해결해야 한다는 것으로서 일단 해결한 것으로 간주한다", "독도는 앞으로 한일 양국 모두 자국의 영토라고 주장하는 것을 인정하고, 동시에 이에 반론하는 것에 이의를 제기하지 않는다"는 등의 내

용을 담고 있는 밀약을 맺었다는 주장이 있다.[5]

2) 국교정상화 이후의 한일관계

국교정상화 이후 양국은 경제관계를 중심으로 협력을 확대해 나갔으며, 한일정기각료회의, 한일의원연맹, 한일협력위원회, 한일친선협회 등 다양한 네트워크를 통해 교류를 넓혀 나갔다. 하지만 1973년 도쿄에서 벌어진 김대중 납치 사건과 1974년 재일교포인 문세광의 박정희 대통령 저격 미수 사건 등으로 양국 간에 갈등이 심화되기도 했고, 1979년의 10·26 사태와 1980년 5·18 민주화운동 등에서 나타난 권위주의 체제의 문제와 억압적 행태는 한국에 대한 부정적 인식에 영향을 미쳤다. 1980년대 초반 한일관계가 다시 긴밀하게 된 계기는 나카소네정부의 경제협력자금 제공이었다. 정통성 확보를 위해 경제적 성과가 필요했던 전두환 정권은 1981년 4월 한국이 일본의 방위를 분담하고 있다는 논리로 100억 달러 규모의 안보 경제협력 자금을 요청했다. 일본의 대응이 소극적인 가운데, 1982년 6월에 문부성 검정이 필요한 일본의 고등학교 교과서에 일본의 중국 '침략'을 '진출'로 기술하도록 하는 요청이 있었다는 보도가 나오면서 중국은 물론 한국에서 강한 반발이 있었다. 1983년 나카소네(中曽根康弘) 총리는 한국과의 갈등 완화와 전략적 필요성 등을 고려하여 40억 달러 지원을 약속했고, 1983년 1월에 일본 총리로서는 처음으로 한국을 방문했다. 1984년 9월에는 전두환이 한국 대통령의 자격으로는 최초로 일본을 방문했다. 1980년대 말 한국의 민주화와 탈냉전은 한일관계에 새로운 변화를 주었고, 양국 정부 및 시민들의 교류협력이 확대되는 계기가 되었다. 하지만 한국 시민사회의 성장으로 기존의 정부 주도 한일관계와는 달리 다양한 목소리가 표출되었다. 일본의 정치권에서는 혁신적이고 진보적인 세력들이 약화되면서, 점차 보수·우경화된 분위기로 전환되기 시작했다.

1991년 일본군위안부 피해자 김학순이 한국에서는 최초로 자신의 경험을 증언했다. 이후 일본의 미야자와(宮澤喜一)정부는 1993년 8월 고노(河野洋平) 관방장관을 통해 위안부의 강제성과 군(軍)의 관여에 대해 인정하고 사죄했고, 1995년 8월에는 무라야마 총리가 일본의 식민지 지배에 대해 사과했다. 고노담화와 무라야마담화는 일본정부의 사과 중 가장 높은 수준으로 일종의 기준처럼 간주되고 있지만, 우익 정치인들의 거듭되는 망언과 부정으로 역사문제에 대한 일본정부의 사과의 진정성과 인식에 대한 비판이 계속되고 있다. 일본정부의 전향적 입장에 대한 반발은 우경화 세력의 결집을 초래했다. 일본 내 보수 우익단체들이 증가하기 시작했는데 1997년에는 '새로운 역사를 만드는 모임'과 '일본회의(日本会議)' 등이 설립되었다. 보수주의 우파 단체인 일본회의는 1997년 5월 '일본을 지키는 국민회의'와 '일본을 지키는 모임'이 통합하여 설립되었으며, 당시 이를 지지하는 초당적 의원단체인 일본회의국회의원간담회(日本会議国会議員懇談会)도 함께 구성되었다. 현재 아베 전 총리를 비롯한 다수의 자민당 정치인들 및 내각 관료들이 참여하고 있다.

한일관계는 갈등과 협력이 반복적으로 교차하는 양상을 보여주고 있다. 1994년 유엔해양법협약(United Nations Convention of the Law of the Sea)이 발효되고 해양영토의 중요성이 증가되면서 독도 및 어업권문제가 다시 불거졌다. 일본은 1965년 만들어진 한일 어업협정을 파기하고 한국정부에 재협상을 요구했으며, 1998년 9월 양국 정부는 서로가 영유권을 주장하는 독도 부근에 잠정수역(중간수역)을 설치하고 공동으로 자원을 관리한다는 데 합의했다. 1998년 10월 김대중 대통령과 오부치 총리가 서명한 '21세기의 새로운 한일파트너십 공동선언'은 양국의 미래지향적인 관계를 촉구하고, 심도있는 교류와 협력을 약속함으로써 한일관계를 더욱 진전시킨 역사적인 선언이었다. 이 선언의 부속서(附屬書)에는 5개 분야 43항목의 구체적 행동계획을 담았는데, 한국 국민들이 체감할 수 있는 변화 중 하나로 과거 규제받던 일본의 대중문화가 단계적으로 개방되었다는 점을 꼽을 수 있다.

하지만 2001년 고이즈미 총리가 취임 후에 공식적으로 야스쿠니신사(靖国神社)에 참배하고, 수정주의적 역사 인식을 지닌 '새로운 역사교과서를 만드는 모임'이 후소샤 출판사를 통해 제출한 역사교과서가 검정을 통과한 사건이 발생하면서 한일관계가 경색되기도 했다. 한편, 2002년에는 한일 공동 월드컵이 개최되었고, 2003년 일본에서 방영된 〈겨울연가〉가 인기를 얻으며 한류 붐이 조성되는 등 양국관계에 긍정적인 일들이 있었다. 하지만 2005년에는 일본의 시마네현(島根県)이 2월 22일을 '다케시마의 날'로 지정하는 조례를 제정함으로써 큰 갈등을 빚었다.

2009년 9월 민주당 정부가 들어서면서 한일관계는 더욱 개선될 것으로 예상되었다. 동아시아공동체 구상을 제시한 민주당의 하토야마 총리는 한국을 첫 해외 방문국가로 선택하기도 했다. 하지만 역설적이게도 갈등과 협력을 반복하며 이어지던 한일관계가 결정적으로 악화된 것이 민주당 정부 시기이다. 일본의 독도 영유권 주장은 민주당 정부에서 발간된 『방위백서(防衛白書)』에도 계속 명기되었으며, 2011년 3월에는 독도를 일본의 고유 영토로 서술하고 있는 중학교 교과서들이 문부성 검정을 통과했다. 간(菅) 총리가 이끌던 민주당 정부는 특히 2010년 9월 센카쿠열도에서의 중국어선 충돌사건 이후 중국에 대한 저자세 외교로 비난받게 되자, 영토문제에 강경하게 대응했다.[6] 2011년 8월에 취임한 노다 총리는 이전의 민주당 총리들에 비해 더욱 보수적인 성향을 지니고 있었는데, 8월 15일에는 야스쿠니신사에 합사된 A급 전범들이 전쟁범죄자는 아니라는 자신의 과거 입장을 되풀이했다.[7] 한편, 한국의 정신대문제대책협의회가 2011년 12월 주한 일본대사관 앞에 '평화의 소녀상'을 설치하면서 갈등이 더욱 심화되었다. 이러한 갈등에도 불구하고 안보협력을 위한 협의가 계속되었는데, 양국 정부는 2012년 6월에 군사정보보호협정(GSOMIA)을 체결하기로 합의했다. 하지만 이 사실이 알려지면서 밀실 협약이라는 국민적 비판을 받게 된 이명박정부가 이를 철회했다 (2016년 11월 한일 군사정보보호협정이 체결되었다). 2012년 8월에 이명박 대통령이 현직 대통령으로서는 처음으로 독도를 방문했고, 과거사에 대한 천황의 사죄를 요구하는 발언을 함에 따라 한일관계가 더욱 악화되었다.

이후 박근혜 대통령이 취임하면서 역사문제에 대해 단호한 입장을 취함에 따라 양국관계의 경색 국면이 지속되었다. 2013년 2월 취임한 박근혜 대통령은 3·1절 기념사에서 "가해자와 피해자라는 역사적 입장은 천년의 역사가 흘러도 변할 수 없는 것입니다. 일본이 우리와 동반자가 되어 21세기 동아시아 시대를 함께 이끌어가기 위해서는 역사를 올바르게 직시하고 책임지는 자세를 가져야 합니다"라고 언급했으며 취임 후 2년 8개월 만인 2015년 11월이 되어서야 한일 정상회담이 실현되었다. 2015년 12월 28일 양국 정부는 일본군위안부문제에 대한 '최종적, 불가역적' 해결에 합의했다고 발표했는데, 이는 당시의 갈등 분위기에서 예상하기 어려운 것이었다. 한국에서는 야당과 시민사회를 중심으로 합의에 대한 강한 비판이 있었다. 2017년 5월 출범한 문재인정부는 일본의 반발에도 불구하고 '위안부합의 검토 태스크포스(TF)'를 통해 기존 합의의 문제점들을 지적했다. 한국정부가 재협상을 요구하지는 않았지만 2015년 12월의 합의안은 사실상 폐기된 것으로 볼 수 있다.

2. 갈등과 협력

1) 독도문제

국교정상화를 위한 한일 협상이 진행되면서 일본에 의해 독도문제가 제기되었지만, 한일수교라는 목표가 우선되면서 양국은 독도영유권문제를 명확하게 해결하지 못하고 갈등의 여지를 남겼다. 양국 모두 독도(獨島)/다케시마(竹島)가 역사적으로 자신의 영토라고 주장하지만, 근대적인 국가가 형성된 시기를 기준으로 본다면 다음과 같다. 대한제국은 1900년 10월 25일 칙령 41호를 통해 울도군이 울릉도, 죽도, 석도(石島)을 관할하도록 했다. 한국은 석도가 독도라고 주장하고 있지만 일본은 이에 동의하지 않고 있다. 한편, 일본의 경우 1905년 2월 22일 시마네현(島根県)의 고시 40호를 통해 다케시마를 자국의 영토로 편입했다고 주장한다.

전후 처리 과정에서 독도 영유권에 대한 양국의 주장이 엇갈리는 부분은 샌프란시스코 협정 중 2장의 영토 관련 조항이다. 그 중 2항에서는 한반도에 관련하여 아래와 같이 규정하고 있다.

> "일본은 조선의 독립을 승인하고, 제주도, 거문도 및 울릉도를 포함한 조선에 대한 모든 권리, 권원(權原) 및 청구권을 포기한다(Japan, recognizing the independence of Korea, renounces all right, title and claim to Korea,

including the islands of Quelpart, Port Hamilton and Dagelet)."

일본은 협정 초안에 독도가 포함되어 있었지만 나중에 삭제되었다는 점 등을 들어 자국의 영토임을 주장하고 있다. 하지만 협정 상대인 연합국들이 독도를 일본의 영토로 인정한 것도 아니다. 1951년 9월 합의된 샌프란시스코 강화조약이 효력을 발휘하기 약 3개월 전인 1952년 1월 18일 이승만 대통령은 독도를 포함한 '평화선'을 선포했으며 한국의 영토임을 알렸다.

독도문제는 양국 어민들의 어업(漁業) 활동과도 연관되어 있다. 1965년 한일 협정에서 한국이 평화선을 포기하고 12해리 전관수역을 받아들임에 따라, 독도 주변에서 일본 어선들이 조업을 할 수 있도록 했다는 비판을 받았다. 하지만 한국정부는 어업협력 자금을 지원 받고, 이를 통해 조업 능력을 향상하여 경제적 실익을 추구하고자 했다. 이후 한국의 조업 능력이 향상되면서 일본은 어업협정의 개정을 요구했다. 1996년 유엔해양법협약이 발효되었고 배타적 경제수역과 해양영토의 중요성이 증가하면서 독도문제가 재부상했다. 일본이 1998년 1월에 1965년의 한일어업협정 파기를 선언함에 따라 1998년 11월에는 새로운 어업협정이 맺어졌으며, 독도 주변이 중간수역(잠정수역)으로 설정되었다. 이에 대해 당시 김대중정부가 독도 영유권문제에 있어서 기존의 입장보다 후

퇴하여 일본에게 유리하도록 했다는 주장이 있었지만 정부는 어업협정과 영유권문제는 별개임을 강조했다.

  2000년대 들어 독도가 일본의 영토라고 기술한 중·고등학교 교과서의 수가 급증했으며 일본정부 또한 2005년부터 방위백서에 독도가 일본 영토라고 기술하고 있다. 한편, 시마네현에서는 2005년에 '다케시마의 날' 조례를 제정했는데, 2013년부터는 중앙정부에서 다케시마의 날 행사에 차관급 인사를 파견하고 있다. 이러한 변화는 자민당 정부가 더욱 보수적으로 되었음을 반영하고 있다.

2) 위안부문제

일본군위안부문제는 이미 한일 양국에서 1960년대 말, 1970년대 초반부터 제기되었지만 큰 관심을 얻지는 못했다. 특히 한국의 경우에도 한일관계를 고려하여 회피한 측면이 있다.[8] 하지만 1990년대 들어서면서 위안부문제는 한일관계의 핵심 쟁점으로 대두했다. 1990년 11월 한국정신대문제대책협의회(정대협)가 결성되면서 본격적으로 위안부문지의 공론화가 시작되었고, 1991년 8월 14일 한국에서는 김학순이 자신이 일본군위안부 피해자였음을 최초로 증언했다. 위안부문제는 한국만이 아니라 다른 나라에서도 제기되었는데, 일본정부는 1992년 1월 가토 고이치(加藤紘一) 관방장관을 통해 일본군의 관여를 공식 인정했으며, 1993년 8월에는 그노담화를 통해 위안부문제에 대한 사죄를 표명했다. 1994년 8월 민간 기금을 통한 위안부문제 해결책을 모색하라는 무라야마 총리의 지시에 따라, 1995년 7월에 '여성을 위한 아시아 평화 국민 기금(아시아여성기금)'이 설립되었다. 일본정부도 보상을 위한 자금을 제공하기로 했지만, 기본적으로 민간 모금의 성격을 띠고 있었고 정부의 '도의적 책임' 차원이라고 규정함으로써, 한국의 피해자 및 시민단체들의 반발에 부딪혔다. 이들은 일본정부의 진정성이 담긴 공식 사과와 보상을 요구했다. 즉 일본정부의 도의적 책임론에 대해 한국의 시민사회는 '법적' 책임을 주장하는 것이다.[9] 일본군위안부문제는 점차 국제적인 문제가 되었다. 유엔인권위원회는 1996년 위안부문제 보고서를 발간했으며 1998년에는 피해 보상을 권고했다.[10]

2000년대를 통해 계속되던 일본군위안부문제에 한국정부가 더 적극적으로 나서게 된 것은 2011년 8월 헌법재판소의 정부에 대한 부작위(不作爲) 위헌 결정이다. 즉 한국정부가 위안부문제 해결에 적극적으로 나설 책임이 있다는 판결이었는데, 정부는 한일 청구권협정을 근거로 일본정부에 협의를 요구했지만 일본은 이를 거부했다. 한편, 정대협이 2011년 12월 일본 대사관 앞에 '평화의 소녀상'을 설치하자 같은 달 열린 한일정상회담에서 노다(野田佳彦) 총리가 소녀상 철거를 요구했다. 한편, 이명박정부와 노다정부는 위안부문제 해결을 위한 협상을 진행했는데 2012년 3월에 당시 일본의 외무성 사무차관이던 사사에(佐々江賢一郎)가 방한했다. 사사에는 일본 총리가 공식 사과를 하고, 일본정부가 피해자들에게 인도주의 명목의 배상을 하며, 주한 일본대사가 피해자들을 방문해 총리의 사과문을 읽고 배상금을 전달한다는 해결책을 제안했다. 이른바 사사에안(案)에 대해 이명박정부는 일본정부의 법적 책임 인정이 미흡하다는 점을 들어 거부했다. 같은 해 8월에 이명박 대통령이 독도를 방문한 이후 한일 간의 갈등이 극심해졌으며, 박근혜 대통령의 취임 이후에도 양국관계는 개선되지 않았다. 한편, 2012년 말 재집권한 아베 총리는 역사 수정주의적 관점을 강하게 피력하며 위안부문제에 대한 사과를 담은 고노담화의 재검증을 주장했다. 일본정부는 2014년 6월 20일 고노담화와 아시아여성기금 사업에 대한 재검토 내용을 담은 결과물을 발표했다.[11] 일본정부는 고노담화를 계승한다고는 발표했지만, 담화가 정확하지 않은 사실에 근거하여 이루어진 정치적 타협의 산물이고 기금에 대해서는 위안부 피해자들이 우호적으로 반응했다는 인식을 주는 내용들을 담았다. 이러한 갈등에도 불구하고 한일 간의 물밑 교섭이 계속되었고 2015년 12월 28일 양국의 외교장관 회담을 통해 일본군위안부문제 해결을 위한 합의문이 발표되었다. 합의문에는 위안부문제에 있어서 군의 관여와 일본정부의 책임을 인정하고 아베 총리가 사과를 표명하며, 일본정부의 예산으로 10억엔을 제공하여 한국정부가 위안부 피해자들의 치유를 위한 재단을 설립한다. 이러한 합의는 최종적이고 불가역적이며 위안부문제를 두고 상호 비난을 자제한다는 내용이 담겨있었다. 예상치 못했던 갑작스런 합의에는 한미일 안보협력을 강조하는 한국과 일본의 정책결정자들은 물론 미국의 적극적 역할이 있었던 것으로 추측할 수 있다.[12] 2016년 7월에는 후속조치로 화해·치유재단이 설립되었다. 하지만 위안부 피해자들과 시민단체 및 여론의 요구를 반영하지 않은 정부 간 합의는 한국 내에서 강한 반발을 야기했다.

2017년 12월 문재인정부는 일본군위안부문제 합의에 대한 재검증을 통해 피해자 중심 접근이 이루어지지 않았다는 점과 이면합의의 존재 등 여러 문제점을 지적했고, 2018년 11월에는 화해·치유재단의 해산이 결정되었다. 합의가 사실상 파기되면서 일본군위안부문제는 앞으로도 해결하기 어려운 쟁점임을 확인할 수 있었다. 한편, 아베 총리의 입장에서 본다면 자신의 정치 기반인 보수·우익 세력의 비난을 무릅쓰고 합의한 것이었기 때문에 더욱 납득하기 어려운 것이었다.

3) 안보협력

한일국교정상화 협정이 시작될 수 있었던 계기는 냉전과 양국 간의 안보협력의 필요성 때문이었다. 안보에 있어서 양국 관계는 미국이 중첩되는 한미동맹과 미일동맹으로 인해 유사동맹(quasi-alliance)이라고 표현되기도 하지만, 동시에 역사적 경험과 영토 갈등으로 인한 경계심과 적대적 인식을 내포하고 있다. 냉전기 한국과 일본은 소련의 위협과 반공주의를 배경으로 양국 간의 안보협력을 대체로 긍정적으로 인식했다. 하지만 탈냉전기의 화해 분위기 속에서 오히려 일본의 군사력 확대를 우려하는 목소리가 나오기 시작했다.[13] 특히 독도와 일본군위안부문제가 양국 간의 갈등을 확대하면서, 일본을 잠재적인 위협으로 보는 인식이 늘어났다. 하지만 북한의 핵개발 및 미사일 위협과 중국의 부상으로 인해 양국 간의 안보협력에 대한 필요성 또한 증가했다.

한국 해군과 일본 해상자위대는 1999년 8월 처음으로 공동 수색 및 구조훈련(SAREX)을 실시했고, 이후에도 지속적으로 안보 관련 회의나 공동 훈련을 실시했다. 2013년 12월에는 소말리아 앞의 아덴만에서 한미일 합동 훈련이 있었다. 한편, 북한 미사일·핵 위협이 증가하면서 2011년에 한일 군사정보보호협정(GSOMIA) 및 상호군수지원협정(ACSA)에 관한 논의가 시작되었다. 2012년 6월 이명박정부는 비밀리에 군사정보보호협정을 추진하려 했으나, 야당과 여론의 강력한 반발에 부딪혀 중단할 수밖에 없었다. 이는 일본의 우경화, 군사대국화에 대한 한국인들의 우려를 보여주고 있다. 하지만 대북 안보 차원에서 협력 강화가 필요하다는 목소리도 상당했으며 한미일 안보협력에 대한 미국의 요구도 계속되었다. 한국과 일본은 2016년 11월에 군사정보보호협정에 합의했다. 2017년 5월에 야당 시절 군사정보보호협정에 비판적이던 문재인정부가 출범한 이후에도 협정은 계속 연장되었다. 2019년 일본의 수출규제 사태를 계기로 정부가 협정의 폐기 가능성을 언급했지만 최종적으로 이를 지속하기로 결정되었다.

4) 경제관계

이승만 정권의 붕괴 이후 한일 경제 교류를 위한 움직임이 활발하게 전개되었다. 특히 일본인 기업가들은 물론 재일 한국인 기업가들이 참여하여 1960년에 설립한 일한경제협회(日韓經濟協会)는 국교수립 이전에 민간 경제교류의 문을 열었다. 경제협력이 본격화 된 것은 1965년의 국교정상화 이후로 일본은 무상원조 3억 달러, 유상원조(차관) 2억 달러를 제공했으며, 청구권 협정에 의한 자금과 상업차관은 포항제철소나 경부고속도로 건설 등에 사용되었다. 기술이전을 포함한 경제교류를 바탕으로 한국은 산업화를 통해 경제적 성장을 이루었으며 일본의 재계 또한 상당한 이익을 얻게 되었다. 1960년대 중반 이후 한국이 생산재(production goods)와 자본재(capitol goods) 수입의 대부분을 일본에 의존함에 따라 만성적인 대일 무역적자에 시달리게 되었다. 대일 무역적자는 경제학적으로는 문제라고 볼 수 없지만,[14] 양국관계의 쟁점이 되었다. 예를 들어, 노태우 대통령은 1992년 1월에 열린 기자회견에서 무역적자문제의 해소 없이는 한일관계를 개선할 수 없다고 강조했다.[15] 밀접하던 양국 간의 경제관계는 1990년대 중반 이후 변화했다. 양국의 서로에 대한 의존도가 점차 줄어들었으며, '상호의존'의 관점에서 이러한 경제적 의존도의

표 12.1 한국의 수출입에서 차지하는 일본의 비율 (%)

	1965~1974	1985~1994	2008~2010
수출	30.2	16.8	16.1
수입	40.2	26.7	15.2

출처: 김종걸, "한일 경제관계의 재설계와 원칙," 『지식의 지평』 11 (2011), p. 62.

약화가 양국 갈등의 심화로 이어졌다는 주장이 있다.

최근 양국관계의 악화를 반영하듯 경제관계는 더욱 소원하게 되었다. 2011년에 396억 달러였던 대일 수출액은 2016년에는 243억 달러로 39%가 감소했고, 수입은 31%가 줄어 474억 달러가 되었다.[16] 한국과 일본은 2003년 12월부터 한일자유무역협정(FTA) 협상을 시작했지만 정치적 갈등이 반복되며 결실을 맺지 못했고, 2013년 3월부터는 한일 FTA가 아닌 한중일 FTA 협상이 시작되었다. 하지만 중국 경제에 대한 과도한 의존 탈피, 환태평양경제동반자협정(TPP) 가입, 동아시아 경제공동체의 건설, 글로벌시장 진출 등 다양한 영역에서 한일 간의 경제협력이 필요하다고 할 수 있다.

3. 한일관계의 현재와 미래

최근 한국과 일본의 관계는 협력보다는 갈등이 더욱 두드러지고 있다. 상호인식에 대한 여론조사 결과도 긍정보다는 부정적 인식이 많이 증가했음을 볼 수 있다. 하지만 한일관계는 양국의 정치인들이 국내정치 목적으로 정략적으로 이용하거나 미디어에 의해서 실제보다 과장되는 측면이 존재한다. 실제로 국교정상화 이후 50여 년 이라는 긴 시간 속에서 본다면 빈번한 갈등에도 불구하고 양국의 경제·문화·인적 교류가 급증하였음을 알 수 있고, 안보 차원에서도 협력의 수준이 높아졌음을 볼 수 있다. 또한 양국 간의 갈등이 지속적으로 반복되긴 하지만, 대체로 평화적으로 해소되는 모습을 보여주었다. 다만 최근의 갈등이 영토문제와 역사문제에서 비롯되고 있다는 점에서 해결의 가능성이 크지 않다는 비관적인 생각을 해 볼 수 있다.

문재인정부는 한일관계에 있어서 '투트랙(two-track)' 전략을 강조하면서, 안보 및 경제 협력과 위안부문제를 포함한 역사문제를 분리해서 대응하겠다고 주장하고 있다. 하지만 과거 정부에서도 이러한 문제들은 분리되어 다루어져 왔다고 할 수 있기 때문에 양국 갈등을 완화하기 위한 실질적 전략이라고 평가하기는 어렵다. 무엇보다 역사나 영토문제에 대한 인식의 차이가 공동의 이익 추구에 영향을 주지 않고 별개로 다루어 질 수 있는지가 의문이며, 양국관계가 서로 양보하기 어려운 부분에 대한 양보를 전제로 한다는 점에서 갈등의 궁극적 해소가 쉽지는 않을 것으로 보인다. 과거에는 정부 간 관계를 중심으로 형성되었던 한일관계가 이제는 한국 시민사회의 성장과 양국의 상대적 국력 변화, 국제적인 규범과 인식의 변화 등 다양한 변수로부터 영향을 받게 되었다. 최근의 한일관계 악화는 이러한 상황을 잘 보여주고 있다.

문재인정부 출범 후의 한일관계는 갈등으로 시작되었다. 2015년 12월 박근혜정부 시기의 위안부 합의에 대해 정부가 재검증하고 사실상 파기하면서 일본이 강하게 반발했다. 한일관계를 더욱 악화시키게 된 사건은 위안부문제와 마찬가지로 역사문제, 청구권문제와 연결되어 있다. 2005년에 노무현정부에서 설치했던 '한일회담 문서공개 후속대책 관련 민관공동위원회'의 검토 결과에 따르면 일본군위안부, 사할린 동포, 원폭 피해자의 배상 청구권은 해결되지 않았지만, 강제징용 피해자의 청구권은 1965년의 협정에 포함된 것으로 보았다. 하지만 2018년 10월 30일 한국의 대법원은 신일철주금(일본제철)을 상대로 낸 강제징용 배상 청구 소송에서 1965년의 한일청구권 협정이 정치적인 합의로, 개인의 청구권에 적용할 수 없다고 판단했다. 즉 일본 기업이 피해를 배상해야 한다고 판결했으며 다음 달인 11월에 있었던 미쓰비시 중공업 강제징용 피해자 소송에서도 배상책임을 인정했다. 판결 이후 피해자 측이 법원에 일본 기업의 한국 내 재산 압류를 신청하게 되면서 양국관계는 급속도로 악화되었다. 같은 해 12월에는 일본이 한국의 군함이 자국의 초계기를 사격관제용 레이더로 조준했다고 주장하면서 군사적 갈등으로 확대되기도 했다. 일본은 한국 대법원의 판결이 국제법에 의반된다는 주장과 함께 한국이 신뢰할 수 없는 나라임을 강조했다. 일본정부는 2019년 7월에 핵심 소재 부품에 대한 수출 규제를 발표했고 2019년 8월에는 각의 결정을 통해 우방국가에 대해 수출 절차를 간소화하는 '화이트리스트'에서 한국을 제외했다. 양국의 갈등이 계속되는 가운데 한국에서는 한일 군사정보보호협정(GSOMIA) 폐기론이 등장하기도 했지만 2019년 11월 22일 종료 유예를 발표했다. 한국과 일본의 협력과 갈등 수준은 자신의 안전과 번영에 상대방이 어느 정도 필요한지에 따라 결정되겠지만, 최근의 사건들은 특별한 계기가 없다면 한일갈등이 더욱 악화될 수밖에 없을 것이라는 점을 시사하고 있다.

13장

결론

이 책은 현대 일본정치의 역사적 전개 과정과 정치제도, 국내정치와 국제정치의 주요 쟁점들을 소개했다. 점령기 이후 냉전기를 통해 일본은 세계 제2위의 경제 대국으로 성장했지만, 탈냉전과 세계화 시대를 통해 중국에 그 자리를 내주었다. 하지만 여전히 세계 3위의 경제대국으로 꼽히며 군사력 또한 상당한 수준에 이르고 있다. 변화하는 국내외적 환경 속에서 이루어진 1990년대와 2000년대의 정치·행정·경제개혁을 통해 상대적으로 평등했던 일본사회는 성장의 대가로 불평등의 심화를 경험하게 되었으며, 자민당의 집권 실패와 민주당에 의한 정권교체라는 다른 나라에게는 일상적이지만 일본으로서는 예외적인 사건들도 있었다.

그렇다면 일본과 일본의 정치는 어디로 향하고 있는가?

2012년 말 재집권한 자민당의 아베 총리는 7년 8개월간 총리직을 수행했다. '아베 시대'라고 부를 수 있을 만큼 장기간의 집권을 통해 아베는 일본의 정치와 경제를 변화시키고자 했으며, 무엇보다 아베노믹스를 통해 침체된 경제를 되살리고자 했고 미일동맹 강화와 헌법개정 등을 통해 '강한 일본'을 만들고자 했다. 아베 총리는 2020년 7월 예정되었던 도쿄올림픽을 통해 일본의 부활을 대내외에 과시하고자 했지만 코로나바이러스 사태로 올림픽을 1년 연기할 수밖에 없었고, 코로나 사태 대응에 대한 비판이 고조되던 중 건강문제로 갑자기 사임하게 되었다. 2020년 8월 28일의 사임 연설을 통해 아베 총리는 일본인 납치자문제(북일관계), 러시아와의 평화조약(북방영토문제), 헌법개정문제를 해결하지 못하고 물러나는 데 대한 회한을 표시했다.[1] 헌법개정문제는 국내문제일 수도 있지만, 9조가 핵심 쟁점이었다는 점에서 일본의 대외관계에 집중되어 있음을 알 수 있다. 또한 납치자문제를 제외하면 패전 직후 발생한 문제들로, '전후 체제로부터의 탈각'을 외쳤던 아베 전 총리의 과제이자 일본의 과제라고 할 수 있다.

 지난 수십 년간 일본의 변화를 (학술적 논의를 무시하고) 단순하게 표현한다면, 발전국가로부터 신자유주의 국가로, 평화국가로부터 보통국가로 변화했다고 할 수 있다. 전후 일본의 급격한 경제발전과 성과가 국가의 적극적인 관여에서 비롯되었다면, 1980년대부터 발전국가로서의 특성이 약화되고 시장 중심의 신자유주의적 정책들이 도입되기 시작했다.

이 과정에서 일본이 과거와 같은 높은 수준의 사회경제적 평등을 유지하는 것이 어렵게 되었으며, 불평등-격차문제가 정치적 쟁점으로 대두되었다. 다만 아베노믹스는 신자유주의적 개혁정책들을 포함했지만 동시에 확장적 재정정책을 통해 공공사업비를 증액하는 등 전통적 이익유도정치의 모습도 보여주었다.[2] 점령기 일본의 비군사화를 목적으로 제정된 헌법 9조와 이후 요시다 노선으로 불린 경제성장 우선주의를 통해 평화국가로서의 정체성을 유지하며 번영했던 일본은, 탈냉전 이후의 변화와 북한, 중국의 위협에 대응하며 군사력을 보유하고 사용할 수 있는 보통국가로 변화하는 중이다. 비록 헌법 9조를 개정하지는 못했지만 2014년의 해석개헌과 2015년의 안보법제 등을 통해 보통국가화에 상당한 진전이 있었다고 평가할 수 있을 것이다. 다만 신자유주의 국가로의 변환, 보통국가로의 변환이 모든 국민들의 강력한 지지 속에 이루어지고 있는 것은 아니며, 극적인 변화가 아니라 일본의 정치·경제체제가 지닌 특성들을 유지하는 가운데 점진적으로 진행되고 있다고 할 수 있다. 한편, 아베 정권 시기 나타난 자민당 우위의 재구축과 보수주의 강화 움직임에서 알 수 있듯이 사회적으로 보수 지향적인 가치가 확산되고 있는 것으로 보인다.

   신자유주의 국가, 보통국가로의 전환과 함께 일본은 또한 동아시아 지역국가 정체성을 벗어나 국제국가로 변신 중이다. 중국의 부상에 대한 대응으로 미일동맹을 강화하는 한편 이를 활용해 일본의 활동 범위를 글로벌 차원으로 넓히고 있다. 메이지유신의 목표가 부국강병이었다면, 현재 일본의 보수 정치인들의 꿈도 마찬가지일 것이다. 일본은 경제 강국으로서의 현재의 지위를 유지하고 국제정치와 안보에 있어서 주도적 국가가 되고자 노력하고 있다. 하지만 이러한 목표를 달성하기 위한 과정에는 많은 장애물들이 존재하는 것으로 보인다. 저출산·고령화는 일본사회의 미래를 어둡게 하고 있다. 인구 감소는 수요의 감소와 노동력의 부족으로 이어지고 있으며, 고령자의 증가로 사회보장비용 또한 급증하고 있다. 대도시 지역과 농촌 지역 간의 격차가 확대되고 있으며 노동시장 내의 불평등 또한 사회정치적 문제가 되고 있다. 또한 대외적으로는 공세적인 중국이 더욱 강대해지고 있으며 북한의 위협도 상존하고 있다. 일본의 미래는 이러한 대내외적 도전에 어떻게 대처하느냐에 달려 있다고 할 것이다.

주

1장 서론: 일본과 일본정치

1) https://www.nikkei.com/article/DGXMZO51391210V21C19A0EA3000/
2) https://www.stat.go.jp/data/jinsui/new.html
3) https://www.mhlw.go.jp/english/database/db-hw/dl/81-1a2en.pdf
4) https://www.cia.gov/library/publications/the-world-factbook/
5) https://www.washingtontimes.com/news/2019/feb/10/editorial-japan-becomes-the-worlds-fourth-most-pow/
6) https://www.mofa.go.jp/files/000481575.pdf
7) John W. Dower, *War without Mercy: Race & Power in the Pacific War* (New York: Pantheon Books, 1986), pp. 212–214.

제1부 | 일본정치의 변천

2장 근대 일본의 형성과 제국주의

1) 박훈, 『메이지 유신은 어떻게 가능했는가』 (서울: 민음사, 2014), pp. 18-19.
2) 김진기, 『일본의 정치와 경제』 (파주: 한국학술정보, 2018), pp. 56-57.
3) http://www.meijijingu.or.jp/about/3-3.html
4) 손열, 『일본: 성장과 위기의 정치경제학』 (서울: 나남, 2003), pp. 34-35.
5) 한상일, "1장 동아시아공동체의 역사적 재조명: 담론과 정책," 한상일·이숙종 (공편), 『일본과 동아시아』 (EAI, 2011), pp. 17-18.
6) http://www.ndl.go.jp/constitution/etc/j02.html
7) Duncan McCargo 지음, 이승주· 한의석 옮김, 『현대 일본의 이해』 (서울: 명인문화사, 2015), p. 31.
8) McCargo (2015), p. 271에서 재인용.
9) 박영준, "1장 역사적 유산_근대 일본의 정치와 외교," 현대일본학회 지음, 『일본정치론』 (서울: 논형, 2007), p. 30.
10) John W. Dower, *War Without Mercy: Race and Power in the Pacific War* (New York: Pantheon, 1987), p. 147.
11) 구태훈, 『일본사강의』 (서울: 히스토리메이커, 2017), p. 438.
12) Richard J. Samuels, *Securing Japan: Tokyo's Grand Strategy and the Future of East Asia* (New York: Cornell University Press, 2007), pp. 27-28.

3장 전후 일본의 정치와 55년체제

1) Fukutake Tadashi, *The Japanese Social Structure*, Translated by

Ronald P. Dore (Tokyo: University of Tokyo Press, 1982), p. 92.
2) 이시카와 마스미 지음, 박정진 옮김, 『일본전후정치사』 (서울: 후마니타스, 2006), pp. 130-131.
3) Fukutake (1982), p. 86.
4) 日本統計年鑑.
5) 박철희, 『자민당 정권과 전후 체제의 변용』 (서울: 서울대학교출판문화원, 2011) p. 143.

4장　탈냉전과 세계화 시대의 일본

1) 박철희, 『자민당 정권과 전후 체제의 변용』 (서울: 서울대학교출판문화원, 2011) p. 271.
2) 한의석, "일본의 정치리더십 위기와 고이즈미 재평가: 탈자민당 정치와 개혁의 리더십," 『세계지역연구논총』 제30집 3호 (2012), p. 127.
3) 한의석 (2012), p. 278.
4) 한의석, "일본 민주당 정권의 정치주도론과 제도개혁의 좌절," 『한국정당학회보』 12권 3호 (2013), p. 151.
5) http://www.kantei.go.jp/jp/96_abe/statement/2012/1226kaiken.html
6) https://www.kantei.go.jp/jp/headline/ichiokusoukatsuyaku/index.html

제2부 | 일본정치의 제도와 구조

5장　선거와 정당

1) http://www.akaruisenkyo.or.jp/070various/071syugi/693/

2) 이이범, "전후 일본 참의원 선거 분석: 연속과 단절," 전진호 편, 『전후 일본 패러다임의 연속과 단절』 (파주: 청아출판사, 2017), pp. 103-104.
3) 이이범 (2017).
4) 박철희, 『자민당 정권과 전후 체제의 변용』 (서울: 서울대학교출판 문화원, 2011) p. 271.
5) https://www.nhk.or.jp/senkyo/database/shugiin/2017/kouyaku/seisaku/
6) 明るい選挙推進協会 意識調査. http://www.akaruisenkyo.or.jp/wp/wp-content/uploads/2018/07/48syuishikicyosa-1.pdf
7) https://www.soumu.go.jp/senkyo/senkyo_s/data/shugiin48/index.html
8) https://www.jiji.com/jc/graphics?p=ve_pol_election-syugiin20171022j-06-w430
9) https://toyokeizai.net/articles/-/195199
10) 中北浩爾, 『自民党 ―「一強」の実像』 (中公新書, 2017); 이주경, "1장 관저주도의 신보수화 개혁정치," 박철희 외 지음, 『아베시대 일본의 국가전략』 (서울: 서울대학교출판문화원, 2018).

6장　정부와 관료제

1) https://www.soumu.go.jp/kouiki/kouiki.html
2) http://www.stat.go.jp/data/nihon/27.html
3) 이 부분은 저자의 보고서(경제·인문사회연구회 일본연구기획위원회 일본전략보고서 13) 내용의 일부를 활용했음.
4) Tomohito Shinoda, "Prime Ministerial Leadership," in Alisa Gaunder (ed), *The Routledge Handbook of Japanese Politics* (London: Routledge, 2016), pp. 51-54.
5) https://www.kantei.go.jp/jp/98_abe/meibo/index.html
6) https://www.arimura.tv/wp-content/uploads/2019/03/2d7eed

77b3e31dddb8a22d1e49852d25.pdf
7) http://www.soumu.go.jp/main_sosiki/jichi_gyousei/c-gyousei/dousyusei/pdf/060315_5.pdf
8) https://www.keidanren.or.jp/policy/2013/018.html
9) Johnson, Charlmers, *MITI and the Japanese Miracle: the growth of industrial policy*, 1925-1975 (California: Stanford University Press, 1982).
10) 박철희, 『자민당 정권과 전후 체제의 변용』(서울: 서울대학교출판문화원, 2011) pp. 149.
11) 진창수, "일본 정당정치의 변동과 정책변화: 2001년 성청 개혁을 중심으로." 『일본연구논총』 제24집 (2006).
12) http://www.kantei.go.jp/jp/96_abe/actions/201212/28jikankaigi.html/
13) 中北浩爾 (2017), pp. 113-115.
14) 이주경, "일본 정치개혁 이후 자민당의 정책변경 분석." 『21세기정치학회보』 제26집 1호 (2016), p. 231.
15) Frank Upham, *Law and Social Change in Postwar Japan* (Massachusetts: Harvard University Press, 1987).
16) https://www.courts.go.jp/about/sosiki/saikosaibansyo/index.html
17) http://www.courts.go.jp/saikosai/

7장   정치문화와 시민사회

1) 박진우, "전후 일본의 단일민족론과 상징천황제." 『일본사상』 18호 (2010), pp. 93-95.
2) Sugimoto, Yoshio, *An Introduction to Japanese Society* (2nd ed.) (New York: Cambridge University Press, 2003), p. 28.
3) Ruth Benedict 지음, 김윤식·오인석 옮김, 『국화와 칼: 일본문화의 틀』(서울: 을유문화사, 2008), pp. 45-46.

4) Benedict (2008), pp. 49-50에 소개된 이야기를 저자가 축약함.
5) Benedict (2008), p. 188.
6) 김계자, "일본의 사무라이문화 국민서사 만들기 -『가나데혼 주신구라(仮名手本忠臣蔵)』를 중심으로-," 『일본사상』 31호 (2016), pp. 7-8; 이성민, "겐로쿠 사건의 국민교육 -『가나데혼 주신구라(仮名手本忠臣蔵)』와의 상관성을 중심으로-," 『일본언어문화』 제25집 (2013), pp. 633-634.
7) 이성민 (2013), pp. 635-640.
8) 이준섭, "주신구라로 일본읽기," 『일본학연구』 제16집 (2005), p. 232.
9) 이성민 (2013), p. 642.
10) Sugimoto (2003), p. 4.
11) 한의석, "정치의 세습화와 일본의 세습의원," 『일본연구』 67호 (2016)에서 일부분을 활용함.
12) 『時事通信』, 2017년 10월 23일 (https://www.jiji.com/jc/graphics?p=ve_pol_election-syugiin20171023j-13-w350)
13) http://www.bunka.go.jp/tokei_hakusho_shuppan/tokeichosa/shumu/index.html
14) McCargo (2015), p. 137.
15) 김양희, "일본 우익의 사상적 기저로서의 신도(神道) 고찰," 『일본문화연구』 제20집 (2006), p. 296; 박진우, "일본 내셔널리즘과 천황제," 『내일을 여는 역사』 70호 (2018), pp. 222-223.
16) 이찬수, "영혼의 정치학: 천황제와 신종교의 접점," 『일본비평』 9호 (2013), p. 114.
17) 박진우 (2010), pp. 84-88.
18) John W. Dower, *War without Mercy: Race & Power in the Pacific War*, (New York: Pantheon Books, 1986), p. 315.
19) 박진우 (2010), p. 83.
20) 정미애, "일본의 단일민족국가관에서 다문화공생으로의 인식변화와 다문화공생의 거버넌스," 『한국정치학회보』 제45집 4호 (2011).
21) 박철희, "일본 정치 보수화의 삼중 구조," 『일본비평』 10호 (2014), pp. 82-86.
22) 이주경 (2018).

23) 강기철, "일본 만화에 나타난 역사 왜곡과 정치적 보수화 연구," 『인문학논총』 제29집 (2012).
24) http://www.nipponkaigi.org/about
25) 하종문, "넷우익을 통해 본 일본 우경화의 정치 동학." 『일본비평』 18호 (2018).
26) 이정환, "장기불황, 구조개혁, 생활보수," 『일본비평』 10호 (2014), pp. 115-118.
27) https://www.keidanren.or.jp/profile/pro001.html
28) https://org.ja-group.jp/about/unionmember
29) Yutaka Tsujinaka, "From Developmentalism to Maturity: Japan's Civil Society Organizations in Comparative Perspective," in Frank J. Schwartz and Susan J. Pharr (eds.), *The State of Civil Society in Japan* (New York: Cambridge University Press, 2003), p. 91.
30) 정미애, "글로벌화와 일본의 시민사회," 『국제정치논총』 제42집 4호 (2002), p. 238.
31) Yuko Kawato, Robert J. Pekkanen and Hidehiro Yamamoto, "State and Civil Society in Japan," in Alisa Gaunder (ed), *The Routledge Handbook of Japanese Politics* (London: Routledge, 2016), p. 118.
32) https://www.npo-homepage.go.jp/uploads/h29_houjin_houkoku.pdf

제3부 ǀ 일본정치의 현안과 쟁점

8장　정치경제

1) John Dower, *Embracing Defeat: Japan in the Aftermath of World War II* (New York: W. W. Norton & Company, 1999), p. 95.
2) Dower (1999), p. 541.
3) 손열, 『일본: 성장과 위기의 정치경제학』 (서울: 나남, 2003), p. 113.

4) http://www5.cao.go.jp/j-j/wp/wp-je17/pdf/p08000.pdf
5) 김기석, "9장 국가와 시장-발전국가와 그 변모," 현대일본학회 지음, 『일본정치론』 (서울: 논형, 2007), p. 310.
6) T. J. Pempel, *Regime Shift: Comparative Dynamics of the Japanese Political Economy* (New York: Cornell University Press, 1998), p. 67.
7) John W. Dower. "The Useful War." in Carol Gluck and Stephen R. Graubard (eds.), *Showa: The Japan of Hirohito* (New York: Norton, 1992), pp. 49-70; McCargo (2015), p. 59에서 재인용.
8) McCargo (2015), p. 286.
9) Margarita Estévez-Abe, *Welfare and Capitalism in Postwar Japan*. New York: Cambridge University Press, 2008.
10) Fukutake Tadashi, The Japanese Social Structure, Translated by Ronald P. Dore (Tokyo: University of Tokyo Press, 1982), p. 97.
11) 손열 (2003), p. 251.
12) https://www.komazawa-u.ac.jp/~kobamasa/lecture/japaneco/maekawarep.htm
13) 이시이 간지, "거품경제와 장기불황의 정치경제학적 분석," 『일본비평』 15호 (2016), pp. 56-57.
14) https://www5.cao.go.jp/keizai2/keizai-syakai/k-s-kouzou/shiryou/houkoku/sankoushiryo5.pdf
15) 김진기, 『일본의 정치와 경제』 (파주: 한국학술정보, 2018), p. 273.
16) https://www.kantei.go.jp/jp/sinseichousenryaku/
17) 송지연, "저출산·고령화 시대 아베 정부의 성장전략," 『한국과 국제정치』 35권 3호 (2019), p. 170.
18) https://www.stat.go.jp/data/nihon/02.html
19) https://www8.cao.go.jp/kourei/whitepaper/w-2019/html/zenbun/s1_1_1.html
20) 이기태, "4장 지역규모 문제 공헌을 통한 적극적 글로벌 외교," 박철희 외 지음, 『아베시대 일본의 국가전략』 (서울: 서울대학교출판문화원, 2018), p. 158.
21) 『日経新聞』, 2019년 5월 15일. https://www.nikkei.com/article/

DGXMZO44828520V10C19A5MM8000/
22) 여인만, "아베노믹스를 둘러싼 논점," 『일본비평』 15호 (2016), pp. 195-196; 이창민, "'저온호황'의 출현과 아베노믹스의 방향전환," 『일본연구』 75호 (2018), pp. 35-36.
23) https://www.kantei.go.jp/jp/97_abe/statement/2015/1007kaiken.html
24) https://www.kantei.go.jp/jp/headline/ichiokusoukatsuyaku/index.html
25) https://www.kantei.go.jp/jp/singi/jinsei100nen/
26) https://www.kantei.go.jp/jp/singi/hatarakikata/
27) 다케다 하루히토, "성장신화로부터의 탈출 – 제로성장기 일본경제를 보는 새로운 시각," 『일본비평』 15호 (2016), pp. 23-25.
28) 여인만, "'제로성장'하에서도 바람직한 사회는 가능할까?" 『일본비평』 15호 (2016), pp. 5-7.

9장 헌법과 개헌논쟁

1) http://www.ndl.go.jp/constitution/etc/j02.html
2) 塩田潮, 安倍晋三の憲法戦争 (プレジデント社, 2016), pp. 24-25.
3) 전황수, "일본의 헌법조사회발족과 개헌논의," 『한국과 국제정치』 16권 2호 (2000), pp. 301-330.
4) 전진호, "21세기 일본의 국가이념과 헌법조사회," 『일본연구논총』 25호 (2007), p. 9.
5) http://www.kenpou-gakushuukai.pw/kaiken_an_2005.html
6) 박철희, "일본 정당들의 헌법개정안 시안 분석을 통해서 본 개헌논의의 정치과정," 『일본연구논총』 27호 (2008), pp. 78-79.
7) http://www.asahi.com/edu/nie/kiji/kiji/TKY200706010220.html
8) https://www.nhk.or.jp/bunken/summary/yoron/social/025.html

9) https://jimin.ncss.nifty.com/pdf/news/policy/130250_1.pdf
10) https://jimin.jp-east-2.storage.api.nifcloud.com/pdf/seisaku_ichiban24.pdf?_ga=2.18636464.827737622.1564795703-106650513.1564795703
11) 安倍晋三, 美しい国へ (文春新書, 2006), pp. 28-29.
12) http://warp.ndl.go.jp/info:ndljp/pid/11236451/www.kantei.go.jp/jp/abespeech/2006/09/29syosin.html
13) 『読売新聞』, 2017년 5월 3일.
14) http://constitution.jimin.jp/document/discussion/
15) https://www.asahi.com/articles/ASM7D3H28M7DUTFK006.html
16) https://www.asahi.com/articles/ASM7Q2RNKM7QUTFK001.html
17) 박영준, "'수정주의적 보통국가론'의 대두와 일본 외교: 자민당 아베 정권의 재출범과 한반도정책 전망," 『한국과 국제정치』 29권 1호 (2013), p. 97.
18) 塩田潮 (2016), p. 266.
19) https://legal.un.org/repertory/art51.shtml
20) http://www.kantei.go.jp/jp/98_abe/statement/2020/0106nentou.html

10장 외교안보

1) http://www.cas.go.jp/jp/gaiyou/jimu/taikou/1_kokubou_kihon.pdf
2) McCargo (2015), p. 260.
3) https://kokkai.ndl.go.jp/#/detail?minId=107705261X01819760227
4) 배정호, "4장 전후 일본의 재군비와 안보전략," 『일본의 국가전략과 안보전략』 (서울: 나남, 2006), pp. 137-141.
5) https://www.mofa.go.jp/mofaj/press/pr/wakaru/topics/vol64/

index.html
6) 井原伸浩, "1970年代の東南アジアにおける 非経済的な日本イメージの悪化要因," 『言語文化論集』 38巻 1号 (2016), p. 132.
7) 신정화, "북일관계의 역사 – 1990년대를 중심으로-," 『역사비평』 특집호 (2002), pp. 70-71.
8) 전진호, "14장 일본 외교의 형성과 전개," 현대일본학회 지음, 『일본정치론』 (서울: 논형, 2007), p. 495.
9) 박창건, "한일국교정상화 이후 북일관계의 변화: '상황적 경직화'에서 '전략적 유연화'로 전이된 교섭외교," 『한국과 국제정치』 31권 2호 (2015), pp. 42-43.
10) 박철희, 『자민당 정권과 전후 체제의 변용』 (서울: 서울대학교출판문화원, 2011), p. 377.
11) https://www.mod.go.jp/j/approach/agenda/guideline/2011/taikou_new.pdf
12) 김준섭, "10장 민주당 정권의 안보정책," 진창수·신정화 엮음, 『일본 민주당 정권의 탄생과 붕괴』 (서울: 오름, 2014), p. 338.
13) https://www.nikkei.com/article/DGXNASFS27003_X21C11A2000000/
14) 김준섭 (2014), p. 350.
15) https://www.cas.go.jp/jp/siryou/131217anzenhoshou/gaiyou.html
16) https://www.kantei.go.jp/jp/96_abe/statement/2013/26generaldebate.html
17) https://www.sangiin.go.jp/japanese/joho1/kousei/syuisyo/189/touh/t189270.htm
18) https://www.cas.go.jp/jp/siryou/131217anzenhoshou/ndpg-j.pdf
19) https://www.project-syndicate.org/onpoint/a-strategic-alliance-for-japan-and-india-by-shinzo-abe?barrier=accesspaylog
20) 김준섭 (2014), pp. 342-345.
21) https://www.mod.go.jp/gsdf/gcc/ardb/
22) http://www.kantei.go.jp/jp/98_abe/statement/index.html

23) http://www.kantei.go.jp/jp/98_abe/statement/2019/1004shoshinhyomei.html
24) https://www.mofa.go.jp/mofaj/kaidan/page24_000037.html
25) 이 부분은 저자의 기존 연구(한의석 2017a)에 상당 부분 의존했다.
26) 内海愛子・村井吉敬, "第1章 戦争賠償からODA大国へ," 『徹底検証ニッポンのODA』(コモンズ, 2006), p. 18.
27) https://www.mofa.go.jp/mofaj/gaiko/oda/shiryo/hakusyo/14_hakusho_pdf/index.html
28) 2004年度 ODA 白書. http://www.mofa.go.jp/mofaj/gaiko/oda/shiryo/hakusyo/06_hakusho/pdfs/06_hakusho_0101.pdf
29) 内海愛子・村井吉敬 (2006), pp. 29-30.
30) 2004年度 ODA白書. http://www.mofa.go.jp/mofaj/gaiko/oda/shiryo/hakusyo/04_hakusho/ODA2004/html/honpen/index.htm
31) 류시현, "일본의 ODA 정책과 인간안보: 일본 국내담론과 국제규범 형성과의 관계를 중심으로," 『일본연구논총』 41호 (2015), p. 35; 김용민, "일본의 인간안보: 동일본 대지진 이후 인간안보의 재조명을 중심으로," 『아태연구』 19권 3호 (2012), p. 147.
32) 류시현 (2015), p. 43.
33) OECD, *DAC Peer Review of Japan* (2004), p. 10.
34) http://www.mofa.go.jp/mofaj/gaiko/oda/kaikaku/arikata/pdfs/saisyu_honbun.pdf
35) Akio Takayanagi, *Japan's Ongoing Revision of the "ODA Charter"*, 2014.
36) 이기태, "4장 지역규모 문제 공헌을 통한 적극적 글로벌 외교," 박철희 외 지음, 『아베시대 일본의 국가전략』 (서울: 서울대학교출판문화원, 2018), p. 159.
37) 김기석, "3장 일본의 동아시아공동체 정책," 한상일·이숙종 (공편), 『일본과 동아시아』 (EAI, 2011), pp. 77.
38) 김상준, "지역과 헤게모니: 미국 헤게모니의 쇠락과 일본의 지역주의 전략 변화를 중심으로," 『국제정치논총』 제53집 1호 (2013), p. 133.
39) 이기완, 『일본외교와 동아시아』 (서울: 매봉, 2009).

40) 김상준 (2013), p. 126.
41) 이면우, 『현대 일본 외교의 변용과 한일협력』(서울: 한울아카데미, 2011), p. 383.

11장   미일동맹과 중일관계

1) 박영준, 『제3의 일본: 21세기 일본외교·방위정책에 대한 재인식』(서울: 한울아카데미, 2008), p. 213.
2) http://www.mofa.go.jp/mofaj/area/usa/hosho/jyoyaku.html
3) 최운도, "미일관계와 일본의 국가전략: 전후체제로부터의 탈각?" 전진호 편, 『전후 일본 패러다임의 연속과 단절』(파주: 청아출판사, 2017), p. 327.
4) https://www.pref.okinawa.jp/site/kodomo/land/sugata/kichi.html
5) McCargo (2015), p. 261.
6) 박영준 (2008), pp. 220-221.
7) 日本の安全保障と防衛力のあり方-21世紀へ向けての展望 (http://worldjpn.grips.ac.jp/documents/texts/JPSC/19940812.O1J.html)
8) 박영준 (2008), p. 232.
9) https://nautilus.org/napsnet/napsnet-special-reports/east-asia-strategy-report/
10) 박영준 (2008), p. 233.
11) http://www.mofa.go.jp/mofaj/area/usa/hosho/kyoryoku.html
12) http://www.dtic.mil/dtic/tr/fulltext/u2/a403599.pdf
13) 박영준 (2008), p. 88.
14) 토가시 아유미, "정권 교체와 일본 외교안보정책의 지속성: 정책이념과 미일동맹," 『한국정당학회보』 16권 2호 (2017).
15) https://csis-prod.s3.amazonaws.com/s3fs-public/legacy_files/files/publication/120810_Armitage_USJapanAlliance_Web.pdf
16) 황세희, "전쟁 가능한 일본을 향한 안보정책 전환," 박철희 외 지음,

『아베시대 일본의 국가전략』(서울: 서울대학교출판문화원, 2018), p. 189.
17) https://www.mofa.go.jp/mofaj/press/enzetsu/18/easo_1130.html
18) https://www.project-syndicate.org/onpoint/a-strategic-alliance-for-japan-and-india-by-shinzo-abe?barrier=accesspaylog
19) https://www.mofa.go.jp/files/000407643.pdf
20) http://www.mofa.go.jp/mofaj/files/000227766.pdf
21) https://www.whitehouse.gov/briefings-statements/remarks-president-trump-apec-ceo-summit-da-nang-vietnam/
22) 한인택, "인도태평양 전략의 불투명한 미래," JPI PeaceNet, 2020.
23) 정구연·이재현·백우열·이기태, "인도태평양 규칙기반 질서 형성과 쿼드협력의 전망," 『국제관계연구』 23권 2호 (2018).
24) 오승희, "전후 일본의 인정투쟁과 중일국교정상화: 하나의 중국론에 대한 인정론적 접근," 『한국정치학회보』 제51집 1호 (2017), p. 88.
25) 김성철, "중국·일본관계의 정치경제, 역사와 전망," 『세종정책연구』 2011-17 (세종연구소, 2011), pp. 11-12.
26) 김성철 (2011), p. 15.
27) 연상모, "후진타오 시기(2002-2012) 중국의 대일본 인식변화," 성신여자대학교 박사학위 논문 (2017), p. 55.
28) 연상모 (2017), p. 63.
29) 손기섭, "고이즈미 내각기의 중일 '72년 체제'의 갈등과 전환," 『국제정치논총』 제45집 4호 (2005), p. 247.
30) Ming Wan, "Japan-China Relations: Structure or Management?" in Alisa Gaunder (ed), *The Routledge Handbook of Japanese Politics* (London: Routledge, 2016), p. 341.
31) https://www.mofa.go.jp/mofaj/area/china/boeki.html
32) 전진호, "일본의 대중국 안보인식 변화," 『한일군사문화연구』 제11집 (2011), p. 103.
33) 연상모 (2017), p. 69.
34) http://www.nytimes.com/2012/11/21/opinion/koichiro-genba-japan-china-relations-at-a-crossroads.html

35) https://www.japantimes.co.jp/news/2012/01/22/national/senkakus-are-core-interests-china/#.XnOSo7mCjak
36) https://www.nikkei.com/article/DGXNASFS2603U_W3A420C1PP8000/
37) https://www.cas.go.jp/jp/siryou/131217anzenhoshou/nss-summary-j.pdf

12장 한일관계

1) 공로명, "한일관계 50년을 돌아본다," 박철희 편저, 『한일관계 50년 비교사적 이해』 (서울: 대한민국역사박물관, 2016), p. 11.
2) 최희식, 『전후 한일관계 70년: 우리는 어떻게 갈등을 극복해 왔나?』 (서울: 선인, 2017), pp. 95–111.
3) http://theme.archives.go.kr/next/monthly/viewMain.do?year=2010&month=01
4) 최희식 (2017), pp. 123–128.
5) 『중앙일보』, 2007년 3월 19일자. http://news.joins.com/article/2665649
6) 이기태, "12장 민주당 정권의 대한정책," 일본 민주당 정권의 탄생과 붕괴," 진창수·신정화 엮음, 『일본 민주당 정권의 탄생과 붕괴』 (서울: 오름, 2014), p. 406.
7) 이기태 (2014), p. 413.
8) 이면우, "한일 역사 갈등의 전후사: 일본군 '위안부' 문제를 중심으로," 전진호 편, 『전후 일본 패러다임의 연속과 단절』 (파주: 청아출판사, 2017), pp. 142–143.
9) 최희식 (2016, 188–189).
10) 이면우 (2017), p. 147.
11) http://www.mofa.go.jp/files/000042173.pdf
12) 이면우 (2017), p. 150.
13) 박영준, "한국외교와 한일안보 관계의 변용, 1965~2015," 『일본

비평』 12호 (2015), p. 148.
14) 김종걸, "한일 경제관계의 재설계와 원칙," 『지식의 지평』 11 (2011), p. 64.
15) Hsidehiko Mukoyama, "Can Japan and South Korea Build a New Economic Relationship? − Recent Changes in the Global Environment May Help to Repair Relations −," *Pacific Business and Industries* 16(59): 2−24 (2016), p. 7.
16) 이우광, "한일 경제협력 패러다임 전환 모색해야," 『한국경제신문』, 2017년 2월 17일.

13장 결론

1) https://www.kantei.go.jp/jp/98_abe/statement/2020/0828kaiken.html
2) 中北浩爾 (2017), p. 250.

참고문헌

한글문헌

강기철. "일본 만화에 나타난 역사 왜곡과 정치적 보수화 연구." 『인문학논총』 제29집 (2012).
강태훈. "1990년대 일본외교정책의 변화: 국내정치적 요인과 국내정치과정을 중심으로." 『한국정치외교사논총』 제25집 2호 (2004).
경제희. "일본 선거제도의 현황과 변천." 『미래정치연구』 창간호 (2011).
_____. "일본 지방선거에서의 무소속 당선자에 대한 오해와 이해." 『일본연구논총』 39권 (2014).
고선규. "지역정당의 제도화를 위한 입법조건: 일본의 사례와 시사점." 『입법과 정책』 6권 1호 (2014).
고하리 스스무. "한일관계 50년의 국민의식과 '상호인식'." 박철희 편저. 『한일관계 50년 비교사적 이해』. 대한민국역사박물관, 2016.
공로명. "한일관계 50년을 돌아본다." 박철희 편저. 『한일관계 50년 비교사적 이해』. 대한민국역사박물관, 2016.
구태훈. 『일본사강의』. 서울: 히스토리메이커, 2017.
권영주. "일본의 지방선거에 있어서 정당 공천의 현상과 제도: 왜 무소속이 많은가?" 『한국지방자치학회보』 25권 1호 (2013).
김계자. "일본의 사무라이문화 국민서사 만들기 - 『가나데혼 주신구라(仮名手本忠臣蔵)』를 중심으로-."『일본사상』31호 (2016).
김기석. "3장 일본의 동아시아공동체 정책." 한상일·이숙종 (공편). 『일본과 동아시아』. EAI, 2011.
김상준. "지역과 헤게모니: 미국 헤게모니의 쇠락과 일본의 지역주의 전략 변화를 중심으로."『국제정치논총』제53집 1호 (2013).
김석수. "일본 정부개발원조(ODA)와 국익의 연계."『문화와 정치』3권 1호 (2016).
김성철. "중국·일본관계의 정치경제, 역사와 전망."『세종정책연구』 2011-17. 세종연구소, 2011.
김양희. "일본 우익의 사상적 기저로서의 신도(神道) 고찰."『일본문화연구』제20집 (2006).
김용민. "일본의 인간안보: 동일본 대지진 이후 인간안보의 재조명을 중심으로."『아태연구』19권 3호 (2012).
김용복. "1990년대 이후 일본정치경제의 위기와 변화: 성과, 원인, 과제."『국제정치논총』제51집 3호 (2011).
김종걸. "한일 경제관계의 재설계와 원칙."『지식의 지평』11 (2011).
김준섭. "10장 민주당 정권의 안보정책." 진창수·신정화 엮음.『일본 민주당 정권의 탄생과 붕괴』. 서울: 오름, 2014.
김진기.『일본의 정치와 경제』. 파주: 한국학술정보, 2018.
니시노 준야. "한일 경제 협력 관계의 시작과 제도화 과정."『일본비평』12호 (2015).
다케다 하루히토. "성장신화로부터의 탈출 - 제로성장기 일본경제를 보는 새로운 시각."『일본비평』15호 (2016).
류시현. "일본의 ODA 정책과 인간안보: 일본 국내담론과 국제규범 형성과의 관계를 중심으로."『일본연구논총』41호 (2015).
박영준. "'수정주의적 보통국가론'의 대두와 일본 외교: 자민당 아베 정권의 재출범과 한반도정책 전망."『한국과 국제정치』29권 1호 (2013).
_____. "일본 아베 정부의 안보정책 변화와 한국의 대응방안: 수정주의적 내셔널리즘과 보통군사국가화."『국방정책연구』30권 1호 (2014).

_____. 『제3의 일본: 21세기 일본 외교 방위정책에 대한 재인식』. 서울: 한울아카데미, 2008.

_____. "한국외교와 한일안보 관계의 변용, 1965~2015." 『일본비평』 12호 (2015).

박진우. "일본 내셔널리즘과 천황제." 『내일을 여는 역사』 70호 (2018).

_____. "전후 일본의 단일민족론과 상징천황제." 『일본사상』 18호 (2010).

박창건. "한일국교정상화 이후 북일관계의 변화: '상황적 경직화'에서 '전략적 유연화'로 전이된 교섭외교." 『한국과 국제정치』 31권 2호 (2015).

박철희. "일본 정당들의 헌법개정안 시안 분석을 통해서 본 개헌 논의의 정치과정." 『일본연구논총』 27호 (2008).

_____. "일본 정치 보수화의 삼중 구조." 『일본비평』 10호 (2014).

_____. 『자민당 정권과 전후 체제의 변용』. 서울: 서울대학교출판문화원, 2011.

박훈. 『메이지 유신은 어떻게 가능했는가』. 서울: 민음사, 2014.

배정호. "4장 전후 일본의 재군비와 안보전략." 『일본의 국가전략과 안보전략』. 서울: 나남, 2006.

손기섭. "고이즈미 내각기의 중일 '72년 체제'의 갈등과 전환." 『국제정치논총』 제45집 4호 (2005).

손열. 『일본: 성장과 위기의 정치경제학』. 서울: 나남, 2003.

송지연. "저출산·고령화 시대 아베 정부의 성장전략." 『한국과 국제정치』 35권 3호 (2019).

신정화. "북일관계의 역사 – 1990년대를 중심으로–." 『역사비평』 특집호 (2002).

야가사키 히데노리. "일본국 헌법제정 경위에 관한 연구." 『한국정치학회보』 제37집 5호 (2003).

양기호. "한일 50년: 한일 국민의 생활변화." 박철희 편저. 『한일관계 50년 비교사적 이해』. 대한민국역사박물관, 2016.

여인만. "아베노믹스를 둘러싼 논점." 『일본비평』 15호 (2016).

_____. "'제로성장'하에서도 바람직한 사회는 가능할까?" 『일본비평』 15호 (2016).
연상모. "후진타오 시기(2002-2012) 중국의 대일본 인식변화." 성신여자대학교 박사학위 논문 (2017).
염재호. "일본 규제완화의 정치경제: 자유주의적 개혁과 중층적 특성." 『사회비평』 21호 (1999).
_____. "일본 정치행정 시스템의 제도적 변화." 『아세아연구』 48권 1호 (2005).
오승희. "전후 일본의 인정투쟁과 중일국교정상화: 하나의 중국론에 대한 인정론적 접근." 『한국정치학회보』 제51집 1호 (2017).
_____. "중일 경쟁시대 일본의 중국인식과 중국정책." 『아세아연구』 60권 2호 (2017).
오코노기 마사오. "국제시스템의 변천과 한일관계: 일본 정책을 중심으로." 박철희 편저. 『한일관계 50년 비교사적 이해』. 대한민국역사박물관, 2016.
요시오카 히데미. "일한 경제관계의 신 전개 - 2000년대의 구조변화를 중심으로 -." 『제2기 한일역사공동연구보고서』 제5권. 한일역사공동연구위원회, 2010.
이기완. 『일본외교와 동아시아』. 서울: 매봉, 2009.
이기태. "4장 지역규모 문제 공헌을 통한 적극적 글로벌 외교." 박철희 외 지음. 『아베시대 일본의 국가전략』. 서울: 서울대학교출판문화원, 2018.
_____. "민주당 정권의 대한정책." 진창수·신정화 엮음. 『일본 민주당 정권의 탄생과 붕괴』. 서울: 오름, 2014.
이면우. "한일 역사 갈등의 전후사: 일본군 '위안부' 문제를 중심으로." 전진호 편. 『전후 일본 패러다임의 연속과 단절』. 파주: 청아출판사, 2017.
_____. 『현대 일본 외교의 변용과 한일협력』. 서울: 한울아카데미, 2011.
이명찬. "일본의 집단적자위권 행사용인과 국가노선의 대전환." 『일본연구논총』 40호 (2014).

이상훈. "일본정치의 변화와 정관(政官)관계론의 새로운 모색." 『일어일문학연구』 제52집 2호 (2005).
이성민. "겐로쿠 사건의 국민교육 -『가나데혼 주신구라(仮名手本忠臣蔵)』와의 상관성을 중심으로-." 『일본언어문화』 제25집 (2013).
이시이 간지. "거품경제와 장기불황의 정치경제학적 분석." 『일본비평』 15호 (2016).
이시카와 마스미. 『일본전후정치사』. 박정진 옮김. 서울: 후마니타스, 2006.
이이범. "전후 일본 참의원 선거 분석: 연속과 단절." 전진호 편. 『전후 일본 패러다임의 연속과 단절』. 파주: 청아출판사, 2017.
이정환. "장기불황, 구조개혁, 생활보수." 『일본비평』 10호 (2014).
_____. "전후 일본 정치경제 시스템과 구조개혁론." 전진호 (편). 『전후 일본 패러다임의 연속과 단절』. 파주: 청아출판사, 2017.
이주경. "1장 관저주도의 신보수화 개혁정치." 박철희 외 지음. 『아베시대 일본의 국가전략』. 서울: 서울대학교출판문화원, 2018.
_____. "일본 정치개혁 이후 자민당의 정책변경 분석." 『21세기정치학회보』 제26집 1호 (2016).
이준섭. "주신구라로 일본읽기." 『일본학연구』 제16집 (2005).
이찬수. "영혼의 정치학: 천황제와 신종교의 접점." 『일본비평』 9호 (2013).
이창민. "'저온호황'의 출현과 아베노믹스의 방향전환." 『일본연구』 75호 (2018).
전영수. "일본의 신자유주의 도입과정과 그 특징 – 경제적 관점을 중심으로 –." 『일본연구논총』 32호 (2010).
전진호. "21세기 일본의 국가이념과 헌법조사회." 『일본연구논총』 25호 (2007).
_____. "일본의 대중국 안보인식 변화." 『한일군사문화연구』 제11집 (2011).
정구연·이재현·백우열·이기태. "인도태평양 규칙기반 질서 형성과 쿼드협력의 전망." 『국제관계연구』 23권 2호 (2018).
정미애. "글로벌화와 일본의 시민사회." 『국제정치논총』 제42집 4호

(2002).

_____. "일본의 단일민족국가관에서 다문화공생으로의 인식변화와 다문화공생의 거버넌스." 『한국정치학회보』 제45집 4호 (2011).

정형. 『일본 일본인 일본문화』. 서울: 다락원, 2018.

진창수. "아베 총리 정권의 외교 정책 특징과 한계." 『수은북한경제』 여름호 (2013).

_____. "일본 정당정치의 변동과 정책변화: 2001년 성청 개혁을 중심으로." 『일본연구논총』 제24집 (2006).

최광준. 『쉽고 재미있는 新일본문화』. 서울: 다락원, 2017.

최운도. "미일관계와 일본의 국가전략: 전후체제로부터의 탈각?" 전진호 편. 『전후 일본 패러다임의 연속과 단절』. 파주: 청아출판사, 2017.

_____. "일본 민주당의 대미 외교정책에 대한 평가." 『일본연구논총』 38호 (2013).

최희식. 『전후 한일관계 70년: 우리는 어떻게 갈등을 극복해 왔나?』. 서울: 선인, 2017.

토가시 아유미. "정권 교체와 일본 외교안보정책의 지속성: 정책이념과 미일동맹." 『한국정당학회보』 16권 2호 (2017).

하종문. "넷우익을 통해 본 일본 우경화의 정치 동학." 『일본비평』 18호 (2018).

한상일. "1장 동아시아공동체의 역사적 재조명: 담론과 정책." 한상일·이숙종 (공편). 『일본과 동아시아』. EAI, 2011.

한의석. "21세기 일본의 국가안보전략." 『국제정치논총』 제57집 3호 (2017).

_____. "고이즈미의 등장과 자민당의 정책변화." 『한국정치학회보』 제45집 4호 (2011).

_____. "일본 도쿄도지사 선거와 정책 현황 분석." 『일본연구논총』 39호 (2014).

_____. "일본 민주당 정권의 정치주도론과 제도개혁의 좌절." 『한국정당학회보』 12권 3호 (2013).

_____. "일본의 정부개발원조정책과 ODA대강 개정." 『일본연구』

71호. (2017a).

_____. "일본의 정치리더십 위기와 고이즈미 재평가: 탈자민당 정치와 개혁의 리더십." 『세계지역연구논총』 제30집 3호 (2012).

_____. "일본의 헌법 개정 논의와 아베 총리의 개헌 구상." 『동서연구』 30권 1호 (2018).

_____. "일본 정당정치의 변화와 지속: 1990년대 이후의 변화를 중심으로." 『일본연구논총』 45호 (2017).

_____. "일본정책결정 시스템의 변화와 아베내각의 관저주도형 정책결정체계." 『NRC 일본전략보고서』 경제인문사회연구회, 2020.

_____. "정치의 세습화와 일본의 세습의원." 『일본연구』 67호 (2016).

한인택. "인도태평양 전략의 불투명한 미래." *JPI PeaceNet*, 2020. http://www.jpi.or.kr/kor/regular/policy_view.sky?code=archive&id=5737

현대일본학회. 『일본정치론』. 서울: 논형, 2007.

황세희. "5장 전쟁가능한 일본을 향한 안보정책 전환." 박철희 외 지음. 『아베시대 일본의 국가전략』. 서울: 서울대학교출판문화원, 2018.

Benedict, Ruth 지음. 김윤식· 오인석 옮김. 『국화와 칼: 일본문화의 틀』. 서울: 을유문화사, 2008.

McCargo Duncan 지음. 이승주· 한의석 옮김. 『현대 일본의 이해』. 서울: 명인문화사, 2015.

영어문헌

Akutsu, Hiroyasu. "Japan's North Korea Strategy: Dealing with New Challenges." in Michael J. Green and Zack Cooper (eds.). *Strategic Japan*. Lanham: Rowman & Littlefield, 2015.

Dower, John W. *Embracing Defeat: Japan in the Wake of World War II*. New York: W. W. Norton & Company, 1999.

_____. War *Without Mercy: Race and Power in the Pacific War*.

New York: Pantheon, 1987.

Estévez-Abe, Margarita. *Welfare and Capitalism in Japan*. New York: Cambridge University Press, 2007.

Fukutake, Tadashi. *The Japanese Social Structure*. Translated by Ronald P. Dore. Tokyo: University of Tokyo Press, 1982.

Hrebenar, Ronald J. "The Komeito Returns: The Party of Buddhist Democracy." in Ronald J. Hrebenar (ed). *Japan's New Party System*. Boulder, Colorado: Westview Press, 2000.

Katada, Saori. "Japan's Two-Track Aid Approach." *Asian Survey* 42(2) (2002).

Kawato, Yuko, Robert J. Pekkanen and Hidehiro Yamamoto. "State and Civil Society in Japan." in Alisa Gaunder (ed). *The Routledge Handbook of Japanese Politics*. London: Routledge, 2016.

Mukoyama, Hsidehiko. "Can Japan and South Korea Build a New Economic Relationship? − Recent Changes in the Global Environment May Help to Repair Relations −." *Pacific Business and Industries* 16(59): 2−24 (2016).

OECD. *DAC Peer Review of Japan*. 2004.

Pempel, T. J. *Regime Shift: Comparative Dynamics of the Japanese Political Economy*. New York: Cornell University Press, 1998.

Rosenbluth, Frances McCall, and Michael F. Thies. *Japan Transformed*. New Jersey: Princeton University Press, 2010.

Samuels, Richard J. *Securing Japan: Tokyo's Grand Strategy and the Future of East Asia*. New York: Cornell University Press, 2007.

Schwartz, Frank. "Introduction: Recognizing Civil Society in Japan." in Frank J. Schwartz and Susan J. Pharr (eds.). *The State of Civil Society in Japan*. New York: Cambridge University Press, 2003.

Shinoda, Tomohito. "Prime Ministerial Leadership." in Alisa Gaunder (ed). *The Routledge Handbook of Japanese Politics*. London:

Routledge, 2016.
Stockwin, J.A.A. "The Social Democratic Party (Formally Japan Socialist Party): A Turbulent Odyssey." in Ronald J. Hrebenar (ed). *Japan's New Party System*. Boulder, Colorado: Westview Press, 2000.
Sugimoto, Yoshio. *An Introduction to Japanese Society* (2nd ed.). New York: Cambridge University Press, 2003.
Takayanagi, Akio. *Japan's Ongoing Revision of the "ODA Charter"*. 2014. (http://www.realityofaid.org/wp-content/uploads/2014/12/11.Japan-.pdf)
Tsujinaka, Yutaka. "From Developmentalism to Maturity: Japan's Civil Society Organizations in Comparative Perspective." in Frank J. Schwartz and Susan J. Pharr (eds.). *The State of Civil Society in Japan*. New York: Cambridge University Press, 2003.
United States Initial Post-surrender Policy for Japan. http://www.ndl.go.jp/constitution/shiryo/01/022/022tx.html
Upham, Frank. *Law and Social Change in Postwar Japan*. Massachusetts: Harvard University Press, 1987.
Vogel, Steven K. *Japan Remodeled: How Government and Industry Are Reforming Japanese Capitalism*. New York: Cornell University Press, 2006.
Wan, Ming. "Japan-China Relations: Structure or Management?" in Alisa Gaunder (ed). *The Routledge Handbook of Japanese Politics*. London: Routledge, 2016.

일본어문헌

安倍晋三. 美しい国へ. 文春新書, 2006.
井原伸浩. "1970年代の東南アジアにおける 非経済的な日本イメージの悪化要因."『言語文化論集』38巻 1号 (2016).
内海愛子·村井吉敬. "第1章 戦争賠償からODA大国へ."『徹底検証

ニッポンのODA』. コモンズ, 2006.
塩田潮. 安倍晋三の憲法戦争. プレジデント社, 2016.
中北浩爾. 『自民党 ―「一強」の実像』. 中公新書, 2017.
樋口陽一・小林節. 『憲法改正』の真実. 集英社, 2016.
舛添要一. 憲法改正のオモテとウラ. 講談社, 2014.
『日本帝国憲法』. http://www.ndl.go.jp/constitution/etc/j02.html

찾아보기

5

55년체제 8, 31, 37, 42-45, 48, 51, 70, 78-80, 85-87, 127, 132, 134, 147-150, 153

ㄱ

가치관 외교 191, 196, 207, 222
개선(改選)의석 74, 89
게이단렌(経団連) 9, 109, 132-134, 152
고노담화 189, 239, 247
고이즈미(小泉純一郎) 49, 55-59, 89, 99, 103, 108-109, 112-113, 123, 127, 129, 133, 142, 154, 158, 190-191, 202, 218-219, 227-228, 240
공적개발원조(ODA: Official Development Assistance) 41, 47, 198, 200, 266

관동대지진 25
관료우위론 110-111
국가안전보장회의 63, 104, 194
국가안전보장전략 194, 203, 231
국정정당 77
군사정보보호협정(GSOMIA) 242, 249
극동국제군사재판 29
기미가요(君が代) 5, 51, 83
기시 노부스케(岸信介) 25, 30, 36, 38, 165, 172, 213

ㄴ

나카소네(中曽根康弘) 41, 97, 106, 126, 152, 167, 186, 215, 226-227, 238
내각관방 63, 103-104, 106, 113
넷우익 63, 130
노쿄(農協) 133

닉슨 쇼크 39

ㄷ

다나카(田中角栄) 40
다이쇼 데모크라시(大正民主主義) 23, 69
대동아공영권 27
독도영유권 243
동아시아정상회의 206
동일본대지진 2, 61

ㄹ

러일전쟁 22
레이와(令和) 시대 65
렌고 134

ㅁ

만주국 25
매니페스토(manifesto) 56, 59, 89, 91, 112
메이지유신(明治維新) 8, 10, 15, 17-21, 124, 147, 163, 258
메인뱅크(main bank) 시스템 150
무기수출 3원칙 184, 190
무라야마(村山富市) 51-52, 87, 101, 189, 201, 239, 246
무라야마담화 52, 127, 189, 239
미일방위협력지침 53, 186, 195, 218, 221
미일안보조약 35, 182, 212

ㅂ

바큇살 전략 204
발전국가론 146-147
방위계획대강 185, 195, 215
방위대강 189, 197
보통국가론 43, 50, 127, 168, 177, 188
부라쿠민(部落民) 24, 121
분점국회 58, 60, 75, 89
불침항모(不沈航母) 187, 215
비핵 3원칙 184

ㅅ

삼위일체(三位一体) 개혁 99, 108
샌프란시스코 강화조약 31, 35
생활보수주의 131-132
석패율 72-73
성청개혁 53, 97, 107
세습의원 59, 122
센카쿠열도 62, 202, 229, 230
소득배증계획 38, 144
소선거구비례대표병립제 86
소자고령화 156
쇄국정책 16
쇼와 천황(昭和天皇) 28, 42, 125
수장정당 60
수표외교 50, 168, 187
스가(菅義偉) 5, 50, 66, 81, 94, 103
신ODA대강 201

ㅇ

아베(安倍晋三) 7, 30, 49, 57-58, 62-66, 73, 89, 91-94, 102, 104-106, 112-113, 123, 125-129, 142, 157-158, 172-180, 191, 194-198, 203, 207, 219, 222-224, 228, 230-232, 240, 247-248, 256-257
아베노믹스 62, 92, 142, 157-160, 162, 256
아시아통화기금(AMF: Asia Monetary Fund) 205
아이노리(相乗り) 77
안보 다이아몬드 196, 222
안행형모델 204
야마가타(山縣有朋) 19, 23
야스쿠니신사 30, 42, 57, 124, 129, 227, 241
역내포괄적경제동반자협정(RCEP) 207, 231
오사카유신회 109, 128
오자와(小沢一郎) 52, 60, 87, 90-91, 127, 168, 177, 188, 228
요시다(吉田茂) 35-36, 46, 70, 110, 181, 183, 212-213, 257
우경화 6, 9, 126-130, 178, 239
원조외교 198
유엔해양법협약 240
이중경제 149
인간안보 201
일본국헌법 164

일본군위안부 6, 127-130, 234, 239, 242, 245-249, 252
일억총중류 46
일억총활약사회 64
일중평화우호조약 226

ㅈ

적극적 평화주의 62, 194
전수방위 184
정냉경열 208, 227
족의원(族議員) 111
중의원(衆議院) 20, 24, 58, 71, 73, 75, 81, 96, 103, 178
중일국교정상화 225
집단적 자위권 104, 173, 178, 218, 220

ㅊ

참의원(參議院) 71, 161, 168, 171, 194
천황기관설 23, 25
청일전쟁 21, 22
초고령화사회 156
치앙마이 이니셔티브 206

ㅌ

탈아론 20
토건국가 40, 149

ㅍ

파벌정치 80
플라자합의 42, 152

ㅎ

하시모토(橋本龍太郎) 52-53, 87,
　97, 217-218
하토야마(鳩山由紀夫) 54, 60, 87,
　166, 183, 192, 219, 228
하토야마(鳩山一郎) 36-38
한일국교정상화 234
한일기본조약 236
해석개헌 64, 104-105, 174
헤이세이(平成) 천황 42
호송선단방식 151
혼네(本音) 117-118
화해·치유재단 248
환태평양경제동반자협정(TPP:
　Trans-Pacific Partnership) 64,
　196, 207, 221
후견주의 79, 87, 150
후쿠다독트린 41, 185

저자소개

한의석 (eshan@sungshin.ac.kr)

중앙대학교 정치외교학과 졸업
중앙대학교/올바니 뉴욕주립대 정치학 석사
서던캘리포니아대학교 정치학 박사

현 성신여자대학교 정치외교학과 교수
　　성신여대 동아시아연구소장
　　현대일본학회 연구이사

도쿄대 사회과학연구소 객원연구원
중앙대학교 정치국제학과 강의전담교수 역임

주요 논저
Democracy and Social Change in South Korea (공저, 푸른길)
『아베시대 일본의 국가전략』(편저, 서울대 출판문화원)
『현대 일본의 이해』(공역, 명인문화사)

"21세기 일본의 국가안보전략" (국제정치논총)
"일본정당정치의 변화와 지속: 1990년대 이후의 변화를 중심으로" (일본연구논총) 외 다수

지식과 문화 시리즈

세계질서의 미래

- Amitav Acharya 지음 | 마상윤 옮김
- ISBN: 978-89-92803-92-2 | 가격: 9,800원

1. 복합적 세계
2. 단극순간의 등장과 쇠퇴
3. 자유주의적 패권의 신화
4. 신흥국들: 나머지의 부상?
5. 지역적 세계들
6. 부딪히는 세계들

자본주의

- David Coates 지음 | 심양섭 옮김
- ISBN: 978-89-92803-98-4 | 가격: 13,000원

1. 자본주의란 무엇인가?
2. 위로부터의 자본주의
3. 아래로부터의 자본주의
4. 자본주의 논쟁
5. 자본주의와 그 결과
6. 자본주의와 그 미래

신자유주의

- Damien Cahill & Martijn Konings 지음 | 최영미 옮김
- ISBN: 979-11-6193-012-1 | 가격: 12,000원

1. 신자유주의의 역사적 관점
2. 신자유주의 금융
3. 노동과 복지
4. 기업 권력
5. 권력, 불평등, 그리고 민주주의
6. 위기와 복원

정치사회학

- Elisabeth S. Clemens 지음 | 박기덕 옮김
- ISBN: 979-11-6193-020-6 | 가격: 12,000

서론
1. 권력과 정치
2. 국가, 제국, 민족국가
3. 체제와 혁명
4. 민주정치에서 항의와 투표
5. 국가의 재소환
6. 사회운동과 사회변화
7. 초국적주의와 정치질서의 미래(들)

중일관계: 3M의 권력정치

- Giulio Pugliese & Aurelio Insisa 지음 | 최은봉 옮김
- ISBN: 979-11-6193-023-7 | 가격: 13,000원

1. 서론: 미래로의 회귀? 역사를 기념하는 해에 들려오는 중국과 일본이 치는 북소리
2. 중일 정체성의 정치 이면에 숨겨진 힘의 정치
3. 센카쿠/댜오위다오 섬 분쟁: 이동하는 힘의 축의 반영
4. 힘(Might): 중일관계 속에서 균형 유지의 중요성
5. 돈(Money): 중일의 경제적 경쟁관계와 경제 국정운영 기술
6. 정신(기, Minds): 중국의 프로파간다 공격과 일본의 대응
7. 결론: 중일관계의 적대의식은 지속될 것인가?